개정판

무역창업 가이드

김성훈 지음

도서출판 두남

개정판 머리말

Preface

우리나라는 2011년도에 세계 아홉 번째로 수출입 1조 달러를 달성하였고 현재는 무역 6대 강국으로서 우리나라 제품이 국내에서 생산하지 않는 제품을 제외하고 외국제품과 비교하여 절대 뒤지지 않는다. 그럼에도 불구하고 많은 외국산 제품들이 한국으로 상륙하여 영업활동을 하고 있다.

가구 공룡으로 불리는 이케아(IKEA)가 2015년에 국내에 상륙하였다. 고객들의 열기가 식을 법도 했지만, 이케아 1호 매장인 광명은 여전히 인기다. 하지만 '골목상권 침해 논란'이 여전히 진행 중이다.

1995년 1월 1일을 기하여 WTO(세계무역기구)가 정식으로 출범되었다. 'WTO'란 전 세계가 자유무역을 하자는 취지인데 전 세계가 동시에 자유무역을 하는 것이 각국의 관세법 등의 법체계 상이함 때문에 쉬운 일이 아니지만 먼저 양국 간 'FTA'를 통해 종국에는 전 세계가 자유무역을 하게 된다. 이런 취지로 보면 외국기업이 한국에 진출하는 것을 배타적으로 취급할 일은 아니다. 문제는 국내 소규모 동종업계가 쓰러진다는 것이다.

외국기업이 상륙함으로써 긍정적인 측면도 있다. 소비자 입장에서는 경쟁적인 제품을 값싸게 살 수 있기 때문이다. "이케아 매장이 들어선 이후 소상공인 매출이 올랐다는 긍정적인 수치도 있다."며 "동종가구업계에도 긍정적인 영향이 나타났다고 한다. 한 중소기업 홈퍼니싱 기업은 "이케아가 들어와서 기쁘다."라고 한 적이 있다. "시장을 키워 많은 기업이 혜택을 보는 것이 상생인 것 같다."고 말했다고 한다. 또 다른 측에서는 "아무래도 사람들이 이케아로 가구를 사러 가다 보니 손님이 40% 가까이 줄었다."며 "겨울에는 미니 책상, 작은 옷장 등 운반이 쉬운 미니 소품이 그나마 잘 나갔는데 이케아 매장에 그런 제품이 많다 보니 매출이 뚝 떨어졌다."고 말했다.

우리 기업들은 언제까지 애국심에 호소하고 외국기업과 상생하자고 주장할 수는 없다. 기업 스스로가 경쟁력을 가져야 한다. 그러기 위해서는 그들의 전략을 배워야 한다. 그것은 소비자에 대한 배려이다.

무역도 마찬가지이다. 필자는 1989년도부터 무역 일을 해왔고 현재도 수출과 무역 컨설팅 및 강의 활동을 하고 있다. 무역에서 가장 중요한 것이 무엇일까! 필자는 상대에 대한 배려라고 생각한다. 거래 상대방은 먼저 제품의 상품력, 영업력 등을 고려할 것이다. 이것보다 더 중요한 것이 상대에 대한 배려이다. 성공하는 무역인이 되려면 먼저 상대를 배려하는 마음을 가져야 한다.

필자가 최초로 출간한 책이 「팔방미인 무역창업 시뮬레이션」이다. 이 책을 출간한 이래 도서출판 두남의 전두표 사장님의 배려로 총 14권의 책을 쓸 수 있었고 이 책은 필자의 개인 저서 중 15번째 책이다. 저의 책을 사랑하여 주신 많은 독자 여러분들과 많은 교육생분께서 무역창업에 관한 책을 요청하셨다. 이 책은 「팔방미인 무역창업 시뮬레이션」과 「김성훈 무역창업 가이드」를 대체하는 새로운 무역창업에 관한 책이다.

이 책의 초판은 2016년 5월에 출간되었고 독자 여러분들의 의견을 반영하여 더욱 쉽고 더욱 이해하기 쉽도록 상세한 설명을 추가하였고 내용을 보완하였다. 그동안 많은 연구 끝에 무역창업을 준비 중인 초보 무역인 분들을 위하여 무역의 준비사항부터 해외시장조사, 글로벌 마케팅, 무역실무로 구성하였다.

이 책을 읽고 궁금한 점이 있을 때는 언제든지 필자에게 연락하셔서 도움을 받기를 바라며, 이 책이 여러분들의 무역창업과 우리나라의 무역 증진에 작은 보탬이 되기를 간절히 바란다. 끝으로 도서출판 두남의 전두표 사장님, 이승구 상무님과 편집부 직원 여러분께 진심으로 감사를 드린다.

2022년 6월

저자 씀

차 례

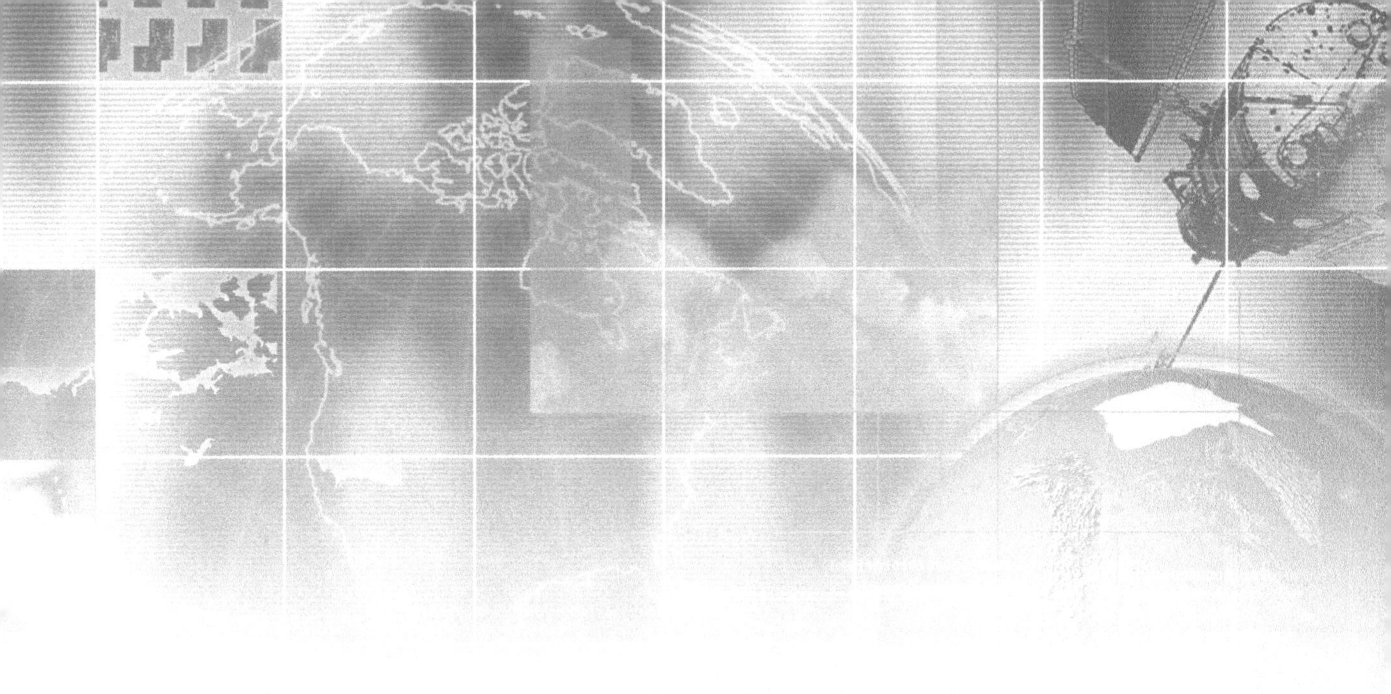

Part 1

무역창업준비

사전 준비사항

Q1 무역초보 기업이 우선적으로 고려해야 할 점은?

무역초보 기업이 수출·입을 처음 시작하려고 하는데 가장 우선적으로 고려해야 할 점은 무엇인지 궁금합니다.

수출·입을 시작하려는 기업이 가장 우선적으로 고려해야 할 점은 제품이다. 제품이 있어야 수출·입을 시작할 수 있다. 수출의 경우에 상사(trader)[1]기능만으로는 더 이상 경쟁력이 없다. 즉, 타사 제품을 구입하여 단순 수출만 하는 것으로는 치열한 국제 경쟁력에서 승리할 수 없다. 자신만의 독특한 제조 노하우를 바탕으로 제품이 확보되어 있는 업체라면 수출에 뛰어들 것을 권장한다. 수입의 경우에는 확실한 판로가 확보된 품목으로 시작하여야 한다. 본인이 경험하지 않는 새로운 제품을 선택하는 것은 위험한 일이며 가급적 본인의 과거 경험을 살려서 취급해 본 제품으로 무역업을 시작하는 것이 실패를 방지하는 길이다.

Q2 무역의 위험에는 어떤 것이 있나요?

무역거래는 국내거래와 달리 어떤 위험요소들이 있으며 무역초보 기업이 가장 우선적으로 고려해야 할 점은 무엇인지 궁금합니다.

수출의 경우에는 다음과 같은 위험요소들이 있다.

1) 수출자가 직접 제품을 제조하지 않고 다른 회사의 완제품을 구매하여 단순히 수출만 하는 것을 상사(trader)라고 한다.

① 수출자가 수출대금을 확실하게 회수할 수 없는 신용위험이다. 수출기업은 제품의 경쟁력이 있다면 가급적 선수금 결제방식으로 계약을 하고 부득이 다른 결제방식으로 계약을 이행한다면 한국무역보험공사에 수출보험을 가입하여 위험을 방지할 수 있다.

② 수입자가 과연 계약 물품을 원만히 인수할지에 대한 상업위험이다. 이 문제는 수입자에 대한 철저한 신용조사 및 현지 시장조사를 통하여 과연 계약 물품이 현지 시장에 적합한지 수입양은 적절한지에 대한 사전 조사가 필수적이다. 결국 안전한 대금결제방식을 선택하여 위험을 방지하여야 한다. 만약 이런 사전 조사가 여의치 않다면 안전한 결제방식으로 양을 줄여서 자주 수출하는 것이 위험을 방지하는 길이다. 수출보험을 가입하는 것은 어려운 일이 아니므로 무역보험공사를 통해서 먼저 신용조회를 실시한 후 수출보험 가입 가능 등급으로 결정되면 상담 후 수출보험을 가입하고 거래에 임하는 것이 위험을 방지하는 길이다.

③ 계약시점의 환율과 실제로 수출대금을 영수할 시점사이의 환율 변동으로 인한 환위험이다. 이 문제는 거래은행에서 선물환 매도계약을 하거나 한국무역보험공사에 환변동보험을 가입하여 위험을 방지할 수 있다.

④ 무역 담당자가 무역실무를 정확히 이해하지 못함으로 인한 소통의 위험이다. 수출을 시작하려는 기업은 거래를 시작하기 전에 여러 교육기관에서 실시하는 무역실무 교육을 받은 후 거래에 임할 것을 권장한다.

수입의 경우에는 다음과 같은 위험요소들이 있다.

① 수출자가 계약체결 후 계약을 이행하지 않을 수 있는 위험이다. 즉, 선적자체를 하지 않을 수 있는 위험이다.

② 수출자가 대금을 지급받은 후 계약과 일치하지 않는 물품을 선적할 수 있는 위험이다. 선수금방식의 경우에는 선수금 송금 전에 수입보험 가입 가능 품목인지 한국무역보험공사에 확인한 후 수입보험제도를 활용하고 선수금 결제방식이 아닌 경우에는 수입자인 우리 측에 유리한 외상거래로 계약을 체결하거나 선수금 환급보증서(A/P Bond : Advanced Payment Bond) 등의 안전장치를 마련한 후 거래에 임해야 한다. 외상거래의 합의가 어려운 경우, 최소한 현물인도방식(COD ; Cash On Delivery)의 거래를 권장한다. 즉, 물품을 확인 한 다음에 송금하는 방식이다.

③ 계약시점의 환율과 실제로 수입대금을 지급할 시점사이의 환율 변동으로 인한

환위험이다. 이 문제는 거래은행에서 선물환 매수계약을 하거나 한국무역보험공사에 환변동보험을 가입하여 위험을 방지할 수 있다.

④ 수입 후 국내 공급받을 자가 계약을 위반하거나 대금을 지급하지 않을 수 있는 위험이다.

⑤ 수입 후 예상치 못한 국내 시황의 변동으로 제품의 가격이 떨어져서 수입자가 손해를 볼 수 있는 위험이다.

Q3 거래 전 준비사항은 무엇인가요?

우리나라의 무역제도와 무역업 창업부터 거래제의서 발송까지 절차가 궁금합니다.

우리나라는 1986년에 정부의 허가를 받아 무역업을 할 수 있었으나 이후 등록제와 신고제로 바뀌어 가면서 그 규제가 완화되었다. 2000년 1월에 비로소 완전 자유화가 이루어졌다.

무역업을 영위하기 위하여 필요한 것이 3가지이다.

첫째, 가장 중요한 사업자등록증이다. 사무실이 소재하는 관할 세무서에 방문하여 사업자등록증을 발급받아야 한다.

둘째, 통관고유부호이다. 이 부호가 없으면 수출신고, 수입신고를 할 수 없다.

마지막으로 무역업고유번호이다. 무역업고유번호는 편의를 제고하기 위한 것일 뿐 무역을 하기 위한 필수 요건은 아니다.

무역업을 준비 중인 예비 창업자는 세무서에서 사업자등록증을 발급받고 관세청 홈페이지에서 통관고유부호를 부여 받은 후 한국무역협회로부터 무역업고유번호를 부여받은 후 무역거래를 할 수 있다. 수출·입 품목이 결정되었다는 가정하에 무역창업부터 수출을 하기 위한 준비절차는 다음과 같다.

▎수출 절차 도해 ▎

(1) 사업자등록증 신청 및 발급 → (2) 창업서비스 확인 → (3) 무역업 고유번호 신청 → (4) 관세청 통관고유부호 신청 → (5) 무역정보 서비스 찾아보기 → (6) 무역관련 정보 확인 → (7) 해외시장조사 → (8) 해외시장 개척 → (9) 목표시장 선정 → (10) 거래선 신용조사 → (11) 거래선 발굴 및 확정 → (12) 거래제의서(business proposal) 발송

Q4 수입 전 준비사항은 무엇인가요?

무역창업부터 수입을 하기 위한 준비절차는 다음과 같다.

▎수입 절차 도해 ▎

(1) 사업자등록증 신청 및 발급 → (2) 창업서비스 확인 → (3) 무역업 고유번호 신청 → (4) 관세청 통관고유부호 신청 → (5) 무역정보 서비스 찾아보기 → (6) 무역 관련 정보 확인 → (7) HS(품목분류번호), 관세율 및 수입요령 확인 → (8) 해외공급선 확보 → (9) 국내시장조사 → (10) 수입 후 직접판매 및 국내 공급선 확보 → (11) 거래선 신용조사 → (12) 거래제의서 발송(수입 inquiry) 발송

Q5 무역업 창업은 어떻게 하나요?

무역창업은 타 업종의 창업과 달리 특별한 절차나 별도의 요건이 필요한지 궁금합니다.

무역업 창업은 특별히 요건을 갖추어야 하는 주류업 등 몇몇 품목들을 제외한 일반적인 업종의 창업처럼 특별한 절차나 별도의 요건이 필요하지 않는다. 사업자 소재지 관할 세무서에 방문하여 무역업 혹은 대리업 업종만 잘 선택하여 신청하면 된다. 무역업 창업의 절차는 다음과 같다.

① 사업자 소재지 관할 세무서에 방문하기 전에 제출서류 미리 확인

② 사업자 소재지 관한 세무서 방문

③ 개인회사 - 사무실 임대차 계약서, 신분증

법인회사 - 사무실 임대차 계약서, 법인 관련 서류(세무서 사전 확인)

④ 가. 코드 : 519113

업태 - 도매, 제조(해당하는 경우), 종목 - 무역, 제조업의 경우 제조할 품목명

나. 코드 : 749927

업태 - 서비스, 종목 - 오퍼업

Q6 제조업 사업자 등록은 어떻게 신청하는지요?

제조 설비를 갖추지 않고도 제조업으로 사업자등록을 신청하여 발급받을 수 있는지요?

수출자 유형에는 크게 제조자 수출과 상사(trader) 수출로 구분을 하며 제조자 수출에는 다시 두 가지로 구분한다. 수출자가 제조설비를 갖추고 직접 제조 후 수출하는 회사와 제조 설비를 갖추지는 않았지만 다른 회사에 원자재 및 디자인 등 제조 노하우를 제공하여 위탁가공계약을 체결한 후 자사의 브랜드 혹은 바이어 브랜드로 수출하는 회사로 구분한다. 자사의 제조설비로 직접 제조하여 수출하는 수출자를 'Manufacturer Exporter'라고 하며 위탁가공 제조 후 수출하는 수출자를 'Converter' 라고 한다. 반면에 상사(trader)는 타사로부터 완제품을 구매하여 수출하는 회사를 의미한다. 제조설비를 갖추지 않고도 제조업으로 사업자등록을 신청하여 발급받을 수 있다. 이런 경우에는 설계도, 디자인, 위탁가공계약서 등의 서류를 세무서에 제출하면 된다.

현업에서 바이어가 "What type of business are you doing?"이라고 질문하면 제조 수출업체인 경우에는 "We are a manufacturer."라고 대답하면 된다. 그러나 만약 수출회사가 직접 제조설비를 갖추지 않고 위탁가공을 하여 수출하는 회사라면 "We are a converter."라고 대답하면 된다. 마지막으로 순수한 수출상사이면 "We are a trader."라고 대답하면 된다. 무역거래는 사실대로 말하고 거래하는 것이 제일 좋다. 결국 실질적인 Manufacturer가 아니라도 제조자 사업자등록증을 발급받을 수 있다. 참고로 화장품의 경우 세무서에 제출하는 서류가 많고 복잡하다.

(1) Manufacturer : 직접 제조하여 수출하는 회사
(2) Converter : 타사에 위탁가공을 의뢰하여 수출하는 회사
(3) Trader : 완제품을 타사로부터 구매하여 수출하는 회사

Q7 무역창업 서비스를 받을 수 있나요?

무역창업 서비스를 받을 수 있는 방법을 알려주세요.

무역창업을 일괄적이고 직접적으로 도와주는 서비스는 없다. 예비창업자 스스로가 노력을 해야 하며 다음에 명시된 기관을 방문하면 많은 도움을 받을 수 있다.

http://www.kita.net(회원, 업무지원)

① 중소기업청 창업기업 지원자금
② 신용보증재단 창업대출
③ 기술보증 기금 맞춤형 창업성장 프로그램
④ 비즈니스 센터 : 한국무역협회 무역센터에서 바이어와 상담, 회의 및 임시사무소 공간 제공(무역협회 회원)
⑤ 벤처플라자 : 신규무역업체의 조기 정착을 위해 트레이드타워 및 코엑스에 저렴한 비용으로 사무실을 임대
⑥ 한국무역협회 무역아카데미 무역업 창업교육

Q8 무역기업이 되려면 어떻게 해야 하나요?

사업자등록만 발급받는다고 무역을 할 수 있는 것은 아닐 것 같습니다. 무역기업이 되려면 어떤 자격요건을 갖추어야 하는지 궁금합니다.

사업자등록증을 발급받은 후 무역업고유번호를 부여받고 무역협회 회원으로 가입할 것을 권유한다. 무역협회 회원가입은 필수요건은 아니지만 회원으로 가입하면 많은 혜택을 받을 수 있다.

① 사업자등록증을 받은 후 한국무역협회 본부 및 각 지역본부 방문
② 무역업 고유번호 신청 후 고유번호를 부여받는다.
③ 무역협회에 회원가입을 한다.
- 자격 : 개인회사, 법인 모두 신청 가능
- 가입절차 : 구비서류 제출 → 회비납부 → 회원증 발급
- 온라인신청 : www.kita.net ⇒ 회원사 ⇒ 무역협회 회원가입 ⇒ 가입신청
- 직접방문 : 무역협회 회원서비스센터(서울 삼성동), 지역본부
- 팩스신청 : 회원서비스센터

Q9 무역정보 서비스는 어떻게 찾아볼 수 있나요?

무역 관련 정보 서비스는 어떻게 찾으며 무역 관련 정보는 어디에서 확인을 하는지 궁금합니다.

수출·입을 시작하는 초보기업은 모든 것이 생소하고 작은 것도 큰 정보가 될 수 있을 것이다. 다음에 기재된 것은 각종 무역정보를 찾아볼 수 있는 방법이다.

□ 무역정보 서비스

① 무역협회 글로벌 비즈니스 포털 : http://www.kita.net
② 국가무역 정보포털 : http://www.tradenavi.or.kr
③ 법무부 : 국제법무과

□ 무역 관련 정보

① 한국무역협회 : http://www.kita.net/ → 무역통계
② 무역협회 무역통상정보 : http://www.kita.net
③ 무역협회 글로벌 온라인 거래알선 : http://www.tradekorea.com/
④ FTA 무역종합지원센터 : http://okfta.kita.net

Q10 해외시장조사는 어떻게 하나요?

해외에 진출하기 위해서는 해외시장조사가 필수적이라고 생각하는데 해외시장조사의 구체적인 방법이 궁금합니다.

해외시장조사는 수출·입 기업이 스스로 해외전시회에 참관 및 참가를 통해 정보를 얻거나 현지 에이전트를 통해 기업 스스로 정보를 확보할 수도 있겠지만 초보기업의 경우에는 많은 비용이 발생하게 되므로 우선 온라인 사이트를 활용하여 직접 자료를 얻어 보고 여의치 않는 경우 해외시장조사 대행기관을 통해 시장조사를 하는 방법이 있다. 이 두 가지를 모두 병행하여야 효과가 크다. 다음에 명시된 온라인 사이트와 해외시장조사 대행기관을 활용하면 큰 효과를 볼 수 있다.

① 해외시장조사 온라인 사이트
- 한국무역협회 해외시장조사 : www.kita.net
- 코트라 해외시장조사 : www.kotra.or.kr
- 관세청 : www.customs.go.kr
- 구글 트렌드 : www.google.com/trends
- 구글 애널리틱스 : www.google.com/analytics

② 해외시장조사 대행기관
- KOTRA(www.kotra.or.kr)
- EC21(www.ec21.com)
- KOMPASS(www.kompass.co.kr)
- D&B

Q11 해외시장개척은 어떻게 하나요?

해외시장조사가 완료되면 어떻게 해외 거래선을 발굴하는지요. 온라인 사이트와 전시회 관련 정보가 궁금합니다.

수출·입 기업이 가장 빨리 거래선를 개척하는 방법은 해외전시회에 참가하는 방법이라고 생각된다. 그러나 이 방법은 비용이 많이 소요되므로 먼저 각종 거래알선 사이트에 등록하여 인터넷 상으로 먼저 해외시장정보를 얻는 노력을 해 보고 여의치 않는 경우 해외전시회 지원제도를 활용하여 해외전시회에 직접 참가하는 것이 효과적이다. 해외시장 개척을 위한 유용한 웹사이트와 해외전시회 관련 정보는 다음과 같다.

① 박바이어 상시 거래알선 : http://kr.tradekorea.com
② 해외전시회 정보
- www.kita.net
- 글로벌 전시포털 : www.gep.or.kr
- www.tytour.com
③ 중소기업 수출지원센터 : http://www.exportcenter.go.kr
④ 중소기업 진흥공단 : http://kr.gobizkorea.com

Q12 목표시장 선정 및 준비사항은 무엇인가요?

거래선을 발굴하고 목표시장을 선정하려면 어떤 것을 고려하고 사전에 준비해야 하는지 궁금합니다.

수출은 해외 바이어에게 물품을 공급하고 외화를 벌어들이는 행위이다. 해외시장조사 결과 가장 효과적인 시장을 공략해야 한다. 수출타당성을 분석해 보고 수출기업의 제품이 가장 경쟁력 있는 국가를 선정해야 한다. 진출하기 전에 목표국가의 상관습과 협상술을 분석하고 현지 언어를 익혀야 한다. 무역거래에서 제일 중요한 것이 소통이라고 생각한다. 통역을 활용하는 것은 좋은 방법이 되지 못한다. 물론 초보기업의 경우 마케팅 인력의 부재로 말미암아 통역을 활용할 수 밖에 없을 것이다. 어렵겠지만 소통을 위해서 수출기업의 대표나 영업 담당자는 현지 언어를 직접 익힐 것을 권장한다.

목표국가 진출 전에 한국무역협회 웹사이트 무역통계 메뉴에 들어가서 수출입 양을 먼저 파악하고 현지 국가 수입관리제도를 확인해 보아야 한다.

① 해외시장조사 후 가장 적절한 거래대상 국가 선정
② 수출타당성 분석
③ 목표국가 상관습, 협상술
④ 해당 상품의 수출입 현황
  – www.kita.net → 무역통계
⑤ 현지국가 수입관리제도

Q13 거래선 신용조사는 어떻게 하나요?

막상 거래선을 발굴하였지만 그 거래처가 신용있는 회사인지 확인하려면 어떻게 해야 하는지 궁금합니다.

만약 신용도가 높지 않는 거래처와 거래를 하다 수출대금을 떼이거나 계약 당사자인 바이어가 계약물품을 제때 인수해 가지 않는다면 수출기업의 손해는 이루 말할 수 없을 것이다. 수출거래에서 중요한 것은 서두르지 않아야 하며 겉보기에 좋은 회사처럼 보인다 하더라도 신용상태가 좋지 않을 수도 있다. 수입의 경우에는 선수금을 함부로 지급하지 않아야 하며 신용장의 경우에는 반드시 선적전 검사(PSI : Pre Shipment Inspection)를 해보아야 한다. 가급적 동시지급 방식(COD : Cash On Delivery)으로 유도하는 것이 좋다.

거래제의 전에 혹은 계약체결 전에 반드시 신용조회를 실시해 보고 계약 체결 이후라도 수시로 신용조회를 해 보는 노력을 기울여야 한다. 신용조사의 주요 항목 및 신용조회 기관은 다음 같으며 이 중에서 한국무역보험공사를 추천한다. 한국무역보험공사는 국가기간이므로 신용조회 비용이 저렴하며 신용조회 후 바로 수출보험이나 수입보험을 가입하면 편리하다.

① 거래상대방의 신용조사 사항으로는 상도덕(character), 대금지불능력(capital), 거래능력(capacity) 등이다.

② 신용조회 기관
- 한국무역보험공사 활용
- D&B
- NICE 평가정보

Q14 거래선 발굴절차는 어떻게 되는가요?

해외거래선을 발굴하는 절차는 어떻게 되는지 궁금합니다. 처음 해 보는 무역이다 보니 모든 것이 궁금하고 또한 국제간 거래이다 보니 글로벌 비즈니스 매너가 중요하고 거래 순서가 중요하리라고 봅니다.

무역은 국제간 거래이기 때문에 글로벌 비즈니스 매너가 필수적이다. 해외 바이어는 수출상의 제품이 싸고 좋다고 무작정 구입하지 않는다. 그 기업의 지속성, 꾸준함, 회사규모, 자금능력, 영업담당자의 글로벌 영업능력 등등 많은 요소들이 갖추어져 있다고 판단될 때 상대해 주고 계약을 체결하게 된다. 수출기업은 다음과 같은 4가지 요소를 갖추려고 노력해야 한다. 그 4가지 요소는 상품력, 영업력, 관리력, 정보력이다. 수입하는 업체의 경우에도 해외 수출상의 상태를 면밀히 조사하여 동일한 제품의 수출국내 납품경력 및 해외수출 경력 등을 확인한 후 거래에 임하는 것이 안전하다.

(1) 수출의 경우 해외거래선은 다음과 같은 순서로 발굴한다.

① 해외시장조사

② 목표국가 선정

③ 거래선 명단 입수

④ 자기소개서(circular letter)[2] 발송

⑤ 신용조회

⑥ 거래제의서(business proposal)[3] 발송

2) 불특정 다수에게 동일한 내용의 편지를 발송하는 것
3) 특정인에게 구체적인 거래내용을 보내는 편지

⑦ 청약(offer)
⑧ 협상
⑨ 계약체결

자기소개서(circular letter)는 불특정 다수에게 동일한 내용의 편지를 보내는 것으로 발송 결과 수입상으로부터 수입조회(inquiry)가 오면 먼저 신용조회를 해 보고 신용 상태가 좋으면 구체적인 거래제의서(business proposal)을 발송하여 청약 하고 협상을 하여 매매계약을 체결하는 것이다.

(2) 수입의 경우 해외거래선은 다음과 같은 순서로 발굴한다.

① 품목 선정 후 해외시장조사 혹은 해외시장조사 후 품목선정
② 거래선 명단 입수
③ 신용조회
④ 거래제의서(import inquiry) 발송
⑤ 청약(offer) 요청 혹은 구매청약서(Purchase Order) 발송
⑥ 협상
⑦ 계약체결

수입조회(import inquiry)란 수입업자가 해외 수출자에게 궁금한 사항을 문의하는 통신문이다.

Q15 거래제의서는 어떻게 작성하나요?

거래선을 새로 발굴하여 구체적인 거래제의서를 발송하려고 합니다. 어떻게 작성하는 것이 효과적인지 궁금합니다.

(1) 수출거래에서 바이어에게 보내는 거래제의서와 바이어와의 첫 대면이 가장 중요하다. 거래제의서도 글을 쓰는 순서와 요령이 있다. 다음과 같은 순서와 기재내용으로 작성하면 효과적인 거래제의서가 될 수 있다.

① 상대방을 알게 된 동기
② 거래제의 업체의 업종, 취급상품 및 거래국가
③ 거래제의 업체의 자국내 에서의 지위, 경험, 생산규모
④ 거래조건(특히 가격조건, 결제조건)을 명시하여 당해 시장을 상대회사를 통

해 개척하고자 하는 점을 간접적으로 시사

⑤ 신용조회처(주거래 은행명 및 주소)

⑥ 정중한 결문

Business Proposal(sample)

Gentlemen :

We have learned from the New York Chamber of Commercial that you are a leading importer and wholesaler of business machines. We are looking for such a company as yours to do business with. We would like to discuss if you are interested in marketing our products and its prospect in your market.

We generally do our business on an irrevocable at sight Letter of Credit or T/T in advance. Prices are quoted FOB Korean port in U$ Dollars, but we can make up CIF prices with delivery at any port of your country if you desire.

For financial standing, you may refer to the ○○ bank, head office, Seoul Korea.

We trust that you will pay prompt attention to this matter and that a mutually profitable long lasting business relation between us will be realized soon. Please let us know any questions that you might have about our product without hesitation.

Yours truly

(2) 수입거래에서 해외 공급자에게 보내는 거래제의서의 작성요령은 다음과 같다.

① 상대방을 알게 된 동기

② 수입업체의 업종, 취급상품

③ 자국 내에서의 지위, 판매경험, 마케팅 현황, 유통경로

④ 거래처가 되고자 하는 의사표시

⑤ 신용조회처(주거래 은행명 및 주소)

⑥ 정중한 결문

Inquiry(sample)

Gentlemen :

First of all, we are very pleased to introduce our company to you as one of the leading importers of Embedded Development Tools in Korea. We have been engaged in this business for 7 years and have been enjoying very good reputation from our customers taking up 30% of Korean Embedded Tools market. We are the Korea distributor of KONTRON ELEKTORNIK. Hitex Dr. Krohn & Stiller, Isystem, CheckMate Systems, YOKOGAWA, Pentica System and SSI. We also have partnerships of Intel Korea, Motorola Korea and Siemens Korea.

Now, your products are attracted to our company. In Korea, the demand of Embedded S/W has been growing widely, therefore, we would like to know whether or not you have sales net-work in Korea. If you haven't been representative yet, we wish to offer our services as your Korea distributor.

We have excellent local connections and fully experienced salesman and engineers for this type of products. We also use the latest marketing procedures quite efficiently having ads in Electronic magazines and you can be sure of increasing your turnover if you would allow us to promote sales of your products throughout Korea and we will be able to enjoy good results in the near future.

Please let us know whether you would like to open an account with our company or not. If you are interested in our proposal, please send us some information including your brochures and about your company including price lists of your products and the general terms and conditions by email. If anything further about us, we would be glad to comply with your requirements.

Best regards,

Q16 무역 관련 교육은 어디에서 받을 수 있나요?

무역초보 기업이 무역교육을 받으려면 어디에서 받을 수 있는지 궁금합니다.

무역교육을 실시하는 기관은 다양하다. 다음 교육기관에서 다양한 형태의 교육을 받을 수 있다.

① 한국무역협회(KITA) 무역아카데미 본부 및 각 지역본부
www.tradecampus.com

② 한국무역투자진흥공사(KOTRA) 아카데미
www.kotra.or.kr
③ 중소기업 진흥공단 중소기업 연수원
http://sbti.sbc.or.kr
④ 대한상공회의소 본부 및 각 지역본부
www.korcham.net
⑤ 경기경제과학원 GBSA 아카데미
www.gbedu.or.kr

Q17 무역전문 인력 채용은 어디에서 하나요?

무역초보 기업이 무역전문 인력을 채용하려면 어디에서 도움을 받을 수 있는지 궁금합니다.

우리나라에서 정규 4년제 대학교 졸업(예정)자를 대상으로 전문적인 무역실무 교육을 실시하는 과정은 한국무역협회 무역아카데미에서 운영하는 무역마스터 과정이다. 무역전문가 집중 양성과정으로 매년 1회 운영 중이며 1995년부터 현재까지 3,706명의 수료생을 배출하였고 총 6개월 과정으로 매년 40~50명의 무역전문 인력을 배출시키고 있다.

문의처 : 02-6000-5968 한국무역협회 무역아카데미 무역마스터 담당

Q18 영세율 거래가 무엇인지요?

수출기업이 해외로 수출할 때 영세율 적용을 받는다고 들었는데 무슨 의미인지 궁금합니다.

수출기업이 해외로 직접 수출할 때뿐만 아니라 수출할 국내업체로 수출용 원자재나 완제품을 판매(구매자 입장으로 표현하면 물품을 제조 또는 유통하는 국내업체로부터 수출할 자가 수출용 원자재나 완제품을 구매)할 때에 영세율이 적용된다. 영세율이란 부가가치세 10%를 부과하지 않고 0%를 적용한다는 의미이다. 즉, 수출을 장려하기 위하여 해외로 직접 수출하는 물품 혹은 물품공급자와 수출자와의 거래시 부가가치세를 부과하지 않고 0%를 적용한다는 의미이다. 만약 수출할 때 부가세를 부

과한다면 수출물품의 경쟁력이 떨어질 수 있기 때문에 수출한 물품에 대해서는 부가세를 부과하지 않는다. 수출물품 구매시 부가가치세 0%를 적용받으려면 수출기업이 공급업체에게 내국신용장 혹은 구매확인서를 발급해 주어야 한다.

Q19 내국신용장과 구매확인서가 무엇인지요?

수출기업이 수출용 물품을 구매할 때 공급자에게 구매확인서나 내국신용장을 발급해 주어야 영세율 혜택을 받는다고 들었는데 이것은 어떻게 발급하는지 궁금합니다.

쉽게 말하면 내국신용장이나 구매확인서는 수출자가 공급자에게 지금 구매하는 제품이 수출용 물품이라고 확인해 주는 서식이다. 수출물품임을 확인해 주었기 때문에 공급자는 수출자(공급받는자)에게 세금계산서 발행시 부가세 10%를 부과하지 않고 0%로 발행하는 것이다. 내국신용장은 수출자의 거래은행이 지급보증을 해 주는 서식이며 구매확인서는 은행의 지급보증 없이 KTNET이나 거래은행이 공급자에게 인터넷으로 발급한다.

Q20 관세환급이란 무엇인지요?

수출기업이 수출을 하면 관세를 환급해 준다고 하는데 무슨 의미인지 궁금합니다.

관세환급에는 관세법상 환급과 환급특례법상 환급 두 가지로 구분한다. 관세법상 환급은 당연히 돌려주어야 하는 성격의 환급이며 환급특례법상 환급은 일종의 특혜라고 볼 수 있다. 여기에서 환급특례법상 관세환급만 언급토록 하겠다. 환급특례법상 관세환급에는 두 가지가 있다.

첫 번째는 간이정액환급이다. 간이정액환급이란 중소제조업자가 수출만 하면 원자재나 완제품의 수입 여부와 상관없이 간이정액환급율표 상에 정해진 일정 금액을 수출기업에게 지원해 주는 제도이다. 중소기업을 육성하고 국산원자재 사용을 장려하기 위한 차원이다.

두 번째는 개별환급이다. 개별환급이란 수입한 원자재나 완제품을 다시 수출한 경우 그 소요량만큼 수입하였을 당시 납부한 관세를 수출기업에게 환급해 주는 제도로써 수출을 장려하기 위한 차원이다.

문제는 이 두 가지 환급을 동시에 받을 수는 없으며 두 가지 중 한 가지를 선택하여 환급을 받아야 하며 한 번 신청하면 2년간 변경할 수 없다.
※ 문의처 : 관세청(www.customs.go.kr)

Q21 수출·입 기업이 도움을 받을 수 있는 관련 기관 및 관련 업체에는 어떤 것들이 있는지요?

수출·입 기업이 무역거래를 하기 위해서 도움을 받을 수 있는 국가기관, 관련 업체 및 업무는 다음과 같다.

① 법체저(www.law.go.kr)
무역 관련 각종 법령, 행정규칙, 판례 등을 확인할 수 있다.

② 산업통상자원부(www.motie.go.kr)
수출입공고, 통합공고, 전략물자기술고시 등 각종 공고 및 고시 등을 확인할 수 있다.

③ 국세청(www.homtax.go.kr)
부가세신고, 법인세(법인회사) 납부, 종합소득세(개인회사) 납부 및 각종 세무 관련 상담

④ 관세청(www.customs.go.kr)
품목분류번호(HS), 관세율, 외국관세율, 무역통계, FTA관련 정보 등

⑤ 한국무역협회(www.kita.net)
무역업고유번호 신청 및 무역관련 통계, 해외시장정보, 무역실무 및 무역마케팅 교육, 무역실무 상담, 각종 정보제공

⑥ 대한무역투자진흥공사(www.kotra.or.kr)
해외시장정보, 해외시장조사, 해외출장대행 서비스, 해외지역전문가 교육, 각종 정보제공

⑦ 한국무역보험공사(www.ksure.or.kr)
수출보험, 수입보험, 신용조사, 환변동보험, 각종 보증서 발행

⑧ 중소기업중앙회(www.kbiz.or.kr)
중소기업 지원, 해외전시회 지원, P/L(제조물책임)보험

⑨ 중소기업진흥공단(www.sbc.or.kr)

정책자금융자, 마케팅, 무역 관련 교육

⑩ 대한상공회의소(www.korcham.net)

원산지증명서 발급, Carnet 서류 발급, PL(제조물책임)보험, 세무회계 교육

⑪ 외국환 은행

외국환 업무를 담당할 주거래은행과 외환거래 약정을 맺어야 한다. 직접 방문하여 외환거래약정을 체결하여야 선적서류 추심의뢰, 신용장 개설, 신용장 네고(negotiation) 업무 등을 할 수 있다.

⑫ 관세사

수출신고 및 수입신고는 직접 인터넷으로 할 수도 있지만 초보기업의 경우에는 관세사의 도움을 받으면 업무를 효율적으로 처리할 수 있다.

⑬ 운송주선인(Forwarder)

선박회사에게 직접 운송의뢰를 할 수 없으므로 선박회사와 화주 사이에서 운송을 주선하는 운송주선인을 물색해 두어야 한다. 이런 업무를 하는 자를 포워더(forwarder)라고 한다(www.kiffa.or.kr 혹은 www.koila.or.kr).

⑭ 보험회사(화재보험 회사)

해외로 물품을 수출하거나 수입하는 경우 적하보험을 가입하여야 한다. 보험가입을 위해 필요한 적하보험 회사를 물색해 두어야 한다.

1. 한국무역협회(KITA) 회원 가입 안내

가입절차
자　　격 : 법인, 개인 모두 가능 가입절차 : 구비서류 제출 ⇒ 회비납부 ⇒ 회원증 발급 구비서류 : 회원가입신청서, 사업자등록증
가입방법
온라인 : www.kita.net ⇒ 회원사 ⇒ 무역협회 회원가입 ⇒ 가입신청 방　문 : 무역협회 회원서비스센터(서울 삼성동), 지역본부 팩　스 : 회원서비스센터
회비 납부
납 부 액 : 연회비, 입회비(가입시 한번) 납부방법 : 무통장 입금, 신용카드(온라인 결제) 문 의 처 : 대표전화 1566-5114 회원서비스 센터

2. 수출실적의 혜택

수출실적이 많으면 다음과 같은 혜택이 있습니다.
1. 무역의 날 수출탑을 수상 받습니다. 수출포상을 받음으로써 기업의 이미지가 제고됩니다. 2. 무역협회의 무역기금을 저리로 융자 받을 수 있습니다. 3. 해외전시회 무상지원을 받을 수 있습니다. - 해외전시회 지원 기관은 다음과 같습니다. · 한국무역협회(KITA) 본부, 각 지역본부, KOTRA, 중소기업중앙회, 중소기업진흥공단, 전시산업진흥회, GSBC, 지방자치단체, 제품관련 각종 협회(예 : 섬유산업연합회) 4. 신용보증기금, 기술보증기금, 무역보험공사로부터 은행 제출시 필요한 각종 보증서를 발행 받을 수 있습니다. 5. 거래은행의 금융한도가 상향됩니다. - 수입신용장 개설 - 내국신용장(Local L/C) 개설 - O/A, D/P, D/A 할인(nego) 한도

3. 한국무역협회(KITA) 수출·입 실적 발급 및 포상 추천

물품의 수출입 실적 증명서 발급
물품의 수출입 실적 증명서를 발급받을 수 있습니다. - 무역협회 본부 회원서비스 센터 혹은 각 지역본부 - 수출실적증명서는 무역금융·정부포상 신청 등 각종 무역지원 사업 활용에 이용 가능(직접 수출)
용역 및 전자적 형태의 무체물 수출입 실적 증명서 발급
- 서비스 및 무형재화의 수출입 실적 증명서를 온라인에서 무료로 확인 및 발급 - 수출실적증명서는 무역금융·정부포상 신청 등 각종 무역지원 사업 활용에 이용 가능(간접수출)
무역의 날 포상 추천
- 물품, 서비스 및 무형재화의 수출에 기여한 업체에 대해 무역의 날 수출탑 및 유공자 포상 추천 ⇒ 수출분야 정보 포상 수상으로 업체 대외 인지도 제고 √ 신청 : 포상신청 사이트(https://membership.kita.net)

4. 한국무역협회(KITA) 회원 서비스

무역진흥자금 융자 추천
- 수출마케팅과 원자재 구매에 필요한 자금을 저금리에 대출 - 대상은 전년도 수출실적 1,000만원 달러 이하인 기업 √ 신청 : 한국무역협회 업무지원포털(membership.kita.net)
수출단체보험료 지원
- 무역보험공사 수출단체보험(중소중견플러스, 수출안전망) 가입시 보험료 지원 √ 신청 : 한국무역협회 업무지원포털(membership.kita.net)
무역아카데미 교육 수강료 할인
- 무역실무 단기교육 수강시 수강료 할인 √ 신청 : 한국무역협회 무역아카데미(tradecampus.com)
트레이벤처플라자 입주
- 무역센터 트레이드타워 2층에 마련된 사무공간에 저렴한 임대료로 입주 √ 신청 : 한국무역협회 업무지원포털(membership.kita.net)
비즈니스센터 이용
- 무역센터 트레이드타워 내 위치한 회의실을 무료로 이용 √ 신청 : 한국무역협회 업무지원포털(membership.kita.net)
해외비즈니스 매칭서비스
- 한국무역협회 해외지부에서 1:1 타켓마케팅 후 발굴된 관심 바이어에 대한 정보 제공 √ 신청 : 트레이드코리아 영문페이지 회원가입(www.tradekorea.com)

5. 한국무역협회(KITA) 해외시장개척

해외마케팅 지원
- 국내전시회 개최 - 글로벌 바이어 초청 상담회 개최 - 해외전시회 참가 -무역투자사절단 파견 √ www.kita.net → 업무안내
스타트업 기업 지원
- Furtune 500 Connect - 국내외 복합쇼핑몰 테스트베드 사업 - 소타트업 해외진출 바우처 - 국내 대/중견기업 오프이노베이션 √ 이용안내 : kia.net, innobranch.com,startupbranch.kta.net, exportvoucher.com
국내 최대 온라인 B2B e마켓플레이스
- 국내 tradeKorea 회원 전용 무료 수출지원 서비스 √ 이용안내 : kr.tradekorea.com
한류 온라인 쇼핑몰(Kmall24)
- 전 세계 소비자를 대상으로 상품정보 노출 및 B2C 판매 - 간편 회원가입, 해외PG(Payment Gateway) 결제수단 적용 등 해외 판매 최적화 √ 이용안내 : kmall24.co.kr

6. 한국무역협회(KITA)의 TradeSOS(무역실무 상담)

수출입실무, 통관 관세에서 해외규격 · 인증까지 분야별 전문가가 무료로 상담해 드립니다.
- 수출입실무/대금결제/해외규격/인증/할랄/수출입 통관(월 - 금) - 무역실무 분쟁대응(월) - 국제계약서/클레임(화/목) - 세무/회계(수) - 환율/외환(목) - 전자상거래(목) - 인사/노무(금) √ 이용안내 : 1566-5114 √ 온라인 : tradesos.kit.net

7. 법무부가 중소기업의 무역 및 해외진출을 지원합니다.

알기 쉬운 수출계약서 작성실무 책자
- 중국, 러시아, CIS 국가, 일본과 무역시 필요한 수출계약서 작성실무 책자 - 인도(발간예정)
비즈니스 가이드 시리즈
- 중국(투자, 기업, 세법, 공정거래) - 베트남(투자, 조세, 노무, 부동산, 건설) - 캄보디아, 러시아, 카자흐스탄, 우즈베키스탄, 미얀마, 인도네시아
국제투자, 지식재산권 법률자문단
□ 지원대상 - 무역거래 및 해외진출을 하는 중소기업 및 소상공인 등 □ 자문범위 - 계약서, 협약서 등 각종 서류 검토 및 법률, 회계자문 - 지식재산권 분쟁 대응방안 등 법률자문 - 회사 설립에 필요한 정관 검토 및 법률, 회계자문 - 현지법령, 사법제도 해석 및 적용에 관한 자문 등 □ 중소기업을 위한 국제지식재산권 분쟁 가이드 □ 신청방법 - 법무부 국제법무과 - 이메일 신청 및 전화신청
자료 이용방법
법무부 홈페이지(정보마당/자료실/업무자료/간행물) 다운로드 법무부 국제법무과로 요청

8. 한국무역보험공사(KSURE)의 수출보험제도

1) 수출보험의 개념

수출거래에 수반되는 여러 가지 위험에 대비하기 위한 보험 제도로, 수출자와 생산자 또는 수출 자금을 대출해 준 금융기관이 입게되는 불의의 손실을 보상함으로써 원활한 수출진행을 도모하기 위한 비영리 정책보험을 말한다. 수입자의 수입자의 계약 파기, 파산, 대금지급 지연 또는 지급 거절 등의 신용위험과 수입국에서 발생한 전쟁, 내란 또는 환거래 제한 등의 비상 위험으로 인해 수출자 또는 수출금융을 제공한 금융기관이 입게 되는 손실을 보상하기 위한 것이다. 궁극적으로 우리나라의 수출을 촉진하고 진흥하기 위한 수출지원 제도이다.

2) 수출보험의 종류

한국무역보험공사(K-sure)는 각종 대외 거래와 관련하여 13개의 보험제도와 2개의 보증제도 및 기타 서비스를 제공하고 있다(2015년 10월 현재의 상품).

(1) 단기성 종목

단기 수출 보험, 수출 신용 보증(선적 전, 선적 후, Nego), 중소기업 Plus+보험 등이 있다.

(2) 중장기성 종목

결제기간이 2년 초과의 수출거래를 대상으로 하며 중장기 수출보험(선적 전, 공급자 신용, 구매자 신용), 해외사업금융보험, 해외투자보험(주식, 대출금, 보증 채무, 부동산에 대한 권리), 해외자원개발펀드보험, 해외공사보험, 수출보증보험, 이자율변동보험, 서비스종합보험(기성고·연불 방식) 등이 있다.

3) 단기수출보험

수출거래에 수반되는 여러 가지 위험에 대비하는 보험제도로, 수출자와 생산자 또는 수출 자금을 대출해 준 금융 기관이 입게 되는 불의의 손실을 보상함으로써 원활한 수출진행을 도모하기 위한 비영리 정책보험을 말한다.

(1) 제도개요

수출자가 수출대금의 결제기간이 2년 이하인 수출계약을 체결하고 물품을 수출한 후, 수입자(L/C거래의 경우 ☞개설 은행)로부터 수출대금을 받을 수 없게 된 때에 입게 되는 손실을 보상하는 제도이다.

(2) 대상거래

결제기간 2년 이내의 ① 일반 수출, ② 위탁가공무역, ③ 중계무역, ④ 재판매 거래(수출은 수출보험의 성격상 손실의 발생이 있어야 하므로 유상수출에 한정되며, 무상수출은 제외된다).

9. 한국무역보험공사(KSURE)의 수입보험제도

1) 수입보험의 개념

수입 보험(수입자용)은 국내 수입기업이 선급금 지급조건 수입거래에서 비상위험 또는 신용위험으로 인해 선급금을 회수할 수 없게 된 경우에 발생하는 손실을 보상하는 제도(2010년 7월 6일자 도입)이다.

2) 수입보험의 대상거래

물품을 선급금 지급 후 2년 이내에 선적하여야 하는 수입거래(중계무역 제외)

3) 수입보험의 대상품목

(1) **주요자원** : 철, 동, 아연, 석탄, 원유 등

(2) 시설재

- 오염물질 배출방지, 처리물품 및 폐기물 처리 물품
- 공장자동화 물품
- 산업기술연구 개발용 물품

(3) 첨단제품

- 첨단제품산업발전법 제5조의 "첨단제품"(기술은 제외)
- 산업통산자원부 발급 "첨단제품 확인서 필요"

(4) **외화획득용 원료** : 대외무역관리규정의 "외화획득용 원료"

(5) 수입보험지원물품 조회

- 한국무역보험공사→무역지원사업→보험종목(HS CODE – 품목명 – 품목상세내역)

제3절 무역창업자의 자세

Q1 무역창업시 고려사항은 무엇인가요?

무역회사 창업절차는 간단하다. 그러나 문제는 창업이 아니라 창업 이후가 더 문제이다. 다음 사항을 한번 점검해 본 후 창업을 하면 성공적인 창업이 될 것이다.

① 회사의 owner로서의 자질은 있는가?
② 사업의 형태는 정해져 있는가?
③ 수출·입 품목은 정해져 있는가?
④ 특별한 품목이 지금 없다면 아이템을 개발할 열정을 가지고 있는가?
⑤ 국제적 감각을 가지고 있는가?
⑥ 기본적인 세무회계의 지식은 보유하고 있는가?
⑦ 무역거래에 필요한 어학능력은 가지고 있는가?
⑧ 창업시 필요한 자금은 확보되어 있는가?
⑨ 최소 2년 정도 버틸 자금은 확보되어 있는가?
⑩ 무역업무에 필요한 관련 협회 및 기관, 수출·입 관련 회사들과의 유기적인 관계는 설정되어 있는가?
⑪ 필요한 인력확충 계획은 준비되어 있는가?
⑫ 조직과 자금을 관리할 관리능력은 겸비하고 있는가?
⑬ 창업 지원을 받을 수 있는 기관과 방법을 인지하고 있는가?
⑭ 거래할 상대 국가를 마음속에 정해두었는가?
⑮ 거래 상대 국가의 상관습 및 협상관행을 알고 있는가?
⑯ 무역실무 능력은 갖추고 있는가?
⑰ 사무실 위치와 사무실 규모는 정해두었는가?

Q2 무역창업의 요소는 무엇인가요?

무역회사 창업을 하려는 자는 다음 3가지 요소를 갖추고 있는지를 먼저 확인해 볼 필요가 있다.

1) Item

확실한 아이템(item)이 있어야 한다. 자기 자신이 가장 잘 아는 그리고 가장 잘 할 수 있는 품목부터 찾아 시작해야 하고 몇 개 아이템으로 축소하여 집중화해야 성공할 수 있다. 일반적인 아이템을 취급하면 성공할 확률이 희박하다. 누구나 하고 있기 때문이다. 해외생산에 대한 방법도 연구하여야 한다. 국내 상품만을 고집하지 말고 해외상품을 중계무역하는 것도 고려해 볼 필요가 있다.

많은 품목 중에 예를 들면, 전자, 섬유, 의류, 식품, 컴퓨터 관련 제품, 의료기기, 의약품, 운동기구, 원자재, 소모품, 잡화일 경우 특정제품 등으로 자신의 품목을 사전에 정해서 바이어에게 특정 품목에 대한 전문회사임을 홍보하여야 한다.

2) Idea

아이디어(idea)가 있어야 한다. 장 따라가기는 실패한다. 남과 구별되는 독특한 자기만의 아이디어가 있어야 한다. 우리나라만 생각하지 말고 해외에서 사업하는 방안도 고려해 보자. 독특한 아이디어로 성공한 사례는 다음과 같다.

① 라면장사도 한국이 아닌 캐나다에서 성공한 모사장님, 오스트리아 비엔나에서 성공한 홍사장님
② 스리랑카, 방글라데쉬, 과테말라에서 제조하여 미국으로 수출한 의류 회사
③ 중국산 제품을 확보하여 중계무역을 하는 회사들
④ 청 데님(denim) 원단에 각종 악세사리를 부착하여 대박을 떠트린 회사
⑤ 전쟁이 끝난 지역에 복구 물자를 수출하는 회사
⑥ 멀다고 남이 가지 않는 중남미에 의료기기, 운동화를 수출하는 회사
⑦ 성탄 카드에 노래하는 chip을 부착하여 수출하는 회사
⑧ 국내에 체류하는 외국인 노동자들을 상대로 외국 노동자 국가의 제품을 수입하여 판매하는 회사

3) Individuality

개인적 특성(individuality)이 있어야 한다. 즉, 자신의 독특한 색깔(color)이 있어야 한다. 무언가 남과 비교되는 차별화이다.

① 샘플 납기가 빠르다.
국내 모 가죽 수출업체는 바이어의 급한 샘플납기를 맞추기 위해 단지 샘플 1장을 가지고 비행기로 직원을 보내는 회사도 있다. 이런 회사에게 바이어는 오더를 주지 않을 수 없다.
② 매사 업무 follow up이 잘되고 업무가 정교하다.
③ 모든 답신은 당일에 끝낸다. 즉, prompt action이다.
④ 거래하는 현지국가 언어를 잘한다.
⑤ 직원들이 꼼꼼하고 회사가 체계적이다.
⑥ 약속은 어긴 적이 없고 납기(shipment)는 어떤 일이 있어도 꼭 지킨다.
⑦ 거래 상대방의 needs를 미리 알아차리고 준비한다.

Q3 창업자는 어떤 자질을 갖추어야 하나요?

무역회사 창업을 하려는 자는 다음과 같은 자질을 갖추어야 한다.

1) 경영마인드

기업을 경영하는 데 있어서 적절한 자원의 투입이 요구된다. 기업이 필요로 하는 자원은 결국 자본과 인력일 것이다. 자본과 인력의 공급을 최종적으로 책임질 사람이 바로 최고 경영자이다.

최고 경영자는 기업을 경영하는데 필요한 적절한 자본을 적기에 확보 내야 한다. 그리고 그 기업이 가장 필요로 하는 인재를 선발하고 관리하고 함께 성장하여야 한다. 기업의 성패 요인은 결국 최고 경영자의 자금관리와 인적관리에 있다. 이 두 가지 요소에 대한 경영 마인드가 없다면 성공적인 기업으로 이끌어 낼 수 없을 것이다.

2) 조직관리능력

중간 계층의 결재 라인이 많으면 최종 결정권자인 대표이사에게 정확한 정보가 오지 않을 가능성이 많고 중요한 의사결정이 늦어지는 원인이 될 수 있다. 가능하면 결재 시스템을 단순화해야 한다. 기업의 규모가 크다면 임원은 한 분야를 총괄하는 조직이 효율적이고 회사의 규모가 작은 경우 임원은 여러 분야를 총괄하고 각 부서장 중심으로 위로 보고하는 체계가 효과적이다. 부서별로 부서장을 두고 있는 경우 특별한 경우를 제외하고 사장은 부서장을 무시하고 아래 직원들과 독대하는 것을 피해야 한다. 부서장을 믿고 모든 것을 맡겨야 하며 정기적으로 부서업무를 파악해보는 것이 효과적이다.

처음 창업하는 회사는 아마 위에서 언급한 조직 체계를 가질 수 없을 것이다. 최소 인원으로 최대 효과를 누리는 소규모 조직으로부터 시작할 것이기 때문이다.

회사의 업무는 정교하고 조직적이며 일사불란하고 빠르게 진행되어야 한다. 모든 업무 지시체계는 일원화되어야 하며 이중(double)으로 지시가 이루어지는 일이 없도록 해야 한다. 특히 자금집행, 자재관리, 생산관리 부문은 지시 체계가 철저히 일원화되어야 업무혼선을 줄일 수 있다. 결국 직원과 직원사이의 의사소통의 방식과 체계, 권한과 책임, 그리고 위계질서와 명령계통에 대한 정교한 규율이 필요하며 이에 대한 관리능력이 요망된다.

3) 기획력

기업의 모든 장·단기 사업계획은 단순히 분석력과 예측력에 의해서만 완성되는 것이 아니라 분석된 정보와 예상된 정보를 토대로 하여 이들이 합당한 사업계획을 구체적으로 입안할 수 있는 기획능력에 의해 마무리되는 것이다. 비록 동일한 정보가 주어진 경우라 할지라도 기업마다 이에 대응하는 방식이 다른 이유는 바로 기업의 기획능력이 서로 다르기 때문이다. 특히 현재와 같이 어려운 경쟁환경에서 기업이 살아남을 수 있는 성공적인 전략을 수입하기 위해서는 남다른 기획력이 요구된다. 창업가에게 남다른 기획능력이 요구되는 이유는 창업단계에서는 모든 사업과 업무계획을 새롭게 세워야 하기 때문이다. 오더를 확보하는 데 있어서 절반은 정성이다. 가격이 최우선 요인이지만 정성이 없으면 성사되지 않는다. 그 정성이 바로 기획력으로부터 나오는 것이라고 생각한다.

4) 추진력

사업가는 강력한 업무 추진력을 가지고 있어야 한다. 성공을 확신한 일에 대해서는 실패를 두려워하지 말고 강력하게 밀어붙여야 한다. 제아무리 업무 기획력과 조직력이 뛰어나다 할지라도 업무추진력이 적절히 뒷받침되지 않으면 바라는 성과를 기대할 수 없다.

5) 인덕

일은 자기 혼자 하는 것이 아니고 필히 명참모의 도움이 필요하다. 회사의 성패여부는 참모의 역할에 달려있다 하여도 과언이 아닐 것이다. 결국, 부하직원을 잘 두어야 한다는 의미이다. 부하직원을 잘 두는 방법은 잘 대우해 주는 방법 이외에 특별한 방법은 없다. 사장 혼자 골프 치러 다니면 성공하는 기업으로 이끌어갈 수 없다. 함께 나누는 경영을 하여야 한다. 직원을 주주처럼 생각하고 이익이 나면 나누어 가지는 자세가 필요하다.

6) 욕심은 금물

무역일을 하다 보면 많은 기회가 주어진다. 누가 보아도 큰돈을 벌 수 있으리라 예상되었던 것들도 성사가 되지 않을 수 있으며 정말 작은 것이었지만 꾸준히 일한 결과 끝에는 큰 성과를 거둔 예도 있다. 자기 회사의 인적·물적 능력을 벗어나는 과대한 비즈니스는 자제해야 한다. 작지만 자신이 하고 있는 일부터 점점 규모를 크게 키워나가고 새로운 영역과 새로운 품목으로 서서히 확대·발전시켜 나아가야 한다.

Q4 개인기업과 법인기업의 차이점은 무엇인가요?

개인기업과 법인기업의 차이점은 다음과 같다.

기업이란 영리를 목적으로 재화 또는 용역을 생산·판매하는 생산경제의 단위로써, 기업활동에 관한 권리·의무의 주체가 누구인가 하는 법률적인 관점에서 개인기업과 법인기업으로 구분된다.

기업활동에 관한 모든 권리·의무가 개인에게 귀속되는 형태의 기업을 개인기업이라 하며, 기업이 소유자와 독립된 법인격을 갖고 스스로 권리·의무의 주체가 되는 형태의 기업을 법인기업이라 한다.

1) 개인기업과 법인기업의 비교

구분	개인기업	주식회사
적정규모	소·중 규모	중·대 규모
법적근거	업종별 관계법	상법 및 업종별 관계법
성격	개인	법인
사원(대표자) 책임	무한책임	유한책임 (출자지분 범위 내)
법적 출자인원 (발기인 수)	대표자	발기인 2인 이상 (1인 이상 모집주주)
출자금액	금액제한 없음	금액제한 없음
기관	대표자 개인	의결기관 : 주주총회 대표기관 : 대표이사 업무집행 : 이사회
법적 성립요건	· 해당 업종 관계법에 의한 인허가 · 사업자등록	· 정관 인증 및 창립총회 · 법인설립등기 · 법인설립신고 및 사업자등록
조직변경	법인전환가능	다른 법인형태로 변경가능
장점	1. 설립등기가 필요 없고 사업자 등록만으로 사업개시, 창업비 저렴 2. 대표자에 의한 기업자금의 개인적 사용이 자유롭고 거의 불이익이 없음 3. 일정규모 이상으로는 성장하지 않는 중소규모의 사업에 안정적이고 적합 4. 기업이윤 전체를 기업주가 독점함 5. 의사결정이 신속함	1. 대표자는 회사운영과 관련하여 일정한 책임을 지며, 주주는 주금납입을 한도로 채무자에 대하여 유한책임만 짐 2. 주식양도에 의해 사업의 양도가 가능하므로 기업주는 바뀌어도 기업의 계속성이 유지됨 3. 사업 양도시에는 주식을 양도하면 되므로 주식양도에 대하여 원칙적으로 낮은 세율을 양도소득세가 부과됨. 또한 주식을 상장 후에 양도하면 세금이 없음. 4. 일정규모 이상으로 성장 가능한 유망사업의 경우에 적합 5. 자본 및 조직위주의 경영이 용이함 6. 기업의 법적 공시성으로 인해 대외신용도가 높음. 7. 면허요건, 대출요건, 납품자격 등의 측면에서 유리함.

구분	개인기업	주식회사
단점	1. 대표자는 책무자에 대하여 무한책임 2. 대표자가 바뀌는 경우에는 폐업을 하고, 신규로 사업자 등록을 해야 하므로 기업의 계속성이 단절됨. 3. 사업양도시에는 양도된 영업권 또는 부동산에 대하여 높은 양도소득세가 부가됨.	1. 대표자가 기업자금을 개인 용도로 사용하면 회사는 대표자로부터 이자를 받아야 하는 등 세제상의 불이익이 있음. 2. 의사결정의 지연 및 창업절차의 복잡.

2) 개인기업과 법인기업(주식회사)의 설립서류 비교

개인기업	법인기업
· 사업자등록 신청서 · 대표자 주민등록등본 · 임대차 계약서 사본 · 사업인허가증 사본(필요한 경우만)	〈설립등기〉 · 법인정관 외 법무사 작성서류 13종 · 주주 인감증명서, 주민등록등본, 위임장 · 대표이사 인감증명서, 법인 인감 신고서 · 감사 인감증명서, 취임승락서 〈사업자 등록 및 법인설립신고〉 · 법인정관, 법인등기부 등본 · 주주임원 명부 및 주주출자확인서 · 사업인허가증 사본, 임대차 계약서 사본 · 개시 대차대조표

3) 개인기업과 법인기업(주식회사)의 세무상 비교

구분	개인기업	법인기업
과세원리와 범위	소득원천설(열거된 수익만 과세, 이자수입, 고정자산 매각이익은 사업소득 과세대상이 아님)	순자산 증가설 (모든 수익, 이익이 과세됨)
세율	1억 5천만원 초과 : 38% 8천 8백만원 초과 1억 5천만원 이하 : 35% 4천 6백만원 초과 8천 8백만원 이하 : 24% 1천 2백만원 초과 4천 6백만원 이하 : 15% 1천 2백만원 이하 : 6%	2억원 초과 : 20% 2억원 이하 : 10%

구분	개인기업	법인기업
토지, 건물 등 양도차익 과세	1억 5천만원 초과 : 38% 8천 8백만원 초과 1억 5천만원 이하 : 35% 4천 6백만원 초과 8천 8백만원 이하 : 24% 1천 2백만원 초과 4천 6백만원 이하 : 15% 1천 2백만원 이하 : 6% 1년 이하 보유 양도 : 50% 1년 이상 2년 미만 보유 양도 : 40%	비사업용토지 또는 주택 양도소득에 대한 법인세 : 10% (*위의 법인세 이외의 추가로 과세)
지급이자의 비용인정	수입목적으로 직접 사용된 부채의 지급이자만 비용인정	원칙적으로 모든 지급이자 (단, 업무무관자산 관련 이자 부인) 비용인정
대표자 급여의 비용인정	비용불인정	비용인정
재무제표 공시	공고 의무 없무 (비밀유지 가능)	매년 1회 일간신문에 공고

4) 설립상의 차이점

개인기업은 대표 혼자서 사업자등록증만 발급 받으면 설립 절차가 끝나는데 반하여 법인기업은 설립시 법적 절차가 비교적 복잡하며 구체적으로 다음과 같은 차이점이 있다.

첫째, 개인기업은 한 개인의 의사결정에 의하여 설립될 수 있지만 법인기업은 공동기업이므로 당해 기업에 참여할 자본주 또는 동업자를 구하고 공동의 의사결정이 필요하다. 그러나 소규모 법인의 경우 결국 실질적 주주는 대표이사이고 나머지는 가족, 친척과 같은 형식상 주주인 경우가 많이 있다.

둘째, 법인기업은 기업의 주체가 되는 법인 설립절차가 선행되어야 하는데 반해 개인기업의 설립은 그러한 절차가 필요치 않다.

셋째, 개인기업은 사업자등록만 하면 되는데 반해 법인기업은 사업자등록 외에 법인설립신고도 하여야 한다.

5) 사업자등록 정정신고가 필요한 경우

(1) 사업자등록 사항에 변동이 생기게 되면 정정신고를 하여야 한다.

다음과 같은 변동사항이 발생하면 지체없이 사업자등록 정정신고서에 사업자등록증을 붙여 관할세무서 민원봉사실에 제출하면 된다.

- 상호, 법인의 대표자, 사업의 종류를 변경할 때
- 사업자의 주소, 거소 또는 사업장을 이전할 때
- 상속으로 인하여 사업자의 명의가 변경될 때

(2) 사업장을 이전할 때는 이전 후의 사업장 관할세무서장에게 이전 사실을 신고하여야 한다.

(3) 사업을 휴업하거나 그만두게 되는 경우에도 지체없이 관할 세무서장에게 휴업 또는 폐업 신고서를 제출하여야 한다. 만약 창업 이후에 상황이 변하여 사업여건이 여의치 않을 경우에는 폐업신고를 하는 것보다는 휴업신고를 한 후 경제여건에 따라서 사업을 다시 시작할 수 있다. 이 경우에는 별도의 설립 절차가 필요치 않다.

6) 폐업시의 세무종결 절차

사업을 그만두는 경우에는 폐업신고를 하여야 한다.

사업을 시작할 때 사업자등록신청을 하는 등 각종 신청·신고를 하였듯이 사업을 그만두고자 하는 경우에도 그 종결절차를 밟아야 하며, 만약 그런 절차를 밟지 않았을 경우에는 큰 불이익을 당할 수도 있다.

(1) 사업을 폐업하면 지체없이 세무서 민원봉사실에 비치된 폐업신고서 1부를 작성하여 사업자등록증과 함께 사업장 관할세무서에 제출하면 된다.

(2) 폐업신고서를 제출하는 경우에는 부가가치세 확정신고도 같이 하는 것이 절차가 간편하다.

(3) 부가가치세 확정신고서에 폐업년월일 및 사유를 기재하고 사업자등록증을 첨부하여 제출하면 폐업신고서를 제출한 것으로 본다

(4) 폐업하는 사업자의 부가가치세 확정신고 대상기간은 폐업일이 속하는 과세기간 개시일(1.1 또는 7.1)로부터 폐업일까지이며, 폐업일이 속하는 다음달 25일 이내에 이 기간의 영업실적에 대한 부가가치세 확정신고 절차를 이행하고 이에 대한 세금을 내면 된다.

7) 개인종합소득세와 법인세

개인기업은 소득이 발생할 경우 개인소득세를 납부하며 법인기업은 법인세를 납부한다. 개인기업의 당해 소득세는 사업년도 다음해 5월말까지 신고하고 개인이 회사운영에서 얻은 소득뿐만 아니라 기타 타 소득까지 합산하여 종합소득세를 신고하고

납부한다. 그러나 법인회사의 법인세는 사업년도 종료일로부터 3개월 이내에 신고하고 납부한다.

개인회사의 종합소득세와 법인회사의 법인세 산출방법은 아래와 같다.

(1) 소득세(개인회사)

[소득세율(개인)]

(단위 : 만원)

소득 1,200만원 이하	소득 4,600만원 이하	소득 8,800만원 이하	소득 1억 5천만원 이하	소득 1억 5천만원 초과
6%	15%	24%	35%	38%

누진율이 적용되며 개인회사의 소득세 신고는 사업년도 다음 해 5월 말까지이다.

참고 제55조(稅率)

거주자의 종합소득에 대한 소득세는 당해 연도의 종합소득과세표준에 다음의 세율을 적용하여 계산한 금액(이하 "종합소득산출세액"이라 한다)을 그 세액으로 한다.(2020. 8. 18 일부개정)

종합소득과세표준	세 율
1천 2백만원 이하	과세표준의 100분의 6
1천 2백만원 초과 4천 6백만원 이하	72만원+1천 2백만원을 초과하는 금액의 100분의 15
4천 6백만원 초과 8천 8백만원 이하	582만원+4천 6백만원을 초과하는 금액의 100분의 24
8천 8백만원 초과 1억 5천만원 이하	1천 590만원+8천 8백만원을 초과하는 금액의 100분의 35
1억 5천만원 초과 3억 이하	3천 760만원+1억 5천만원을 초과하는 금액의 100분의 38
3억 초과 5억 이하	9,460만원 + (3억원을 초과하는 금액의 100분의 40)
5억 초과	1억 7,460만원 + (5억원을 초과하는 금액의 100분의 42)

Ex

81,000,000원 소득에 대한 소득세를 산출한다면 아래와 같다.

► Way 1

소득세 : 81,000,000원(누진율 적용)

(1) 12,000,000원 × 6% = 720,000
(2) 34,000,000원 × 15%= 5,100,000
(3) 35,000,000원 × 24%= 8,400,000

Total 14,220,000원

(2) 법인세(법인회사)

[법인세율(법인)]

법인소득 2억까지	법인소득 2억 초과분
10%	20%

3억인 경우 2억까지는 10%, 2억 초과분인 1억은 20% 적용하여 법인세를 산출한다. 법인세신고는 각 사업연도의 종료일이 속하는 달의 말일부터 3개월 이내에 신고한다.

Ex

2억 8천만원에 소득에 대한 법인세를 산출하면 아래와 같다.

2억원 :20,000,000원
2억 초과분 8천만원 :16,000,000원

법인세 총액 :36,000,000원

※ 통상 개인기업에서 법인기업전환은 매출 기준 10억 선부터 법인전환이 바람직하다.

Q5 무역업의 계명이 있다면 어떤 것들인가요?

무역회사를 경영하려면 다음과 같은 점들을 갖추어 주실 것을 경험자로서 권고한다.

1) 무역실무와 현지 언어에 능통하자.

기본적으로 영어는 익혀야 한다. 영어가 잘 안 되는 분들이 있으면 지금이라도 늦지 않으니 공부를 시작하자.

2) 바이어와는 상거래가 아닌 인간관계로 먼저 친해진 후 거래하자.

어려울 때 도와주고 자신이 어려울 때 도움 받을 수 있는 자세가 필요하며 무역거래가 당장 성사되지 않더라도 계속적으로 개인적 친분을 쌓아 놓으면 언젠가 거래를 성사시킬 수 있다. 평소에 인간관계를 잘 맺어 놓으면 클레임 발생의 경우에도 원만히 해결될 수 있다.

3) 바이어의 회신은 당일에 하고 만약 할 수 없는 상황이라면 언제 하겠다는 답신이 필수적이다. 그리고 약속한 날짜에 필히 답신을 보내자.

약속을 지키지 못하면 그 이유를 필히 명기하여 다시 약속 날짜를 정하자.

4) 일회성 거래로 끝내는 것 보다는 당장 손해를 감수하더라도 장기거래를 할 수 있는 신용을 쌓도록 노력하자.

5) 현지의 어학은 몰라도 문화와 종교만큼은 꼭 이해하자.

6) 남과 구별되는 나 자신만의 color를 개발하자.

거래처를 감동시킬 수 있는 업무추진력 혹은 차별화된 아이템을 준비하자.

7) 무역 관련 업체와 유대관계를 돈독히 하자.

제조업체, 외국환 은행, 관세사, 보험회사, 운송회사 등과의 원활한 업무협조 관계를 유지하자.

8) 유머감각을 키우며 시사상식에 관심을 가지자(해외경제동향, 정치상황 등).

9) 거래성사는 단시간에 되지 않으므로 서두르지 말고 시간을 가지고 추진하자.

10) 외국 노래 1곡쯤은 부르자. 거래하는 국가의 유명한 곡은 필히 부를 수 있어야 한다.

11) 원가의식에 철저해서 수익이 나는 거래를 하자.

12) 직원은 가족처럼 대하고 수익은 함께 나누는 경영을 하자.

13) 건강에 유의하자.

시장개척을 위해서 해외 출장을 자주 다녀야 하니 건강한 체력을 유지하자.

14) 항상 신용을 지키고 솔직하게 행동하자.

해외 거래처는 결국 신용을 지키고 솔직한 자와 거래하게 되고 그렇게 해야만 오래가는 무역을 할 수 있다.

15) 상대방이 외상거래를 요구하는 경우, 그동안 벌어들인 수익 범위 내에서 주도록 하자.

16) 선물을 줄 때도 각국의 문화를 먼저 알고 거기에 맞추어서 주자.

17) 방문국에서는 겸손해야 하며 초보자가 아니더라도 초보자처럼 행동하자.

너만 만나러 왔고 너의 도움이 필요하다는 자세가 필요하다.

18) 처음의 품질을 계속 유지하자. 밑져도 공급하면 그 사실을 다 알고 추후 보답한다.

19) 매사에 업무를 꼼꼼히 처리하자. 거래처와의 업무에는 꼼꼼하고 정교하게 처리하는 것이 오래가는 무역을 할 수 있다.

20) 전망 있는 품목이 있다면 한 우물을 파자.

21) 중요한 업무는 직접 처리하고 기타 업무는 관련 업체에 의뢰하는 것이 좋다.

비용을 아낀다고 직접 하는 것 보다 전문가에게 의뢰하는 것이 더욱 효과적일 수 있다(관세사, 은행, 보험회사, 운송회사 등).

Q6 상대방의 이해

"지피지기(知彼知己)면 백전백승(百戰百勝)이다"라는 말이 있지 않는가? 남의 속사정을 자세히 알아야 백전백승할 수 있다. 수출하기 위해서는 제품을 사는 사람의 형편을 자세히 관찰하여야 한다. 상대방이 제품을 구매할 지급능력이 있는지, 성실한 업체인지 등등을 꼼꼼하게 관찰한 후 거래에 임하여야 위험을 미리 방지할 수 있다.

1) 바이어가 좋아하는 수출상의 유형

① 신용을 지키는 회사
② 업무가 정교하고 빠른 회사
③ 업무가 조직화 되어있는 회사
④ 당일에 답신하는 회사
⑤ 매사 성실하게 대해주는 회사
⑥ 샘플 납기가 빠른 회사
⑦ 샘플과 본 선적분의 품질이 변하지 않는 회사
⑧ 본(main) 선적분 납기를 잘 지키는 회사
⑨ 바이어에게 새로운 아이디어를 제공해 주는 회사
⑩ 바이어를 위하여 다음 시즌을 준비해 주는 회사(새로운 샘플제시, 더 좋은 거래조건 제시)

2) 바이어가 싫어하는 수출상의 유형

① 매사 업무가 정교하지 못하고 임기응변으로 대충대충 대응하는 회사
② 상담시 말과 본 선적시 말이 달라지는 회사
③ 샘플로 제시한 품질과 다른 제품을 선적한 회사
④ 작업계획의 비현실적 수립으로 매사 납기를 지연시키는 회사
⑤ 어학이 잘되지 않아 의사소통에 문제가 있는 회사
⑥ 거래 상대방 국가를 잘 이해하지 못하는 회사
⑦ 자신의 말만 늘어놓는 회사
⑧ 바이어의 요구에 적절히 응하지 못하는 회사
⑨ 바이어의 말은 무시하고 자신의 입장만 고수하는 회사

⑩ 바이어에게 새로운 아이디어를 제공하지 않고 준비가 안 된 회사
⑪ 조직화 되어 있지 않는 회사
⑫ 다음과 같은 영어 표현을 밥 먹듯 하는 회사
'No problem', 'Don't worry about it', 'Everything is OK'
'We can do everything if you want'
⑬ 외국과 무역 거래를 하는데는 많은 문제점이 발생하는데 위와 같은 표현의 영어를 너무 자주 사용하면 바이어로부터 신뢰를 얻을 수 없다.
⑭ 무슨 뜻인지 잘 이해를 하지 못하면서 Yes, Yes 혹은 OK, OK 하는 회사

3) 바이어가 바라보는 수출업체 측의 문제점

① 중간 에이전트를 통하여 거래할 경우, 수입업체와 직접 교신하는 것을 선호하고 있으나 소통의 잘못으로 인하여 문제가 발생하고, 문제 발생시 수습이 어렵다.
② 작업계획의 비현실적 수립으로 인하여 납기를 지연(delay)시키며, 이에 따른 가격 discount 및 airfreight의 비용부담이 발생한다.
③ 납기 지연으로 인하여 제시한 sample보다 품질이 떨어지는 경우가 발생하고 특히 성수기일 경우에는 빈번히 발생한다.
④ 다품종 소량 생산 체제가 아직도 미흡하다.
⑤ 신제품 개발의 의지가 아직도 미약하다.
⑥ 인기 있는 item의 copy는 신속히 이루어진다.
⑦ 누가 만든 제품이 잘 팔린다는 소문이 나면, 너도나도 copy하여 결국은 가격하락의 요인을 스스로 만들어 버린다. 결국은 우리끼리 망하고 마는 경우가 많다.

4) 수출상이 바라보는 수입업체 측의 문제점

① 품질(quality)은 선진국 수준을 요구하고 가격은 후진국 수준을 요구한다.
② 가끔이지만 한국인의 자존심을 상하게 하는 언어를 구사한다(국민성은 어떻고, 생산성이 어떻고…).
③ Claim 제기시 적정한 근거 없이 대충 금액을 환산하여 요구하는 경우가 많이 있다.
④ Market claim도 부담하여야 하는지의 의문이다. 제품에 전혀 하자가 없는데도 시황을 이유로 들어 사소한 문제를 트집 잡아 claim을 제기하기도 한다.

Part 2

무역실무와 마케팅

제1절 해외시장조사

Q1 해외시장조사의 개념

해외시장조사는 특정상품에 대한 판매 또는 구매가능성을 조사하는 것을 말하며 대개의 경우 수출 유망한 시장을 몇 개 정도로 압축하여 선정하는 것이 좋다. 즉, 자사제품의 가격 또는 비가격 경쟁력을 감안하여 몇 개의 나라를 목표시장(target market)으로 정하는 것이다.

해외시장은 국내시장과는 달리 지역적인 격리성, 상이한 문화, 종교, 상관습 및 언어 등의 차이로 어려움이 많으나, 외국과 무역거래를 함에 있어서 위험을 최소화하고 이익을 극대화하기 위해서는 사전에 정확한 시장조사가 필수적인 전제조건으로 무역업 성패의 중요한 과제 중의 하나가 된다.

해외시장조사는 목적시장의 전반적인 개황(정치, 경제, 사회, 문화, 역사, 경제기구, 과학기술의 수준, 기후, 언어 등)을 조사한 다음 취급상품에 대한 유통구조, 경쟁대상, 제품의 가격정책, 거래대상, 거래처 등을 조사하는 일련의 단계를 거치게 된다.

마케팅전략의 성공은 정확한 정보의 확보에 달려 있다. 그러므로 무역업을 성공시키기 위해서는 무엇보다도 특정시장을 형성하는 여러 가지 요소를 과학적으로 조사, 분석 후 적격성을 판정하는 것이며 이에 따라 해당 품목의 수출 또는 수입계획을 수립하게 되는 일련의 과정이 해외시장조사이다.

Q2 해외시장조사의 개념

해외시장조사는 특정 상품에 대한 판매 또는 구매가능성을 조사하는 것을 말하며 해외시장조사의 구체적인 내용은 다음과 같다.

1) 목표시장

- 거래대상 지역의 선정
- 목표국가의 상관습
- 시장규모
- 해당 상품의 수출입 현황
- 기후와 지리적 여건
- 수입관리제도(품목관리제도, 수입통관, 관세율 및 외환사정 등)
- 대상국의 통화의 안정성 및 경기상태
- 교통통신(특히 항만, 공항 등 물류 관련 설비)

2) 시장수요

- 시장잠재력조사
- 취급상품의 수급현황(자체 생산량, 수입량 및 수요)
- 시장성장률 예측
- 시장발전단계조사

3) 소비자조사

- 대상국의 인구, 소비자 기호 및 생활수준
- 소비자의 년령별, 지역별, 소득별 분포
- 소비자의 구매동기, 구매장소, 구매방법, 구매시기, 구매량, 구매능력
- 상품에 대한 만족도, 구매자의 향후 변화

4) 경쟁자조사

- 경쟁대상국, 경쟁업체, 경쟁제품, 가격 동향
- 경쟁자의 마케팅 전략
- 경쟁사의 장점과 약점

- 경쟁사의 수출가격, 수출량 및 수출경쟁 우위성

5) 제품조사

- 제품동향
- 수요상품의 품종, 품질 및 규격
- 현지국 생산량, 판매량 및 수출입량의 비율
- 현지 생산품과 수입물품과의 품질 비교
- 현지 주요 수입상품의 색상, 디자인, 규격, 스타일, 성능, 포장 등에 대한 조사

6) 유통경로조사

- 해당 상품의 유통구조(유통형태, market leader, 유통단계별 마진율 등)
- 해당 제품의 거래관습에 관한 조사
- 유통지역 조사
- 해당 제품의 성수기와 비수기 조사

7) 가격

- 가격구조
- 해당 지역의 수출·입 가격조사
- 현지 생산품과 수입품과의 가격 비교
- 계절 등에 따른 가격변동 추세
- 성수기와 비수기의 가격 차이

8) 촉진조사

- 현지의 광고, 판매촉진, 홍보 등에 관한 조사
- 대리점 활용, 판매점 활용, 현지법인 설립 등의 효과에 관한 조사

※ 시장조사의 예

미국에 화장품을 수출하기 위해 미국시장을 조사한다면 우선 미국의 화장품 수입관리제도 즉, 수입자유화 품목인지 제한되는 품목인지 제한이 있다면 어떠한 자격요건을 요구하는지 여부와 수입통관시 특별한 제품표기 방식 및 성분분석표를 요구하는지 여부, 수입관세(율)은 얼마인지, 유통구조는 어떻게 이루어지고 있는지 시장을 리드해 나가는 몇몇의 Market

Leader가 존재하는지, 유통단계별로 마진율은 몇 퍼센트인지, 미국내에서 생산되는 규모는 어느 정도이며 해외로부터의 수입량은 어느 정도인지 등을 구체적으로 조사해야 한다.
이상과 같은 조사 자료는 대한무역투자진흥공사 간행의 국별 해외정보지, 한국무역협회 간행물, 상공회의소 등에서 보완할 수 있다.
오늘날 해외마케팅은 시장조사에서 시작해서 시장조사로 끝난다고 해도 과언이 아니다. 이는 지속적인 수출시장 확대 및 기존 시장 변화에 따른 충격을 완화해 주고, 기업이 계속 신장될 수 있다는 점에서 아주 중요한 단계이다.
오늘날 모든 기업은 어떻게 새로운 시장을 개척하여 새로운 고객을 발굴할 것인가 그 어느 때보다 중요시 되고 있다.

Q3 해외시장조사의 방법

해외시장을 조사하는 방법에는 크게 오프라인(off-line)에 의한 방식과 온라인(on-line)에 의한 방식이 있다.

오프라인 방식이란 기존의 전통적인 방식으로써 해당 국가를 직접 방문한다든지 해외의 에이전트나 지인을 활용하는 방법, 해외전시회나 박람회를 참가 혹은 참관, 국내의 수출유관기관(무역협회, KOREA 등)을 활용, 국내의 외국대사관 상무관 방문, 무역 관련 매체(서적, 홍보책자, 무역 관련 기사) 등을 활용하는 방식을 말한다. 이러한 방식은 정보의 정확성이라는 측면에서는 바람직한 방식이라고 말할 수 있지만 조사시 그에 따른 시간과 많은 비용이 수반되어야 하는 것도 사실이다. 따라서 Off-Line 방식이 많은 시간과 경비가 소요되어 부담스럽다면 인터넷을 활용한 On-line 해외시장조사 방식을 적절히 사용하는 것도 좋을 것 같다.

On-line 조사는 국가별로 다양한 사이트를 검색할 수 있으며, 정보의 바다인 인터넷을 잘만 활용한다면 원하는 정보를 신속히 저렴한 비용으로 얻을 수 있다. 다만 그러한 정보를 찾아낼 수 있는 인터넷 검색능력, 관련 정보 사이트에 대한 지식, 몇 시간이고 꾸준히 정보를 검색할 수 있는 인내력과 정보의 옥석을 구분하고 분석할 수 있는 능력은 기본적으로 필요하다고 할 수 있다.

Q4 온라인 해외시장조사

인터넷이 무역마케팅에 활용되면서 인터넷을 통한 마케팅은 온라인 마케팅으로,

전통적인 방법은 오프라인 마케팅으로 분류하게 되었다. 온라인 마케팅은 저렴한 비용으로 시간과 공간의 제약을 받지 않는다는 매우 강력한 장점을 갖고 있기 때문에 온라인 B2B 거래알선 사이트가 등장했을 때 전시산업은 이제 쇠퇴할 것이라 예상했었다. 그러나 현실은 그렇지 않았다. 오히려 2차원적인 온라인의 한계가 명백하게 드러났고, 온라인은 오프라인과 결합했을 때 비로소 진가를 발휘할 수 있다는 쪽으로 중지가 모였다.

온라인 마케팅이 그 자체만으로 완전하기는 어렵지만, 우리가 온라인 채널을 중요하게 여겨야 하는 이유는 대부분 거래의 첫걸음이 여기서 시작되기 때문이다. 따라서 온라인상에서 기업의 이미지 및 인지도는 기업의 첫인상이 된다. 기업에게 가장 높은 단계의 마케팅이라는 브랜드 마케팅도 온라인 채널을 효과적으로 활용해야 그 목표를 이룰 수 있다.

1) 온라인 해외시장조사

해외시장조사는 무역마케팅의 최초단계로써 마케팅 하고자 하는 아이템의 수출입 가능성을 분석하여 목표시장을 선정하고 그 시장의 상관습, 수출입통관, 진입장벽 등 무역관련 정보를 조사하는 것을 말한다. 해외시장에는 많은 변수들이 존재하므로 시장진입에 대한 리스크를 미리 파악하고 대비함으로써 시행착오로 인한 시간과 비용의 낭비를 최소화 하는 것이 중요하다.

온라인을 통한 시장조사는 무역유관기관 웹사이트, 검색엔진, e-Market Place 등을 활용하는 방법이 주로 사용되고 있다.

이름	웹주소	내용
한국무역협회	www.kita.net	각국 무역통계, 해외인증, 무역정보, 무역실무
트레이드내비	www.tradenavi.or.kr	수출에 관한 정보 총망라
코트라	www.kotra.or.kr	코트라 지원사업 안내/신청
중진공	www.gobizkorea.com	온라인 수출지원 사업
관세청	www.customs.go.kr	관세, 무역통계, FTA정보
구글트렌드	www.google.com/trends	키워드 검색 경향
구글 애널리틱스	www.google.com/analytics	홈페이지 방문객 분석

2) B2B e-Market Place

B2B e-Market Place는 회사 간에 상품을 홍보하고 거래처를 발굴하기 위한 전자거래알선 사이트로써 웹상에서 전 세계의 무역거래 당사자간 거래선 발굴, 제품정보, 오퍼검색 및 등록 등을 지원한다. B2B e-MP에 등록해 놓은 상품페이지는 검색엔진에서도 쉽게 검색이 되기 때문에 많은 B2B e-MP에 자사의 제품을 올려놓으면 온라인상 브랜드 인지도 제고의 효과를 볼 수 있을 것이다.

(1) e-MP(Market Place)의 분류

B2B e-MP는 전 세계 무역당사자간 거래를 알선하는 글로벌 e-MP, 특정국가에 국한되어 거래를 알선하는 국가별 e-MP, 특정품목에 대해 거래를 알선하는 품목별 e-MP로 구분할 수 있다. 자사의 아이템 및 전략시장에 알맞은 B2B e-MP를 찾아 상품페이지를 등록해 놓는 것은 전쟁에서 주요 전투지역에 거점을 확보하고 있는 것과 비교될 수 있을 정도로 효과적이라 하겠다.

분류	웹사이트	설명
글로벌 e-MP	www.alibaba.com	세계최대 B2B e-MP
	www.ec21.com	국내최대 e-MP
	www.globalsources.com	매거진, 전시회 등 연계
	www.tradekey.com	다수의 중동바이어
	www.kompass.com	기업 디렉토리 판매
국가별 e-MP	www.tradeindia.com	인도
	www.madeinchina.com	중국
	www.tradekorea.com	한국
	www.thailandsupply.com	태국
	www.Europage.com	유럽
	www.thomasnet.com	북미
품목별 e-MP	www.21food.com	식품
	www.directindustry.com	산업 기계
	www.b2bautoparts.com.tw	자동차부품
	www.archiexpo.com	건축
	www.acesuppliers.com	전자
	www.beautyb2b.eu	미용

(2) 국내 주요 B2B e-MP

국내 무역유관기관들은 자체적으로 B2B e-MP를 개발하여 중소기업의 무역마케팅을 지원하고 있다. 회원가입을 비롯하여 거의 모든 서비스가 무료로 지원 되고, 거래에 필요한 제반사항에 대한 편익도 제공하고 있어 자본과 인력이 부족한 중소업체가 활용하기에 알맞다. 아직 외국어 홈페이지를 보유하지 못하였거나, 매번 관리할 인력이 부족한 기업은 이러한 양질의 B2B e-MP에 상품페이지를 만들고 회사 도메인을 연결하여 홈페이지로 활용하는 것도 좋은 방법이다.

	트레이드코리아	바이코리아	고비즈코리아
웹주소	www.tradekorea.com	www.buykorea.com	www.gobizkorea.com
운영주체	한국무역협회	KOTRA	중소기업진흥공단
취급품목	전 품목	전 품목	전 품목
특징	- 무료 가입 및 상품페이지 제작 - 해외 구매오퍼 제공 - 우수 국내업체 해외바이어 매칭 - 결제, 배송 등의 거래 편익 제공		

(3) B2B e-MP 활용 팁

① 키워드
- 바이어가 검색할만한 키워드 선정(2~3단어 조합)
- 영국식, 미국식 표기 모두 등록(오타도 등록)

② 상위 노출
- 유료회원 가입
- 페이지 자주 갱신

③ 양질의 제품 사진 등록
- 사진편집 프로그램 활용

④ 동영상 링크
- 제품의 시연 및 제조 동영상을 유투브 등록 후 링크
- 동영상은 제품별로 짧게 제작

⑤ 신속한 회신
- 인콰이어리는 가능하면 즉각 대응하고 하루를 넘기지 않아야 함.

⑥ 전문 바이어를 공략하는 전문적인 질문과 답변
⑦ 데이터 제시
⑧ 샘플정책, 가격정책 등을 사전에 수립해두어야 함
⑨ 이메일 송부용 제품 카탈로그는 5MB 정도의 작은 사이즈로 제작

3) B2C e-Market Place

국내 전자상거래 시장은 성숙기에 접어들어 큰 성장을 기대하기 어렵지만, 전세계 온라인 시장은 매년 19%의 성장세로 급격히 성장하고 있다. 기업은 B2B e-MP뿐 아니라 B2C e-MP 활용을 통해 판매 채널을 다각화하는 한편, 최종 소비자와의 직접적인 접점 마련에도 관심을 기울여야 하겠다. IT 인프라가 양호한 우리나라의 입지조건에 전 세계적인 한류 붐이 더해져 한국기업은 온라인 마케팅을 하는데 더 없이 좋은 기회를 맞이하고 있다.

구분	이베이	타오바오	라쿠텐	아마존	Qoo10
주력국가	미국, 호주, 유럽	중국	일본	미국, 유럽, 일본	싱가폴, 일본
서비스 모델	B2C/ B2B 오픈마켓	B2C 오픈마켓	B2C 오픈마켓	B2C 오픈마켓	B2C 오픈마켓
입점조건	개인, 법인	개인, 법인	현지법인, 개인	개인, 법인	개인, 법인
결제방법	페이팔	알리페이	신용카드, 계좌입금	페이오니아	신용카드

(1) 이베이

전 세계 39개국 사이트를 보유하고 있으며 매순간 1억개의 제품이 등록되고 매초 2,000달러 상당의 거래가 발생한다. 셀러입장에서 유리한 점이 많은데, 배송기간이 10~15일로 길어 상대적으로 적은 재고로 사업을 시작할 수 있어 초보판매자가 시장에 진입하기 쉽다. 해외판매는 수출로 책정되어 부가가치세를 낼 필요가 없다는게 특징이다.

(2) 타오바오

중국 최대 전자상거래 사이트로 알리바바 그룹에 속해있고, 현재 세계 온라인 쇼핑몰 중 가장 높은 수익률과 성장률을 기록하고 있다. 다른 글로벌 온라인 쇼핑몰과

는 달리 셀러들에게 개점비용, 제품등록비, 거래수수료 등을 받지 않으며 차별화된 경쟁력을 확보하였고, 중국 소비자들의 신뢰를 얻기 위해 안전한 온라인결제시스템 및 소비자보증제도를 도입했다. 인기 제품군으로는 의류, 화장품, 패션잡화 등이다.

(3) 라쿠텐

1997년에 창립한 일본 최대 온라인쇼핑몰이다. 셀러로 등록하기 위해서는 일본 법인으로 등록해야 하고, 일본에 현지 사무실 주소를 갖고 있어야 한다. 입점비용도 상대적으로 비싼편이다. 라쿠텐이 셀러 심사를 까다롭게 하는 이유는 라쿠텐에서는 판매자와 구매자간 금전거래가 라쿠텐의 개입없이 바로 이루어지므로 처음부터 양질의 셀러를 선별하기 위해서이다.

(4) 아마존

활발한 물류센터 건립으로 당일배송, 익일배송을 실시해 차별화에 성공하였다. 이베이가 판매자와 구매자를 연결하는 중개상으로써 그 둘 사이에서 발생하는 문제에 대해 책임을 지지 않는 반면, 아마존은 직접 물건을 보유하고 판매하기 때문에 문제가 발생하면 아마존에서 모두 책임을 진다. 아마존의 철저하고 엄격한 제품관리 때문에 구매자 입장에서 반품과 환불, 교환 서비스에 대한 만족도가 높다. 하지만 셀러 입장에서는 제품이나 고객관리를 제대로 하지 못하면 정지당할 확률이 높다.

(5) 큐텐

G마켓 설립자인 구영배 대표가 2010년 이베이와 함께 아시아시장을 공략하기 위해 설립한 온라인 쇼핑몰이다. 각국의 사이트가 서로 연계할 수 있는 글로벌 플랫폼을 구축했으며, 회원은 국내외, 법인, 개인에 한정하지 않고 제품을 판매할 수 있다. 제품에 대한 리스팅 비용이 없고, 몇몇 특정 제품을 제외하고는 판매금지 제한도 없다. QSM이라는 관리자 프로그램이 한국어를 지원하므로 국내 셀러들에게 특히 유리하다.

4) 홈페이지를 통한 마케팅

(1) 검색엔진 마케팅(SEM)

검색엔진 마케팅(SEM ; Search Engine Marketing)이란 홈페이지를 검색엔진에 프로모션 하는 작업으로, 홈페이지의 구조를 검색엔진에 검색이 잘 되게 만들고, 검색엔진을 활용하는 타깃 바이어에게 홈페이지를 홍보하는 활동을 말한다. 기업은 거래처를 찾기 위해 B2B e-MP를 직접 이용하기도 하지만, 대부분은 검색엔진을 활용하기 때문에 검색엔진에서 제대로 노출이 되지 않는다면 거래를 할 수 있는 기회조차 없는 것이다. 소위 한국형 홈페이지라고 불리는 우리나라식의 화려하고 무거운 홈페이지는 검색엔진에게 좋은 평가를 받지 못하고 있어 인터넷상에서 많은 불이익을 받고 있다. 이렇게 평가절하 되어 있는 홈페이지가 검색엔진에게 제대로된 평가를 받을 수 있도록 구조를 개선하는 작업을 검색엔진 최적화(SEO ; Searching Engine Optimization)라 하고, 홈페이지를 검색엔진 상에서 광고하는 것을 검색광고(CPC ; Cost Per Click)라고 한다.

한국, 중국, 일본, 대만, 러시아를 제외하고 세계 모든 나라에서 압도적으로 사용자 비율 1위를 차지하고 있는 검색엔진은 '구글'이다.

(2) 검색엔진 최적화(SEO)

검색엔진 최적화를 이해하기 위해서는 검색엔진로봇에 대해 알아야 한다. 검색엔진로봇은 크롤러(crawler) 혹은 스파이더(spider)라고도 불리는데 구글의 검색 소프트웨어이다. 인터넷에 연결되어있는 모든 홈페이지를 돌아다니며 그 홈페이지에 대한 최소한의 정보를 가져와서 구글의 DB에 저장하는 기능을 한다. 구글은 그 데이터를 평가하여 순위를 매긴다.

구글은 정확하고 정직한 검색을 위해 세부적인 검색 알고리즘은 공개하지 않고 있고, 일 년에 500여 개의 알고리즘을 적용할 정도로 매일 변화를 주고 있다. 따라서 기업이 양질의 콘텐츠 없이 기술적으로만 검색순위를 상승시키는 것은 거의 불가능해졌다고 보아야겠다.

☞ **검색엔진 최적화 방법의 예시**

- Meta 태그 관리
- 각 페이지 마다 고유한 Title과 태그와 URL(검색엔진은 각 페이지를 검색함)
- 콘텐츠를 검색엔진 로봇이 읽을 수 있게 Text화
- 반응형 웹페이지를 통해 PC용과 모바일용 홈페이지의 일원화

(3) 검색광고(CPC)

검색광고는 키워드를 검색한 고객의 성향에 맞는 광고를 선별적으로 내보내는 것으로써, '정보검색'이라는 고객의 능동적인 요청에 광고를 노출시키는 것이므로 가장 타겟화된 광고상품으로 평가되고 있다. 비용 지불의 단점이 있지만, 수시로 변경되

는 검색엔진 알고리즘에 따라 홈페이지를 매번 개편하는 번거로움에서 자유로울 수 있다는 이점이 있다. 구글에서 검색이 이루어지는 순간 그 키워드에 해당하는 많은 검색광고들은 순간적으로 입찰이 이루어져서 가장 좋은 점수를 받은 광고가 노출이 되는데, 이때 광고의 품질평가 점수는 광고문안의 관련성, 키워드의 히스토리, 도착 사이트, 클릭률, 기타 관련 요소 등이 있다. 광고비를 무조건 많이 냈다고 하여 노출이 보장되는 것이 아니다.

(4) 워드프레스

워드프레스는 웹페이지 제작 및 관리를 위한 콘텐츠관리시스템(CMS, Contents Management System)의 하나이다. 워드프레스가 홈페이지 제작 도구로 주목을 받는 이유는 단순하면서도 강력하기 때문이다.

전통적인 홈페이지 제작방법은 먼저 홈페이지 디자인을 하고 그다음 각 홈페이지에 탑재되는 게시판 같은 기능을 따로 구현해야 했다. 그리고 그 홈페이지가 각 웹브라우저와 웹사이트에서 제대로 구동될 수 있도록 호스팅 서버도 따로 구축해야 하고, 웹사이트를 꾸준히 관리하기 위해 신경도 써야 한다. 콘텐츠관리시스템(CMS)은 이런 과정을 모두 단순하게 만들어주는 도구다. CMS만 있으면 누구든 홈페이지, 블로그, 쇼핑몰 서비스, 사회관계망 서비스(SNS) 등을 손쉽게 만들어낼 수 있다.

☞ 워드프레스의 특징

- 콘텐츠 생산·관리에 최적 : 콘텐츠를 쌓는 틀과 쌓이는 틀이 분리되어 있어서 디자인 수정시 콘텐츠는 보호됨.
- 무궁무진한 확장성 : 테마와 플러그인이 많음.
- 공유·검색에 유리 : 웹표준을 준수하였기 때문에 다른 웹사이트나 하드웨어에서도 유통이 원활.
- 튼튼한 기반 구조 : 전 세계 어디에서도 제작자 및 관리자가 쉽게 이용할 수 있도록 기본에 충실
- 오픈소스 : 소스코드를 공개하여 누구든지 새 기능을 추가할 수 있음

5) 각종 정보 확인

① www.kita.net → 무역통계

② www.customs.go.kr → 무역통계, FTA 정보

③ www.law.go.kr → 각종 법령

④ www.hometax.go.kr → 각종 세무상담

⑤ http::/keri.koreaexim.go.kr

⑥ www.seri.org

⑦ www.lgeri.com

수출입실무

1 무역의 정의

Q1 무역의 정의는 무엇인가요?

무역[1]이라 함은 물품과 대통령이 정하는 용역 또는 전자적 형태의 무체물의 수출과 수입을 말한다.

수출[2]이라 함은 ① 매매, 교환, 임대차, 사용대차(使用貸借), 증여 등을 원인으로 국내에서 외국으로 물품이 이동하는 것(우리나라의 선박으로 외국에서 채취한 광물(鑛物) 또는 포획한 수산물을 외국에 매도(賣渡)하는 것을 포함한다) ② 유상(有償)으로 외국에서 외국으로 물품을 인도(引渡)하는 것으로서 산업통상자원부장관이 정하여 고시하는 기준에 해당하는 것 ③ 「외국환거래법」에 따른 거주자(이하 "거주자"라 한다)가 비거주자(이하 "비거주자"라 한다)에게 산업통상자원부장관이 정하여 고시하는 방법으로 용역을 제공하는 것 ④ 거주자가 비거주자에게 정보통신망을 통한 전송과 그 밖에 산업통상자원부장관이 정하여 고시하는 방법으로 전자적 형태의 무체물(無體物)을 인도하는 것을 말한다.

수입[3]이라 함은 ① 매매, 교환, 임대차, 사용대차, 증여 등을 원인으로 외국으로부터 국내로 물품이 이동하는 것 ② 유상으로 외국에서 외국으로 물품을 인수하는 것으로서 산업통상자원부장관이 정하여 고시하는 기준에 해당하는 것 ③ 비거주자가

1) 대외무역법 제2조
2) 대외무역법 시행령 제2조
3) 대외무역법 시행령 제2조

거주자에게 산업통상자원부장관이 정하여 고시하는 방법으로 제3조에 따른 용역을 제공하는 것 ④ 비거주자가 거주자에게 정보통신망을 통한 전송과 그 밖에 산업통상자원부장관이 정하여 고시하는 방법으로 제4조에 따른 전자적 형태의 무체물을 인도하는 것을 말한다.

Q2 물품의 수출과 수입실적은 어떻게 되는가요?

대외무역법상 무역은 크게 물품과 서비스 무역으로 구분된다. 물품은 세관에 신고를 해야 하는 대상이며 수출과 수입이 있다. 관세법상 수출이란 "내국물품을 외국으로 반출하는 것"을 말한다. 일반적으로 선박 또는 항공기에 물품이 적재되었을 때 반출이 된 것으로 본다. 관세법상 수입이란 "외국물품이 국내로 반입되는 것"을 말한다.

수출실적 인정범위는 유상으로 거래되는 수출에 한하며 대북한 유상 반출분도 수출실적에 포함된다(일부거래는 무상도 실적으로 인정 : 거래구분 29, 90, 92, 93). 수출실적 증빙은 한국무역협회에서 발급받으며 수출실적 인정금액은 FOB가격 기준이다. 무역 계약을 FOB가 아닌 다른 가격조건으로 계약하였더라도, 수출실적 인정금액은 FOB 금액만을 인정한다. 수입의 경우에는 CIF가 과세표준이며 수입실적 인정금액이다. 과세표준이란 수입물품에 과세를 하기 위한 기준가격을 말한다.

Q3 서비스도 무역거래로 인정되는가요?

대외무역법에서 서비스 무역은 용역과 전자적 형태의 무체물 수출입으로 구분되며 서비스거래도 무역으로 인정되며 수출·입 실적으로 인정된다.

1) 용역[4)]

① 대외무역법상 용역의 범위는 경영 상담업, 법무 관련 서비스업, 회계 및 세무 관련 서비스업, 엔지니어링 서비스업, 디자인, 컴퓨터시스템 설계 및 자문업, 「문화산업진흥 기본법」에 따른 문화산업에 해당하는 업종, 운수업, 「관광진흥법」에 따른 관광사업(이하 "관광사업"이라 한다)에 해당하는 업종, 그 밖에 지식기반용역 등 수출유망산업으로서 산업통상자원부장관이 정하여 고시하는 업종

4) 대외무역법 시행령 제3조

② 국내의 법령 또는 대한민국이 당사자인 조약에 따라 보호되는 특허권·실용신안권·디자인권·상표권·저작권·저작인접권·프로그램저작권·반도체집적회로의 배치설계권의 양도(讓渡), 전용실시권(專用實施權)의 설정 또는 통상실시권(通常實施權)의 허락

2) 전자적 형태의 무체물[5)]

① 「소프트웨어산업 진흥법」에 따른 소프트웨어

② 부호·문자·음성·음향·이미지·영상 등을 디지털 방식으로 제작하거나 처리한 자료 또는 정보 등으로서 산업통상자원부장관이 정하여 고시하는 것

□ 서비스 무역 실적확인 작업은? 수출입 거래 사실을 증명할 수 있는 서류를 첨부하여 한국무역협회 등 발급기관에 신청하면 확인작업을 거쳐 실적증명서를 발급 받을 수 있다.

□ 서비스 수출실적 활용은? 수출실적 확인을 통해 무역의 날 수출탑이나 유공자 포상과 무역보험·무역금융 이용 등 수출 지원책을 활용할 수 있다.

Q4 품목분류번호(HS)란 무엇인가요?

HS는 1988년 발효된 상품분류에 관한 국제협약으로써 정식명칭은 "통일상품명 및 부호체계에 관한 국제협약(The international convention on the Harmonized commodity description and coding System)"이다. HS는 통계의 필요상 고안한 상품분류표이지만, 현재 무역 분야에서 광범위하게 사용되고 있다.

품목분류체계에서 6단위까지는 세계적으로 통일된 분류체계이며 나머지 단위는 국가별로 상이한 관리체계를 가지고 있다. 우리나라의 수출입상품도 이 HS에 의하여 관리되고 있는데 6단위 HS에 4단위를 합하여 모두 10단위 분류체계를 사용하고 있으며 이것을 HSK(The Harmonized System of Korea)라고 한다(중국은 8단위, 일본은 9단위 사용). 우리나라에서는 국제적으로 통일된 6단위 뒤의 4단위로 승인·요건 등을 확인한다. 품목분류번호(HS)란 결국 상품을 품목별로 체계화하여 부여한

5) 대외무역법 시행령 제4조

고유번호이다.

[품목분류번호(HS)]

구분	내용
부(section)	1-21부로 구성되어 있다.
류(chapter)	HS 앞부분 2단위를 의미하며 1-97류로 구성되었으며, 77류는 유보이다.
호(heading)	2단위인 류(Chapter)를 품목에 따라 세분한 것으로써 HS의 앞부분 4자리를 말한다.
소호 (sub-heading)	4단위인 호를 품목에 따라 세분한 HS의 앞부분 5, 6자리를 말하며 소호(6자리)까지 국제적으로 공통으로 사용하며, 7단위부터는 각국이 자국의 상황에 맞게 통계 등의 목적으로 세분하여 사용할 수 있다. 우리나라는 10단위 체계를 사용하고 있으며 이를 HSK(HS of Korea)라 한다.
HSK 분류사례	(HSK 분류 체계의 예) 61 02 30 2010 (류) (호) (소호) - 61 : Knit, 62 : Woven - 02 : 여성용 자켓, 오버코트, 01 : 남성용 - 30 : 인조섬유, 10 : 양모, 20 : 면제, 90 : 기타 - 2010 : 재질(100% Polyester)

※ 품목분류번호(HS) 검색

(1) www.customs.go.kr
품목분류

(2) http://portal.customs.go.kr
품목분류

(3) www.hscode.co.kr

※ 외국관세율 검색

(1) www.customs.go.kr
품목분류 → 세계HS정보시스템 → 우리나라 및 외국 관세율 조회

(2) http://portal.customs.go.kr
품목분류 → 세계HS정보시스템 → 우리나라 및 외국 관세율 조회

[품목분류번호(HS)]

	0	1	2	3	4	5	6	7	8	9
0		산동물	육과	어패류	낙농품	동물성	산수목	채소	과실	커피
10	곡물	밀가루	종자	식물성	동물성	유지	어류	당류	코코아	곡물
20	채소	식품류	음료	사료	연초	토석류	광	연료	화합물	화합물
30	의료	비료	염료	향료	비누	효소	화약	필름	화학	플라스틱
40	고무	원피	가죽	모피	목재	코르크	조물	펄프	판지	서적
50	견	양모	면	섬유	인조	섬유	부직포	양탄자	직물	직물
60	Knit	Knit	Woven	기타	신발류	모자류	우산	우모	시멘트	도자
70	유리	귀금속	철강	철강	동	니켈	알루미늄	유보	연	아연
80	주석	비금속	비금속	비금속	보일러	전기	철도	차량	항공기	선박
90	광학	시계	악기	무기	가구류	완구	잡품	예술		

Q5 무역 관련 국제규칙에는 어떤 것들이 있는가요?

무역거래는 서로 다른 나라와의 거래이기 때문에 거래당사자 간에 동일한 문제에 대하여 동일하게 이해하고 해석할 수 있도록 국제적으로 통일된 규범이 필요하다. 무역과 관련한 대표적인 국제규범에는 다음과 같은 것들이 있다.

구분	국제규범
무역계약	· 국제물품매매계약에 관한 UN협약 United Nations Convention on Contract for the International Sale of Goods(1980) – 약칭 CISG, 일명 Vienna Convention · 뉴욕협약(New York Convention, 1958) · Incoterms 2020
무역결제	· 신용장 통일규칙(Uniform Customs and Practices for the Documentary Credits, 2007 ; UCP 600) · 국제표준은행관행(International Standard Banking Practice ; ISBP 745 · 보증신용장 통일규칙(International Standby Practice, 1998 ; ISP 98) · 추심에 관한 통일규칙(Uniform Rules for Collection, 1995 ; URC 1995)
무역운송	· 선하증권통일조약(Hague Rules, 1924) · 개정선하증권조약(Hague-Visby Rules, 1968) · Hamburg Rules(1978) · 복합운송증권을 위한 통일규칙(Uniform Rules for a Combined Transport Document, 1973)
해상보험	· 해상보험법(Marine Insurance Act, 1906) · Institute Cargo Clause(ICC) 신약관, 구약관

Q6 무역 관련 국내규칙에는 어떤 것들이 있는가요?

국가마다 자국의 무역정책을 관리 또는 통제하기 위하여 무역 관련 국내법을 제정하여 시행하고 있는데 우리나라의 무역관리를 위한 3대 법규에는 대외무역법, 관세법, 외국환거래법이 있다.

1) 대외무역법

대외무역법은 우리나라의 무역관리를 위한 기본법으로써 물품의 수출입을 총괄적으로 관리하는 법이며, 이 법은 대외무역을 진흥하고 공정한 거래질서를 확립하여 국제수지의 균형과 통상의 확대를 도모함으로써 국민경제를 발전시키는 데 이바지함을 목적으로 한다.

2) 관세법

관세법은 관세의 부과·징수 및 수출입물품의 통관을 적정하게 하고 관세수입을 확보함으로써 국민경제의 발전에 이바지함을 목적으로 한다.

3) 외국환거래법

외국환거래법은 외국환거래와 그 밖의 대외거래의 자유를 보장하고 시장기능을 활성화하여 대외거래의 원활화 및 국제수지의 균형과 통화가치의 안정을 도모함으로써 국민경제의 건전한 발전에 이바지함을 목적으로 한다.

Q7 무역업 고유번호란 무엇인가요?

무역업을 영위하기 위한 필수적인 것은 아니며 단지 수출입 실적을 관리하기 위하여 필요한 번호이며 한국무역협회(본부 및 지역본부)로부터 무역업고유번호를 부여받아 수출입 실적 증명서를 발급 받을 수 있다.

Q8 품목관리제도란 무엇인가요?

수출입 품목관리제도는 수출과 수입에 대한 직접적인 규제방식으로서 개별 품목의 수출입 제한 여부에 대한 종합관리체계이다. 수출입 품목관리는 대외무역법에 근거한 수출입공고와 개별법에 의한 제한내용을 취합해서 공고하는 통합공고로 이루어져 있다.

수출입 품목관리에 대한 관리체계는 자유무역을 원칙으로 하고 제한이 필요한 경우에 한하여 수출입공고, 전략물자수출입고시 등에서 지정·고시하고 있으며 이 이외의 품목은 자유롭게 수출입을 할 수 있다.

1) 수출입공고

이 고시는 대외무역법 규정에 의하여 물품 등의 수출 또는 수입의 제한, 금지, 승인, 신고, 한정 및 그 절차 등에 관한 사항을 규정함을 목적으로 한다. 품목별로 수출입을 금지하거나 제한하고 있지 않으면 자유롭게 수출입을 할 수 있다. 수출입공고는 산업통상자원부 홈페이지에 방문하여 다음과 같은 요령으로 확인할 수 있다.

◎ www.motie.go.kr → 예산·법령 → 고시 → 수출입공고

별표 1 : 수출금지품목, 별표 2 : 수출제한품목, 별표 3 : 수입제한품목

[수출입공고]

구분	내용
별표 1	- 수출금지품목 : 다음의 것은 수출할 수 없음. · HS 0208(고래고기) : 0208.40, 0210.90, 0210.92 · HS 2516(자연석) : 2516.10, 2516.11, 2516.12, 2516.20 · HS 4301(개의 생모피) : 4301.80, 4301.90 · HS 4302(개의 모피) : 4302.10, 4302.19, 4302.20, 4302.30 · HS 4303(개의 모피제품) : 4303.90
별표 2	- 수출제한품목 : 다음의 것은 한국골재협회의 승인을 받아 수출할 수 있음. · HS 2505(천연모래) : 2505.10, 2505.90 · HS 2517(자갈, 왕자갈, 쇄석) : 2517.10, 2517.41
별표 3	- 수입제한품목 : 한국항공우주산업진흥협회의 승인을 받아 수입할 수 있음. (일부 품목은 HS 4단위인 호만 기재하였으므로 10단위인 HSK는 산업통상자원부 홈페이지에서 직접 확인 바람. · HS 3920.99.1000, 4011.30.0000, 4012, 4013.90.1000,4016.99.1010, 7007, 8407.10.0000, 8409.10.0000, 8411, 8412, 8413, 8414, 8802, 8803, 8804, 8805, 9104, 8414, 8421

※ 통합공고와의 관계

대외무역법에 따른 수출 또는 수입승인에도 불구하고 대외무역법 규정에 의한 통합공고상에 수출 및 수입하고자 하는 물품의 수출·수입요령을 정한 것이 있는 경우에는 동 요령의 요건을 충족하여야 한다.

2) 통합공고

통합공고는 여러 법률에 산재되어 있는 수출입의 요건·절차에 관한 사항을 무역업자가 쉽게 파악할 수 있도록 하나의 공고에 통합하여 놓은 것으로써 대외무역법 규정에 의하여 대외무역법 이외의 다른 법령에서 해당물품의 수출입의 요건 및 절차 등을 정하고 있는 경우에 수출입 요건확인 및 통관업무의 간소화와 무역질서 유지를 위하여 다른 법령이 정한 물품의 수출입의 요건 및 절차에 관한 사항을 조정하고 이를 통합 규정함을 목적으로 한다.

[통합공고]

법령			
1	약사법	32	축산물위생관리법
2	마약류관리에 관한 법률	33	건강기능식품에 관한 법률
3	화장품법	34	농수산물품질관리법
4	식품위생법	35	방위사업법
5	검역법	36	수산물품질관리법〈삭제〉〈2013. 7. 3〉
6	유해화학물질관리법	37	수산업법
7	양곡관리법	38	고압가스 안전관리법
8	비료관리법	39	영화 및 비디오물의 진흥에 관한 법률
9	농약관리법	40	게임산업 진흥에 관한 법률
10	가축전염병예방법	41	음악산업 진흥에 관한 법률
11	식물방역법	42	하수도법
12	종자산업법	43	주세법
13	축산법	44	지방세법
14	품질경영 및 공산품 안전관리법	45	총포·도검·화약류 등 단속법
15	전기용품 안전관리법	46	출판 및 인쇄진흥법
16	계량에 관한 법률	47	의료기기법
17	석유 및 석유대체 연료사업법	48	인체조직안전 및 관리 등에 관한 법률
18	원자력안전법	49	지상파텔레비전방송의 디지털 전환과 디지털방송의 활성화에 관한 특별법
19	전파법		
20	전기통신기본법	50	수산생물질병관리법
21	야생생물보호 및 관리에 관한 법률	51	사료관리법
22	폐기물의 국가간 이동 및 그 처리에 관한 법률	52	생물다양성보전 및 이용에 관한 법률
23	대기환경보전법	53	폐기물관리법
24	소음·진동관리법	54	전기·전자제품 및 자동차의 자원순환에 관한 법률
25	자동차관리법		
26	산업안전보건법	55	액화석유의 안전관리사업법
27	오존층보호를 위한 특정물질의 제조규정 등에 관한 법률	56	목재의 지속가능한 이용에 관한 법률
28	건설기계관리법	57	농수산생명자원의 보존·관리 및 이용에 관한 법률
29	먹는물관리법	58	기타특정물품의 수출입 절차 또는 요령을 정한 법률 및 국제협약
30	자원의 절약과 재활용 촉진에 관한 법률		
31	화학무기·생물무기의 금지와 특정화학물질·생물작용제 등의 제조·수출입규제 등에 관한 법률	※ 36. 수산물품질관리법은 삭제됨.(2013.7.3.)	

Q9 전략물자수출입고시란 무엇인가요?

전략물자수출입 고시는 대외무역법에 따라 전략물자의 수출입통제에 관한 사항을 정함으로써 국제평화 및 안전유지와 국가안보에 기여함을 목적으로 한다. "전략물자"라 함은 이중용도 품목 및 군용물자품목에 해당하는 물품 등(전략물자를 분리 가능한 부분품으로 포함하고 있는 물품 등을 포함)을 말한다. 수출입 기업은 가장 먼저 전략물자관리원의 전략물자관리시스템에 들어가서 전략물자인지의 여부를 파악하고 만약 전략물자에 대당하는 경우 전략물자 허가기관의 허가를 받아야 한다.

◎ www.yestrade.go.kr → 온라인 자가판정

전략물자의 허가기관은 다음과 같다.

① 산업통상자원부장관 : 군용물자품목 중 일반방산물자 및 기술
② 원자력안전위원회 위원장 : 이중용도품목, 원자력 전용품목에 해당되는 물품 등
③ 방위사업청장 : 군용물자품목에 해당되는 물품 가운데 수입국 정부가 군사목적으로 사용할 경우

◎ www.motie.go.kr → 예산·법령 → 고시 → 전략물자수출입고시

Q10 물품의 수출·입 요령은 어떻게 확인하는가요?

물품의 수출·입 요령을 확인하고자 할 때에는 관세청 홈페이지에 들어가면 쉽게 파악할 수 있다.

◎ www.customs.go.kr
패밀리사이트 → 관세법령포탈정보 → 세계HS → 속견표

품목분류 번호 03 어패류를 확인한다면 그 요령은 다음과 같다.

◎ www.customs.go → 패밀리사이트 → 관세법령포탈정보 → 세계HS → 속견표 → 03 → 0301110000 : 관세율뿐만 아니라 수출요령 및 수입요령을 확인할 수 있다.

	국가	한국	해당년도	2020년	
	품목번호	**0301.11-1000**	단위(중량/수량)	KG /	단위표기
품명	국문	비단잉어			
	영문	Fancy carp			
	간이정액환급				
	원산지	원산지표시대상 (Y) [적정표시방법]			

세율 세율적용 우선순위

구분기호	2020년	관세구분
A	10%	기본세율
C	10%	WTO협정세율
R	0%	최빈국특혜관세
U	0%	북한산
FAS1	0%	한・아세안 FTA협정세율(선택1)
FAU1	0%	한・호주 FTA협정세율(선택1)
FCA1	0%	한・캐나다 FTA협정세율(선택1)
FCECR1	6%	한・중미 FTA협정세율_코스타리카(선택1)
FCEHN1	6%	한・중미 FTA협정세율_온두라스(선택1)
FCENI1	6%	한・중미 FTA협정세율_니카라과(선택1)
FCESV1	8%	한・중미 FTA협정세율_엘사바도르(선택1)
FCL1	0%	한・칠레FTA협정세율(선택1)
FCN1	0%	한・중국 FTA협정세율(선택1)
FCO1	0%	한・콜롬비아FTA협정세율(선택1)
FEU1	0% / 0%	한・EU FTA협정세율(선택1)

요건사항

- 수입

세관장확인	[수입수산물 원산지관리] [농수산물의 원산지 표시에 관한 법률] 농수산물의원산지표시에관한법률 [수입수산동물검역증명서] [수산생물질병 관리법] [수산생물질병 관리법] . 살아 있는 것으로서 이식용, 식용, 관상용, 시험·연구조사용으로 수입하는 것은 국립수산물품질관리원장에게 검역을 신청하고 수산생물검역관의 검역을 받아야 한다.(수산생물질병 관리법 제24조에 따른 수입금지지역에서 생산 또는 발송되었거나 그 지역을 경유한 지정검역물은 수입할 수 없음) [국제적멸종위기 동식물 수입허가서] [야생생물 보호 및 관리에 관한 법률] [야생생물 보호 및 관리에 관한 법률] . 통합공고 별표6에 게기된 국제적 멸종위기종(CITES)은 유역환경청장 또는 지방환경청장의 허가를 받아 수입할 수 있음. . 통합공고 별표8에 게기된 멸종위기야생생물은 유역환경청장 또는 지방환경청장의 허가를 받아 수입할 수 있음.
수출입공고	
통합공고	국립수산물품질관리원장(지원장포함)에게 검역을 신청하고 수산생물검역관의 검역을 받아야 한다.(수산생물질병관리법 제24조의 규정에 의한 수입금지지역에서 생산 또는 발송되었거나 그 지역을 경유한 지정검역물은 수입할 수 없음) [수산생물질병 관리법] 2. 통합공고 별표6에 게기된 CITES 규제대상품목은 유역환경청장 또는 지방환경청장의 허가를 받아 수입할 수 있음 [야생생물보호및관리에관한법률] 3. 통합공고 별표8에 게기된 멸종위기야생동・식물은 유역환경청장 또는 지방환경청장의 허가를 받아 수입할 수 있음 [야생생물보호및관리에관한법률]

▪ 수출

세관장확인	[수출허가서] [야생생물 보호 및 관리에 관한 법률] [야생생물 보호 및 관리에 관한 법률] . 통합공고 별표6에 게기된 국제적 멸종위기종(CITES)은 유역환경청장 또는 지방환경청장의 허가를 받아 수출할 수 있음. . 통합공고 별표8에 게기된 멸종위기야생생물은 유역환경청장 또는 지방환경청장의 허가를 받아 수출할 수 있음.
수출입공고	
통합공고	통합공고 별표6에 게기된 CITES 규제대상품목은 유역환경청장 또는 지방환경청장의 허가를 받아 수출할 수 있음. 통합공고 별표8에 게기된 멸종위기 야생생물은 유역환경청장 또는 지방환경청장의 허가를 받아 수출할 수 있음. [야생생물보호및관리에관한법률] 1. 통합공고 별표 9에 게기된 국외반출승인대상 생물자원은 지방환경관서의 장의 승인을 받아 수출할 수 있음 [생물다양성보전 및 이용에 관한 법률]

▪ 전략물자

전략물자 분류번호	품명	전략물자통제명	모델규격명	전략물자 통제상세 내용	제조자상호	비고내용
조회결과가 존재하지 않습니다.						

▪ 기타

조회결과가 존재하지 않습니다.

Q11 무역 관련 관계당사자는 어떻게 되는가요?

무역거래의 기본 당사자는 다음과 같다.

거래내용	수출상		수입상	
매매관계	Seller	매도인	Buyer	매수인
무역관계	Exporter	수출상	Importer	수입상
신용장관계	Beneficiary	수익자	Applicant	개설의뢰인
환어음관계	Drawer	발행인	Drawee	지급인
운송관계	Consignor Shipper	선적인	Consignee	수하인
계정관계	Accounter	대금수령인	Accountee	대금결제인

Q12 매매계약 체결 전까지 수출·입 절차는 어떻게 되는가요?

수출상과 수입상이 창업시부터 거래상대방과의 매매계약 체결 전까지의 수출·입을 위한 준비과정은 다음과 같다.

① 수출·입 영업형태 결정
② 사무실 임대 계약서 체결
③ 사업자등록증 신청 및 교부(세무서)
④ 통관고유부호 신청(관세청), 무역업고유번호 신청(한국무역협회)
⑤ 수출·입 제품 결정
⑥ 제품에 대한 HS 확인 및 수출·입 요령 확인
⑦ 회사소개서 작성
⑧ 카달로그 제작
⑨ 수출상 : 경쟁력 분석(수입상 : 제품 Soucing)
⑩ 해외 시장조사 및 수입국내 시장조사
⑪ 시장조사 내용 분석
⑫ 거래 대상국 선정
⑬ 바이어 발굴(Seller 발굴)
⑭ 거래제의서 발송

⑮ 수출·입 청약 및 Sample 발송(입수), 협상
⑯ 계약체결

Q13 수출·입 절차 단계별 주요 업무는 어떻게 되는가요?

수출입 단계별 주요 업무는 다음과 같다.

1) 마케팅 단계

마케팅 단계에서는 거래의 일방 당사자가 다른 당사자에게 거래제의를 하는 단계이다. 수출상이 거래제의를 먼저 할 수도 있고 수입상이 먼저 할 수도 있다.

① 수출상이 수입상에게 Business Proposal 발송 → 수입상의 거래 의사표시
② 수입상이 수출상에게 Inquiry → 수출상의 거래 의사표시

2) 계약체결단계

다음에 기재된 내용은 매매계약의 체결 순서가 아니라 통상적인 계약체결의 방법 중 하나이다. 양 당사자가 의사의 합치만 한다면 이것 이외의 다른 방법으로도 매매계약은 성립될 수 있다.

① 수출상의 청약(Offer Sheet or Proforma Invoice) → 수입상의 승낙(Acceptance) → 매매계약서 체결(option)
② 수출상의 청약(Offer Sheet or Proforma Invoice) → 수입상의 주문(P/O : Purchase Order) → 수출상의 주문승낙 → 매매계약서 체결(option)
③ 수입상의 구매청약(P/O : Purchase Order) → 수출상의 승낙 → 매매 계약서 체결(option)
④ 위의 ①, ②, ③의 과정이 없이 곧 바로 수출상과 수입상이 매매계약서 체결

3) 결제단계

무역대금 결제방식에는 크게 3가지가 있다. 송금(T/T)결제방식, 추심(Collection)결제방식, 신용장(L/C)결제 방식이다. 송금, 추심, 신용장 결제방식의 절차는 다음과 같다.

① 송금(T/T : Telegraphic Transfer) 결제방식
가. CWO : 수입상이 선수금을 수출자에게 송금

나. CAD : 수출상이 선적 후 선적서류를 수입상에게 송부 → 수입상이 서류인수 후 수출상에게 송금

다. COD : 수출상이 선적 후 선적서류를 수입상에게 송부 → 수입상이 물품확인 후 수출상에게 송금

라. O/A(Open Account) : 수출상이 선적 → 외상일이 도래하면 수입상이 수출상에게 송금

② 추심(collection) 결제방식

가. D/P(Documents against Payment) : 수출상이 선적 → 수출상이 추심의뢰은행(remitting bank)에게 추심의뢰 → 추심의뢰은행(remitting bank)이 추심은행(collection bank)으로 추심지시 → 추심은행이 수입상에게 추심실행 → 수입상이 추심은행으로 대금결제 → 추심은행이 서류인도 → 추심은행이 추심의뢰은행으로 대금송금

나. D/A(Documents against Acceptance) : 수출상이 선적 → 수출상이 추심의뢰 은행(remitting bank)에게 추심의뢰 → 추심의뢰은행(remitting bank)이 추심은행(collection bank)으로 추심지시 → 추심은행이 수입상에게 추심실행 → 수입상이 추심은행에게 인수의사표시 → 추심은행이 서류인도 → 추심은행이 추심의뢰은행으로 인수통보(A/A : acceptance advise) → 수입상이 만기에 추심은행에게 대금결제 → 추심은행이 추심의뢰은행으로 대금송금

③ 신용장 결제방식

가. 개설의뢰인(applicant)의 신용장 개설신청

- 수입업체의 신용이 좋은 경우, 개설은행의 신용한도 내에서 무담보 개설
- 수입업체의 신용이 좋지 않은 경우, 개설은행은 담보 확보 후 신용장 개설

나. 개설은행(issuing bank)이 통지은행(advising bank)으로 신용장 개설

다. 통지은행(advising bank)이 수출상(beneficiary)에게 신용장 통지

4) 수출통관, 보험, 운송 단계

① 수출상의 수출신고 → 세관의 수출신고 수리 → 수출신고필증 발급

② 수출상이 보험회사에 적하보험 부보(CIF, CIP : 수출상의 의무조건, 'D'조건 : 수출상 자신을 위하여 자발적으로)

* 선수금 결제방식을 제외하고 무역보험공사에 수출보험 가입

③ 수출상이 포워더(forwarder)에게 S/R(Shipping Request) 전송 → 포워더가 선박회사(Liner)에게 선복(ship's space) 신청 → 본선적재(on board) → B/L 발급(Liner → forwarder → 수출상)

5) 네고단계

① 수출상(beneficiary)이 선적서류(shipping documents) 준비
② 수출상(beneficiary)이 매입은행(negotiation bank)에게 매입(negotiation) 요청
③ 매입은행(negotiation bank)이 수출상에게 환가료 공제 후 대금 선지급
④ 매입은행이 개설은행(issuing bank)으로 선적서류 송부 및 대금지급 요청

6) 수입결제단계

① Sight L/C : 개설은행의 서류검토 → 개설의뢰인(applicant)의 대금결제 → 개설의뢰인(applicant)이 개설은행으로부터 서류 입수 → 개설은행이 매입은행에게 즉시[6] 대금지급
② Usance L/C : 개설은행의 서류검토 → 개설은행이 매입은행으로 인수통보(A/A : Acceptance Advise)[7] → 개설의뢰인(applicant)이 개설은행으로부터 서류 입수 → 개설의뢰인의 만기결제 → 개설은행이 매입은행에게 만기에 대금지급

7) 수입통관단계

① 수입상이 개설은행으로부터 선적서류 입수
② 수입상의 수입신고 → 세관이 결재 → 관세 사전납부 → 세관의 수입신고 수리 → 수입신고필증 발급 → 관세사후납부[8]
③ 수입상이 운송인[9]에게 선하증권(B/L) 원본 1부 혹은 L/G 혹은 Surrendered B/L

---

6) 선적서류를 접수한 다음날로부터 늦어도 제5영업일 이내에 지급을 해야 한다.
7) 선적서류를 접수한 다음날로부터 늦어도 제5영업일 이내에 인수통보를 해야 한다.
8) 수입하주가 사후납부 요건에 해당하는 경우에는 수입신고수리일로부터 15일 이내에 관세를 납부할 수 있다. 국영기업, 외국인 투자기업, 3년 이상의 중소제조업체 등은 세관에 사후납부업체 신청을 하여 사후납부 업체로 지정받을 수 있다.
9) 운송인이라 함은 수입지에 있는 운송인을 의미하며, 수출국 운송인의 파트너 회사이다. 선하증권이나 항공운송장에 shipping agent(해상) 혹은 issuing carrier's agent name(항공) 등으로 기재된다.

제시 → 운송인이 보세창고에 eD/O 발급 및 수입상에게 D/O(Delivery Order)[10] 사본 발급

- 신용장 방식인 경우 : 수입화물선취보증서(L/G : Letter of Guarantee)
- 무신용장 방식인 경우 : Surrendered B/L

④ 보세창고료 및 보세창고 화재보험료[11] 납부 → 수입신고필증, eD/O인 경우 사본, 종이 D/O인 경우 원본을 보세창고에 제시 → 물품인도

[수출입절차 단계별 설명]

① 수출상이 해외 시장조사 등을 통해서 바이어에게 회사소개서 발송 혹은
① 수입상이 먼저 수출상에게 제품 조회(inquiry)
② 수입상의 요청에 의하여 수출상이 청약(offer)
③ 수입상이 수출상에게 주문서(P/O: purchase order) 발송
④ 수입상과 수출상간의 매매계약서 체결
⑤ 수입상이 개설은행에 신용장 개설요청
⑥ 개설은행이 신용장 개설
⑦ 통지은행이 수출상에게 신용장 통지신용장 내도 후 수출상은 생산시작 수출상이 세관에 수출신고
⑧ 수출상이 보험회사에 보험가입
⑨ 수출상이 생산완료 후 운송회사에 선적예약(S/R 발송)
⑩ 운송회사의 화물 수송
⑪ 선적완료 후 운송회사로부터 B/L수취
⑫ 수출상이 자신의 거래은행(매입은행)에 신용장 네고(nego)
⑬ 매입은행이 수출상에게 매입대금 지급
⑭ 매입은행이 개설은행으로 신용장 네고서류 발송
⑮ 개설은행이 수입상에게 서류도착 통지
⑯ 수입상이 개설은행에게 수입신용장 대금 입금
⑰ 개설은행이 결제은행에게 대금지급 지시
⑱ 결제은행이 매입은행으로 대금송금
⑲ 운송회사가 수입상에게 화물 도착을 통보
⑳ 수입상이 운송회사에게 B/L을 제시
㉑ 운송회사는 수입상에게 D/O 발급

※ 가격조건 CIF, 결제조건은 Sight L/C에 의한 해상운송 수출입 절차임.

10) 화물인도지시서
11) 보세창고 화재보험은 수입자의 의지와 상관없이 보세창고에서 가입하고 보험료는 수입자가 부담한다.

[수출·입 절차도해]

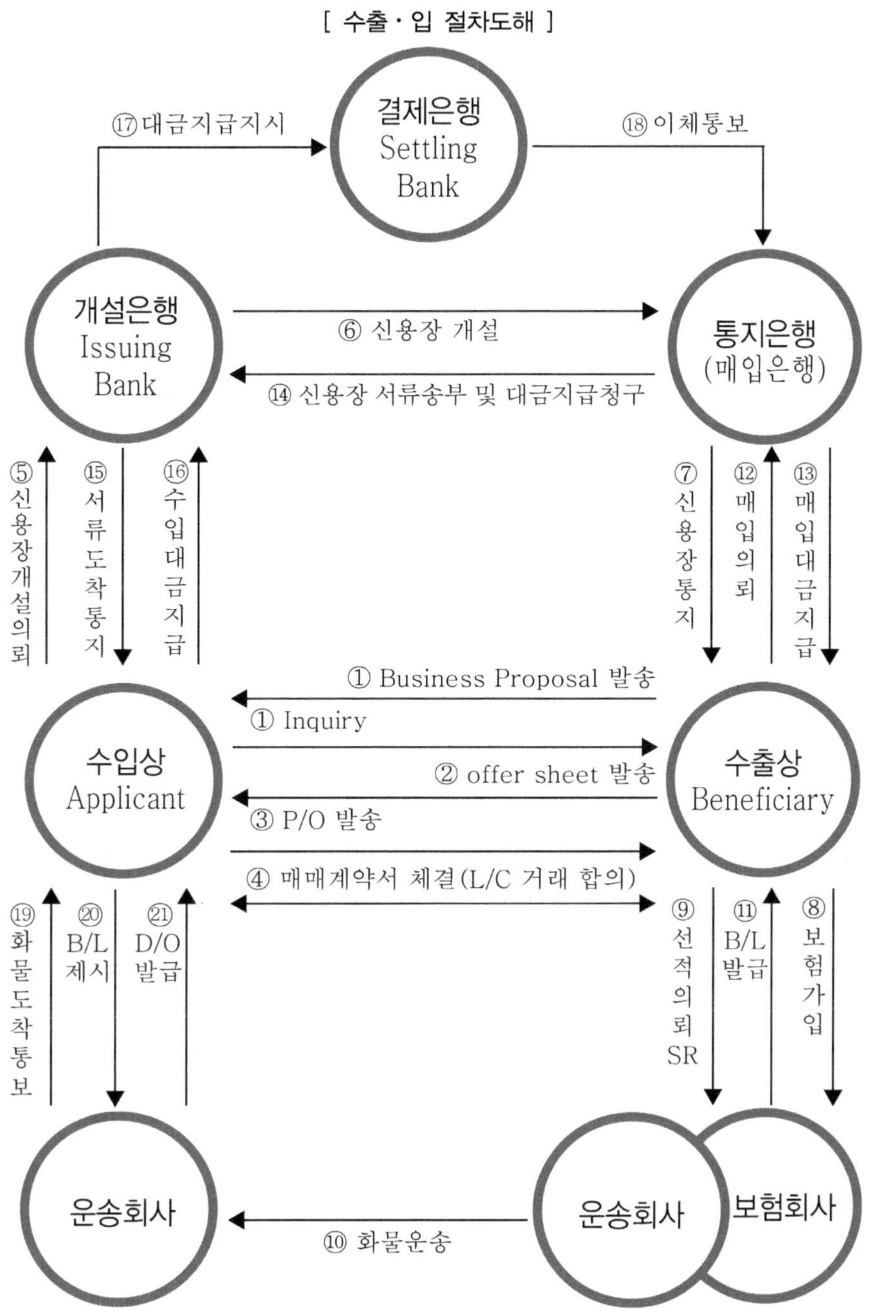

※ 가격조건 CIF, 결제조건은 Sight L/C에 의한 해상운송 수출입 절차임.

2 무역계약

Q1 Vienna Convention이란 무엇인가요?

Vienna Convention이란 국제물품매매계약에 관한 국제법으로써 정식영문명칭은 "United Nations Convention on Contract for the International Sale of Goods(1980)"이고 약칭하여 CISG(1980)이며 일명 "Vienna Convention(1980)"이라고 한다. 이것은 모든 국제물품매매계약에 적용되는 무역계약의 공통법으로써 UN의 국제무역법위원회(UNCITRAL)[12]가 1980년에 제정하였으며, 1988년부터 선진국을 중심으로 한 협약국[13]간에 발효되어 무역거래에 적용되고 있으며 우리나라는 2005년 3월 1일부터 이 협약의 적용을 받고 있다.

Vienna Convention(1980)에는 계약의 성립, 물품매매의 총칙, 매도인의 의무, 매수인의 의무, 위험이전, 매도인과 매수인의 의무에 대한 공통규정, 계약위반시 구제수단 등에 관한 규정을 설정하고 있다.

Q2 New York Convention이란 무엇인가요?

UN의 국제무역법위원회(UNCITRAL)는 1958년에 "United Nations Convention on the Recognition and Enforcement of Foreign Arbitral Awards"의 약칭인 "New York Convention(1958)"을 제정하였다. 이것은 중재판정 효력의 국제성을 부여한 국제법으로써 중재판정의 판정결과는 외국에서도 간단한 집행판결만으로 강제집행 될 수 있다는 근거법이다. 즉, 이 협약에 가입한 협약국[14]끼리는 외국에서 실시한 중재판정을 자국에서 집행판결을 통해 강제집행을 해 주겠다는 취지의 법이다.

이 협약은 적용의 범위, 중재판정, 판정의 승인과 집행절차, 승인과 집행의 신청, 승인과 집행의 거부사유, 판정의 집행연기 등에 관한 규정을 두고 있다.

---

12) https://uncitral.un.org/en/texts/salegoods/conventions/sale_of_goods/cisg/status
13) 2020년 3월 현재 93개국이 가입국이다.
14) 2020년 9월 현재 165개국이 가입국이다.

Q3 Incoterms® 2020이란 무엇인가요?

인코텀즈(Incoterms : International Commercial Terms)는 무역거래 관행상 보편적으로 사용되는 무역거래조건 해석에 관한 국제규칙으로써 1936년 국제상업회의소(ICC)가 제정한 이래 국제거래에 널리 통용되고 있는 정형거래조건(trade term)이다. 이것은 Vienna Convention(1980) 및 New York Convention(1958)등과 같은 조약의 성격을 지니지 못하며 국제적으로 널리 통용되는 상관습법의 성격을 지닌 것으로 임의규정에 해당한다. 임의규정이란 양 당사자가 사용하기로 계약서에 합의한 경우에만 적용될 수 있는 것을 의미한다.

Incoterms는 1953년에 개정된 후, 1967년과 1976년 보완을 거쳐 1980년에 대폭 정비 개정되었고 1990년과 2000년에 보완 개정되었으며 현재 사용되고 있는 최신 버전은 2020년 1월 1일부터 발효된 Incoterms® 2020이다. 'Incoterms 2010' version부터 종전의 "정형거래조건에 관한 국제해석규칙"에서 "국내 및 국제무역조건 사용에 관한 ICC규칙"으로 변경하여 국내거래 및 국제거래 겸용으로 사용할 수 있게 되었다.

Q4 Offer란 무엇인가요?

Offer란 청약(請約)이라고 하며 매매거래의 조건을 구체적으로 상대방에게 제시하면서 그러한 조건으로 물품을 판매 또는 구매하겠다는 의사표시이다. 여기서 청약을 행하는 자를 청약자(offeror), 청약을 받는 자를 피청약자(offeree)라 한다. Offer는 수출자인 매도인만 할 수 있다고 생각할 수 있으나 수입자인 매수인도 할 수 있다. 그러나 현실적으로 대부분의 청약은 매도인이 하는 판매청약(selling offer)이 대부분이다.

Offer란 피청약자(offeree)의 무조건·절대적 승낙(unconditional and absolute acceptance)이 있으면 계약을 성립시킬 것을 목적으로 한 청약자의 피청약자에 대한 일방적·확정적 의사표시이다. 오퍼는 확정적(definite)[15]이라야 하며, 상대방이 승낙(acceptance)할 경우 구속되겠다는 의사표시이다.[16]

---

15) CISG 제14조 (1)항에서 청약은 물품(거래목적물), 수량, 가격을 정하거나 그 내용이 충분히 명확한 것으로 해야 한다고 명시하고 있다.

16) CISG(United Nations Convention on Contract for the International Sale of Goods) 제14

오퍼에는 일반적으로 ① 당사자의 표시 ② 오퍼 한다는 문언 ③ 물품의 명세(품명, 규격, 소재, 용도 등), 수량, 가격조건, 선적조건, 대금결제조건, 포장과 하인표시, 보험조건 등의 매매조건 ④ 발행일자와 번호 ⑤ 유효기간(validity) 등이 기재된다.

오퍼는 상대방에게 도달하는 시점부터 효력을 발생하며[17] 상대방이 유효기간 내에 승낙(acceptance)하면 양 당사자 사이에는 계약이 성립된다.[18]

Q5 Acceptance란 무엇인가요?

Acceptance란 승낙(承諾)이라 하며 승낙은 청약의 내용에 동의하여 계약을 성립시키겠다는 의사표시이다. Vienna Convention(1980)에서는 "청약에 대한 동의를 표시하는 피청약자의 진술 또는 그 밖의 행위는 승낙이 된다고 규정하고 있으며 침묵(silence)이나 또는 어떠한 행위도 취하지 아니하는 것(inactivity) 그 자체로서는 승낙이 되지 아니한다."고 규정하고 있다.[19]

청약(offer)에 대한 상대방(피청약자)의 승낙으로 무역계약(매매계약)이 성립되지만, 승낙의 절차를 별도로 밟지 않고서도 승낙이 있는 것으로 인정되는 경우에는 계약이 성립될 수 있다.

Q6 Counter Offer란 무엇인가요?

Counter Offer란 피청약자(offeree)가 청약의 내용의 일부를 변경해서 원래의 청약자(offeror)에게 반대로 청약하는 것을 반대청약(대응청약)이다. 반대청약(counter offer)이 발생하게 되면 원래의 청약은 그 효력을 상실하게 된다. 따라서 원래의 청약자는 Offeree가 되고 원래의 피청약자가 Offeror가 된다.

조 1항
"A proposal for concluding a contract addressed to one or more specific persons constitutes an offer if it is sufficiently definite and indicates the intention of the offeror to be bound in case of acceptance."

17) CISG 제15조 제1항 : An offer becomes effective when it reaches the offeree.

18) CISG 제23조
"A contract is concluded at the moment when an acceptance of an offer becomes effective in accordance with the provisions of this Convention."

19) CISG 제18조 1항

Q7 Firm Offer란 무엇인가요?

Firm offer(확정청약)는 유효기간(승낙기간)이 설정되어 있으며 일단 발행되어 그것이 법률상 청약으로써의 효력이 발생되면 당사자는 이에 구속되어 제시된 유효기간(expiry date) 내에는 청약자(offeror)가 그 내용을 변경하거나 취소(revocation)할 수 없는 청약이며 Irrevocable Offer이다. 이러한 확정청약은 청약자의 판매 또는 구매의 확정적 의사표시의 성격을 지니며 피청약자(offeree)가 승낙하면 그것만으로 계약이 성립된다.

Q8 Free Offer란 무엇인가요?

Free Offer(불확정청약 혹은 자유청약)는 유효기간이 설정되어 있지 않거나 혹은 유효기간이 설정되어 있더라도 Offer에 제시된 매매조건이 변경될 수 있다는 문언 등이 설정되어 있는 Offer이다. Free Offer는 발행되어도 구속력이 없으며 청약자가 피청약자의 동의 없이도 언제든지 임의로 그 내용을 변경하거나 취소할 수 있는 Revocable Offer이다. Free Offer는 청약자의 판매 또는 구매의 단순한 불확정적 구상이라는 성격을 지니며 따라서 피청약자가 승낙을 하여도 그것만으로는 무역계약이 성립되지 않고 그 승낙에 대하여 청약자의 최종확인이 있어야 비로소 계약이 성립된다는 점에 있어서 firm offer와 다르다.

[Firm Offer와 Free Offer]

구분	Firm Offer	Free Offer
유효기간(승낙기간)	유효기간이 제시되어 있음	유효기간이 제시되어 있지 않음
구속력	일단 발행되면 당사자는 이에 구속됨	발행되어도 구속력이 없음
취소가능여부	유효기간이내에 취소할 수 없음	취소할 수 있음
최종확인	필요치 않음	청약자의 최종확인 필요

[매도인의 Offer 양식]

매도인(seller)이 매수인(buyer)에게 Offer하는 양식(form)에는 두 가지가 있다.
① Offer Sheet(물품매도확약서)
② Proforma Invoice(견적송장)

ICOM CO., LTD.

ROOM NO.202, SH B/D #1551-9, SEOCHO-DONG, SEOCHO-GU,
SEOUL, KOREA
TEL : +82-2-598-1206 FAX : +82-2-598-1209

OFFER SHEET

Messrs. : Our Ref.
Date

We are pleased to offer you on the following terms and conditions described as follow.

Origin :
Shipment :
Destination :
Packing :
Payment :
Validity :
Advising Bank :
Remark :

Unit :

No.	Commodity & Description	Q'ty	Unit Price	Amount
	Total			

Yours Very Truly.

Accepted by

① *ICOM CO., LTD.*

ROOM NO.202, HONGIL B/D #1551-9, SEOCHO-DONG, SEOCHO-GU, SEOUL, KOREA

TEL : +82-2-598-1206   FAX : +82-2-598-1209

OFFER SHEET

② Messrs.: DAVID USA INC.,   ③ Our Ref.   IC050728DU

④ Date   Jan. 10, 2016

⑤ We are pleased to offer you on the following terms and conditions described as follow.

⑥ Origin : Republic of Korea

⑦ Shipment : Within 30 days after receipt of your L/C

⑧ Destination : MANILA, PHILIPPINES

⑨ Packing : EXPORT STANDARD CARTON PACKING

⑩ Payment : by an irrevocable negotiable LC AT SIGHT in our favor

⑪ Validity : Feb. 10, 2016

⑫ Advising Bank :

⑬ Remark :

⑭ Unit : CIF MANILA IN USD/YARD

No.	⑮ Commodity & Description	⑯ Q'ty	⑰ Unit Price	⑱ cAmount
	65 PERCENT COTTON, 35 PERCENT NYLON RIPSTOP 57INCHES COLOR BREAKDOWN			
	ARMY	17,410	U$2.65	
	BLACK	3,525	U$2.65	
	CHINO	11,880	U$2.65	
	Total	32,815		U$86,959.75

Yours Very Truly.

⑲ Accepted by   ⑳

[Offer Sheet 작성요령 및 유의사항]

번호	주요내용
① 회사명	청약자 회사이름과 주소를 기재
② Messrs	피청약자의 회사이름을 기재
③ Our Ref.	Our Reference로써 청약자의 참조번호를 기재
④ Date	청약하는 일자를 기재
⑤ 청약문구	청약한다는 문구를 기재
⑥ Origin	청약하는 제품의 원산지를 기재
⑦ Shipment	선적조건을 기재 선적조건 기재시 주의할 점은 선적은 몇 월 몇 일이라고 날짜를 확정하는 방법 보다는 다음과 같은 방법으로 조건부로 명시하는 것이 효과적이다. - 신용장을 통지받은 날로부터 몇 일 이내 혹은 T/T 선수금을 받은 날로부터 몇 일 이내
⑧ Destination	가격조건에 따라서 달라질 수 있으나 목적항 혹은 최종 목적지를 기재한다.
⑨ Packing	포장방법에 대하여 기재하며 특별한 포장방법을 합의하지 않는 경우에는 수출회사의 일반적인 포장방법을 명시한다.
⑩ Payment	대금결제조건을 구체적으로 기재한다. “우리 회사를 수익자로 하는 취소불능 일람불 매입신용장”
⑪ Validity	청약의 유효기간을 기재하며 Free Offer를 하고자 하는 경우에는 기재하지 않아도 된다.
⑫ Advising Bank	신용장 결제방식의 경우에는 통지은행의 BIC(Bank Identifier Code)를 기재하고 만약 무신용장인 경우에는 송금 받고자 하는 은행의 BIC와 수출자의 은행 계좌번호(A/C)를 기재
⑬ Remarks	한정된 청약서 양식으로 인하여 특별히 명시하고자 하는 기타 사항을 기재
⑭ Unit	Incoterms 2010의 가격조건과 통화종류 및 제품 단위를 기재 “야드(yard) 당 미화로 운임보험료 포함(CIF) 가격임”
⑮ Commodity	제품명과 제품의 상세 Specification을 기재

번호	작성요령 및 유의사항
⑯ Q'ty	제품의 수량을 기재
⑰ Unit Price	제품의 단가를 기재 이미 Unit에서 상세히 기재된 경우에는 화폐종류를 생략하고 금액만 기재하여도 된다.
⑱ Amount	제품금액 총 합계를 기재
⑲ Accepted By	이곳은 매수인이 서명하는 란 이므로 공란으로 두면 된다.
⑳ Yours Very	매도인의 대표이사 이름과 서명을 하는 곳으로써 실서명을 하여도 되고 서명감을 찍어도 된다.

ICOM CO., LTD.

Proforma Invoice

Messrs : DAVID USA INC.

No. :

Date :

We are pleased to make the proforma invoice of the under mentioned articles as per conditions and details described as follows :

Commodity & Descriptions	Quantity	Unit Price	Amount
	Unit : CIF NEW YORK in USD/PC		
Ladies 100PCT Polyester Knit Jacket	10,000	50.00	500,000
Total	10,000		500,000

Original : Republic of Korea
Packing : 1pc in poly bag, 20pcs in out carton
Shipment : Within 30 days after receipt of your L/C
Loading Port : Buran, Korea
Destination : New York, United States
Payment : by an irrevocable L/C AT SIGHT in our favor
Insurance : Covered by Seller
Inspection : Seller's inspection to be final
Remarks :

Thanks for your valued order. Please sign this proforma invoice and return into us an acknowledgement by fax.

Accepted by

Yours faithfully.

Q9 Purchase Order란 무엇인가요?

Purchase Order는 약칭하여 P/O라고 하며 구매청약(buying offer)의 기능과 주문서(order sheet)의 기능이 있다. 청약(請約)은 매도인뿐만 아니라 매수인도 할 수 있다. Offer Sheet와 Proforma Invoice가 제품을 판매할 목적으로 매도인이 매수인에게 발송하는 판매청약(selling offer)의 서식이라면 Purchase Order는 그 반대로 매수인이 매도인에게 발송하는 구매청약(buying offer)의 서식이며 주문서이다. 매도인의 청약에 대하여 매수인이 승낙하여도 계약이 성립되고, 그 반대로 매수인의 청약에 대하여 매도인이 승낙하여도 계약은 성립된다.

Q10 Purchase Order의 기능은 무엇인가요?

매도인과 매수인이 사전에 일반거래협정문을 체결해 두지 않은 상태에서 매수인이 매도인에게 발송하는 P/O는 세 가지의 기능이 있다.

첫 번째는 이전에 거래관계가 없었거나 혹은 매수인이 매도인의 Offer를 받지 않는 상태에서 매수인이 희망하는 거래조건으로 매도인에게 P/O를 보내거나 또는 이전에 거래관계가 있는 경우 기존 거래조건을 기준으로 매도인에게 보내는 경우이다. 이런 경우의 P/O는 구매청약(buying offer)이라고 말할 수 있다. 이때 매도인은 거절할 수도 있고 침묵[20] 할 수도 있고 반대청약을 할 수도 있고 그 P/O가 만족스럽다면 즉시 승낙의 의사표시를 할 수도 있다. 만약 매도인이 매수인의 P/O를 승낙하였다면 매매계약은 성립된다.

두 번째는 매도인으로부터 Offer를 받은 후 P/O를 보내는 경우이다. 만약에 그 P/O가 매도인의 Offer와 동일한 내용이라면 그 P/O는 주문서(order sheet)이다. 이런 경우에는 이미 양당사자의 의사의 합치가 이루어진 상태이므로 매도인의 별도의 승낙이 없더라도 계약은 이미 성립되었다고 볼 수 있다. 그러나 추후 분쟁을 예방하기 위해서 반드시 승낙의 과정을 통해서 주문서를 확인해 주는 것이 안전하다.

마지막으로 세 번째의 경우이다. 만약 매수인이 매도인의 Offer를 받고 그 내용과 다른 내용으로 P/O를 발송하였다면 그것은 Counter Offer라고 말할 수 있다. 이때 매도인은 그 P/O를 거절할 수도 있고 승낙할 수도 있다. P/O가 Counter Offer인

20) 피청약자가 청약을 받고 침묵하거나 아무런 행위도 하지 않는 것은 청약의 승낙으로 볼 수 없기 때문에 그러한 경우에는 유효기간의 경과로 청약의 효력이 상실된다(CISG 第18조).

경우에는 침묵하지 말고 반드시 의사표시를 분명히 하는 것이 향후 분쟁을 예방할 수 있다.

John Fashion Ltd. 463 seventh avenue, 5th floor New York, NY Tel : Fax : www.johnfashion.com	**PURCHASE ORDER**

Messrs.
Junghyun Korea Co., Ltd.
2F, Kooil Bldg. No.337-6, Jangan-dong,
Dongdaemoon-Gu, Seoul, Korea

P/O Number. : J23770
Date : Jan. 25, 2020

Description	Ladies 100 pct Polyester Knit Jacket, CAT. 635, HTSUS NO. 6102.30.2010 Style no.15189M
Quality	As per the sample no.JH102
Packing	Hanging container
Quantity	2,500pcs
Unit Price	US41.50
Amount	USD103,750.00
Price	FOB Busan Korea in USD/PC
Loading Port	Busan, Korea
Discharge	New York, USA
Insurance	Covered by Buyer
Payment	By an irrevocable at sight Negotiation L/C in favor of JUNGHYUN KOREA CO., LTD.
Shipment	Mar. 25, 2020

Authorized by David Hirsch/President

Q 11 계약은 어떻게 성립되는가요?

국제물품매매계약에 관한 UN협약〔Vienna Convention(1980)〕의 규정에 의하면 다음과 같은 거래의 경우는 매매계약이 성립된 것으로 볼 수 있다.

① 매도인의 판매청약(offer)에 대한 매수인의 승낙(acceptance)

② 매수인의 구매청약(offer)에 대한 매도인의 승낙(acceptance)

③ 매도인의 판매청약(offer)에 대한 매수인의 대금지급(payment of the price)
가. 매도인의 T/T 선수금방식 요청에 대한 매수인의 선수금 송금
나. 매도인의 신용장방식 요청에 대한 매수인의 신용장 개설

④ 매수인의 외상거래(O/A ; Open Account)를 요구하는 청약에 대한 매도인의 물품선적(dispatch of the goods) 후 선적통지

⑤ 매매계약서의 체결

Q 12 매매계약의 법적 성격은 무엇인가요?

매매란 법률적인 관점에서 보면 매도인은 물품을 인도하고 그 소유권을 양도할 것을 약속하고 매수인은 물품을 수령하며 그 대금을 지급할 것을 약속하는 물품매매계약으로써 구체화된다. 국제매매계약은 다음과 같은 4가지 법률적 특성을 가지고 있다.

① 무역계약은 매도인의 물품인도에 대하여 매수인이 대금을 지급하는 유상계약이다. 유상계약은 무상계약의 반대 개념으로 금전적 대가를 부담하는 계약이다.

② Seller의 물품인도(delivery) 의무와 Buyer의 대금결제(payment) 의무가 교차되는 쌍무계약(bilateral contract)이다. 쌍무계약은 매매계약의 성립과 동시에 양 당사자가 동시에 채무를 부담하는 계약이다.

③ Seller의 청약(offer)에 대한 Buyer의 승낙(acceptance) 또는 Buyer의 주문(order)에 대한 Seller의 주문승낙(acknowledgement)이 있어야 비로소 성립되는 낙성계약(consensual contract)이다. 낙성계약이란 일반의 제안에 대한 타방의 승낙(혹은 주문승낙) 즉, 양방의 합의만 있으면 성립되는 것을 말한다.

④ 무역계약의 성립에는 일정한 형식이 필요하지 않은 불요식계약적(informal contract) 성질을 가지고 있다. 무역계약은 특별한 요식없이 구두나 행위 또는 서명에 의하여도 의사의 합치만 확인되면 계약이 성립된다.

Q 13 매매계약을 성립시키는 서식에는 어떤 것들이 있는가요?

매매계약을 성립시키는 서식에는 다음과 같은 것들이 있다.

구분	매도인이 작성	매수인이 작성
약식계약서[21]	Offer Sheet	Purchase Order
	Proforma Invoice	
정식계약서	Sales Note	Purchase Note
	Sales Contract	Purchase Contract

Q 14 무역계약에서 명시조건이란 무엇인가요?

계약서에 명시되어 있는 조건으로 Express Terms라고 하며 거래의 기본이 되는 품질(quality), 수량(quantity), 가격(price), 선적(shipment), 대금지급(payment), 포장(packing), 보험(insurance) 등의 조건과 불가항력조항(force majeure), 중재(arbitration) 조항 및 기타 조항 등이 있다.

명시조건 중 품질, 수량, 가격, 선적 등의 기본적 조건은 거의 매 거래시마다 Offer와 Acceptance를 통하여 확정되는 반면 불가항력이나 중재조항 등은 거의 모든 거래에 공통적인 조항으로 매 거래시마다 변동될 필요가 없는 조항이다. 그러므로 거래의 신속성과 편의성을 위해 공통적인 조항은 미리 일반협정서를 통하여 확정해 두고 전자와 같은 가변적 조항은 Offer와 Acceptance로 확정하는 것이 좋다.

매매당사자는 계약체결시 계약내용을 거래관습이나 준거법에 따르는 것이 불확실하다고 판단되면 이를 명시하는 것이 거래의 안정성을 위하여 바람직하다.

Q 15 무역계약에서 준거법이란 무엇인가요?

준거법(governing law, proper law, applicable law)은 국제사법에 의하여 어떠한 법률관계에 적용될 법률이다. 이는 법률행위(대부분이 채권행위임)의 성립 및 효력에 관하여 당사자의 의사에 의하여 적용할 법으로써 통상 계약서상에 명시된다. 만약 당사자가 계약서상에 준거법을 명시하지 않은 경우는 행위지법에 따른다. 그러

21) 약식계약서라 함은 정식계약서는 아니지만 계약을 성립시키는 서식이므로 현업에서 통상 약식계약서라고 칭한다.

나 실제적으로는 당사자의 의사가 분명하지 아니하다고 하여 바로 행위지법이 적용되는 것이 아니고 당사자들이 인정할 수 있을만한 관습(법)이나 다른 관행이 있으면 그것을 먼저 적용하고, 그것마저도 없으면 행위지법이 적용된다고 해석되고 있다.[22]

준거법은 당사자가 체결한 매매계약서의 해석에 관하여 분쟁이 발생하는 경우와 당사자가 사전에 합의하지 않는 분쟁이 발생하는 경우 적용되는 법률이다. 매매계약서를 체결하지 않았더라도 Offer Sheet나 Purchase Order에 준거법을 명시해 두면 사전에 분쟁을 예방하는 길이 될 것이다.

당사자 사이의 계약에 적용할 법이 어느 나라의 법인가를 확정할 필요가 있다. 이런 의미에서 종래의 국제거래 특히 국제물품매매를 규율하는 실질법을 통일할 필요성이 대두되어 UNCITRAL(United Nations Commission on International Trade Law : UN 국제무역법위원회)은 국제 물품매매계약에 관한 외교회의를 1980년 4월 10일 오스트리아 비엔나에서 개최하여 62개국 국가와 8개 국제기구가 참석한 가운데 "국제물품매매계약에 관한 UN협약(The United Nations Convention on Contract for the International Sale of Goods ; CISG)[23]"을 채택하였으며 이 협약은 1988년 1월 1일 자로 경제와 사회구조를 달리하는 4대륙 11개국이 비준함으로써 발효되었다. 즉, 국제협약이라는 국제물품매매통일법의 완성으로 좁은 의미의 국제거래법 체계를 이루게 되었다. 우리나라는 2005년 3월 1일에 이 협약에 비준하였다.

이 협약은 양 당사자가 속한 국가가 모두 체약국이며 매매계약에 특별히 준거법을 정해두지 않는 경우에 적용되며 계약의 일방의 국가만 체약국이거나 양 당사자 국가가 모두 체약국이 아닌 경우에는 매매계약서에 준거법으로 별도의 합의를 해 두어야 적용될 수 있다. 만약 본 협약을 준거법으로 정하고자 하는 경우에는 매매계약서에 "The validity, construction and performance of this contract shall be governed by the Vienna Convention(1980)"이라고 준거법 조항을 두는 것이 좋다.

22) 한국무역협회 무역아카데미, 무역계약실무, 2002-1, p.104
23) 약칭하여 CISG(1980)이라고 하며 본 협약이 오스트리아 비엔나에서 체결되어 "Vienna Convention"이라고도 한다.

[준거법 예문 1]

Article 17. Arbitration → 중재에 관한 준거법 조항의 예
All disputes, controversies or differences which may arise between the parties, out of or in relation to or in connection with this contract or for the breach thereof, shall be finally settled by arbitration in Seoul, Korea in accordance with the Commercial Arbitration Rules of The Korean Commercial Arbitration Board. The award rendered by the arbitrator(s) shall be final and binding upon both parties concerned.

Article 18. Governing Law → 매매계약의 준거법 조항의 예
This Agreement shall be governed in all respects under and by the laws of Korea.

[준거법 예문 2]

Arbitration. 16 → 중재에 관한 준거법 조항의 예
Any disputes, controversies or differences arising hereunder, out of or in relation to the contract shall be settled through binding arbitration pursuant to the Korean-U.S. Arbitration Agreement with arbitration to take place in Seoul, Korea.

Article 21. Governing Law → 매매계약의 준거법 조항의 예
This Agreement shall be construed in accordance with the Vienna Convention (1980).

Q16 무역계약에서 개별계약이란 무엇인가요?

개별계약(Case by Case Contract) 방법은 매 거래 건별로 거래내용을 확정한 후 수출입 계약서를 작성하는 방법이다. 개별계약 방식에 의한 수출입 계약서는 표면과 이면 양면으로 구성되어 있다. 표면약정에 포함되는 사항은 거래 건별로 확정해야 하는 개별약정 사항으로 당해 거래물품의 품질수준, 수량 및 가격 등 거래상품에 관한 사항과 개별거래별로 계약을 이행하기 위한 선적일자, 결제방법 및 보험조건 등이 여기에 해당된다. 즉, 표면조항은 개별거래조항으로써 매 거래시마다 결정해야 하는 사항들이다.

이면약정 사항은 「무역거래일반조건(General Terms and Conditions)」으로써

무역계약의 당사자가 계약상 권리와 의무의 당사자인 본인 대 본인계약(Principal to Principal Basis Contract)이라는 점과 계약서 표면약정 사항인 품질, 수량, 가격 및 선적조건 등 개별약정사항을 해석하는 기준을 정하게 된다. 그리고 계약불이행과 관련한 조항으로써 불가항력조항, 클레임조항, 중재조항 및 준거법 조항 등 수출입 거래시 일반적으로 적용되는 공통사항이 여기에 포함된다.

Q17 무역계약에서 포괄계약이란 무엇인가요?

포괄계약(Master Contract) 방법은 일반적으로 동일한 거래상대방과 지속적으로 거래가 이루어지는 경우에 채택하는 방법이다. 이는 개별계약 방법을 택할 경우 매 거래시마다 수출입 계약서를 작성하는 번거로움을 피하기 위한 것이다. 이때 수출입 거래당사자는 당사자간의 향후 수출입거래준칙으로써 일반거래조건협정(Agreement on General Terms and Conditions of Business)을 수출입계약으로 작성하며, 여기에는 개별계약 체결시 무역계약서 이면약정 사항에 포함되는 무역거래일반약정(General Terms and Conditions) 사항과 거래건별로 주문(order)를 확정하는 방법 등이 포함된다. 이에 따라 개별거래시에는 총괄계약서에서 정한 방법에 따라 간단한 P/O 혹은 Appendix를 교환함으로써 거래를 진행한다.

포괄계약을 의미하는 영문 표현은 아래와 같다.

- Memorandum of General Terms and Conditions of Business(일반거래조건협정서)
- General Agreement
- Master Contract

포괄계약 방법은 일반적으로 동일한 거래상대방과 지속적으로 거래가 이루어지는 경우에 채택하는 방법이다. 이는 개별계약 방법을 택할 경우 매거래시마다 수출입 계약서를 작성하는 번거로움을 피하기 위한 것이다. 이때 수출입 거래당사자는 당사자간의 향후 수출입 거래준칙으로써 일반거래조건협정(Agreement on General Terms and Conditions of Business)을 수출입계약으로 작성하며, 여기에는 개별계약 체결시 무역계약서 이면약정 사항에 포함되는 무역거래일반약정(General Terms and Conditions) 사항과 거래건별로 주문(order)를 확정하는 방법 등이 포함된다. 이에 따라 개별거래시에는 총괄계약서에서 정한 방법에 따라 간단한 P/O

혹은 Appendix를 교환함으로써 거래를 진행한다.

포괄계약을 의미하는 영문 표현은 아래와 같다.

- Memorandum of General Terms and Conditions of Business(일반거래조건협정서)
- General Agreement
- Master Contract

Q18 Incoterms® 2020이란 무엇인가요?

국제물품매매계약은 상거래 관습이 서로 다른 나라끼리의 거래이기 때문에 계약서상에 명시된 명시조건만으로는 거래에 필요한 모든 계약내용을 소화할 수 없다. 계약서상에 명시되지 않은 사항은 관습에 따르게 되며 국가마다 관습이 서로 다르기 때문에 각국의 관습의 최대 공약수를 모아, 이를 통일하여 공통된 부호로 표시하고 이들 부호에 대한 해석규칙을 국제규칙으로 제정하여 이들 부호 중 하나를 선택함으로써 명시되지 않는 계약내용을 보완할 수 있다. 이러한 통일된 거래관습을 정형거래조건이라고 한다.

F계약 체결시 정형거래조건에 관해서는 Incoterms® 2020을 따른다는 내용의 조항을 명시함으로써 정형거래조건의 해석에 관한 분쟁을 사전에 예방할 수 있다.

이러한 통일된 거래관습으로 국제물품매매계약의 당사자들은 1936년 국제상업회의소(ICC)가 제정하여 여러 차례(8회)의 개정과정을 거쳐 현재 사용하고 있는 Incoterms® 2020에 따른다.

Q19 Incoterms® 2020의 주요 내용은 무엇인가요?

Incoterms® 2020에서는 물품에 대한 위험부담의무의 귀속, 비용부담의무의 귀속, 매도인의 서류제공 의무, 기타 의무의 귀속에 대하여 규정하고 있다.

1) 물품에 대한 위험부담 의무의 귀속

물품의 멸실이나 손상에 대한 책임 즉, 물품에 대한 위험부담이 어느 시점 어느 장소에서 매도인(seller)으로부터 매수인(buyer)에게로 이전되는가에 관한 위험부담의 분기점을 규정함으로써 분명히 하고 있다.

Incoterms® 2020에서는 원칙적으로 물품인도와 위험부담의 분기점을 동일하게 규정하고 있다.

2) 비용부담 의무의 귀속

물품의 생산에서부터 최종 목적지에 이르러 물품을 수하인에게 인도할 때까지 발생되는 여러 가지 요소비용 가운데 어느 시점 어느 장소 이전에 발생되는 비용은 매도인(seller)이 부담하고, 그 이후의 모든 비용은 매수인(buyer)의 부담으로 귀속시킬 것인가의 문제를 비용부담의 분기점으로 규정함으로써 분명히 하고 있다.

3) 매도인의 서류제공 의무

매도인(seller)이 매수인(buyer)에게 제공해야 할 서류의 종류와 그 적격요건이 어떠한가의 문제를 규정하고 있다. 매도인(seller)이 제공하는 서류는 필수적 서류와 임의적 서류로 대별할 수 있다. 전자는 매수인(buyer)이 별도로 요청하지 않더라도 매도인(seller) 자신의 위험과 비용부담으로 조달하여 당연히 제공해야 하는 서류이며, 후자는 매수인(buyer)이 요청하는 경우에 한하여 매수인(buyer) 위험과 비용 부담하에 그 조달에 협조할 의무만을 부담하는 서류이다.

4) 기타 의무의 귀속

Incoterms는 이상에서 설명한 여러 가지 의무 이외에도 운송계약체결의무, 적하보험부보의 의무, 수출행정수속의무, 수입행정수속의무, 각종 통지의무(물품인도/선적통지의무) 및 각종 협조의무가 어떤 내용으로 누구에게 또한 어떻게 귀속되는가에 관한 규정을 설정하고 있다. 이밖에도 매매에 있어서의 공통적이고 기본적인 의무인 매도인의 물품인도의무와 매수인의 물품인수 및 대금지급의무에 관하여도 규정하고 있다.

5) 적하보험 부보

(1) 매도인의 적하보험부보의무

Incoterms® 2020에서 CIF와 CIP는 매도인의 적하보험부보 의무조건이다. 그러므로 매도인은 적하보험에 부보하여 적하보험증권이나 적하보험증명서를 매수인에게 제공하여야 한다.

[매도인의 보험부보 의무조건인 CIF와 CIP]

보험계약자	피보험자
매도인(Seller)	매수인(Buyer)

(2) 매수인의 적하보험 부보의무

Incoterms 2020에서는 매수인의 적하보험 부보의무에 대하여 규정하고 있지 않으므로 매도인이 보험에 가입하는 것이 의무조건인 CIF와 CIP조건을 제외한 조건으로 계약을 체결한 경우, 매수인은 반드시 의무적으로 적하보험에 가입할 필요는 없다.

(3) 'D'조건에서의 매도인의 적하보험 부보의무

D조건은 매도인의 적하보험 부보의무가 아니다. 그러나 수입국의 최종 목적지까지의 위험부담을 매도인이 부담해야 하기 때문에 적하보험을 가입하는 것이 안전하며 현업에서는 거의 대부분 적하보험을 가입한다. 적하보험을 가입하는 것은 매도인 자신의 위험을 방지하기 위한 차원이지 의무이기 때문은 아니다.

□ 운송방식에 따른 분류

종전 버전인 Incoterms® 2000에서는 E(Departure), F(Main carriage unpaid), C(Main carriage paid), D(Arrival) 그룹으로 분류하였으나 이전에 개정된 Incoterms® 2010에서부터는 운송방식에 따라서 2가지로 분류하였다. '운송방식 불문규칙(Rules for any mode or modes of transport)'과 '선박운송 전용규칙(Rules for sea and inland waterway transport)'으로 분류하였다.

[Incoterms® 2020의 분류]

제1그룹(운송방식 불문 규칙)		제2그룹(선박운송 전용 규칙)	
(Rules for any mode or modes of transport) 어떠한 단일 또는 복수의 운송방식에 사용가능한 규칙		(Rules for Sea and Inland waterway transport) 해상운송과 내수로 운송에 사용 가능한 규칙	
EXW	Ex Works	FAS	Free Alongside Ship
FCA	Free Carrier	FOB	Free On Board
CPT	Carriage Paid To	CFR	Cost and Freight
CIP	Carriage and Insurance Paid to	CIF	Cost Insurance and Freight
DAT	Delivered At Terminal		
DAP	Delivered At Place		
DDP	Delivered Duty Paid		

[Incoterms® 2020 요약]

E Group	• EXW(Ex Works, 공장인도) : 매도인이 물품을 (공장이나 창고와 같은) 지정장소에서 매수인의 처분하에 두는 때 그리고 그 지정장소는 매도인의 영업구내일 수도 있고 아닐 수도 있다.
F Group	• FCA(Free Carrier, 운송인인도) : 매도인이 물품을 매수인에게 다음과 같은 두 가지 방법 중 어느 하나로 인도하는 것을 의미한다. ① 매도인의 영업구내 : 물품이 매수인이 마련한 운송수단에 적재된 때 ② 그 밖의 장소 : 매도인의 운송수단에 적재되어서 지정장소에 도착하고 매도인의 운송수단에 실린 채 양하준비된 상태로 매수인이 지정한 운송인이나 제3자의 처분하에 놓인 때 • FAS(Free Alongside Ship, 선측인도) : 지정선적항에서 매수인이 지정한 선박의 선측에 물품이 놓인 때 또는 이미 그렇게 인도된 물품을 조달한 때 • FOB(Free On Board, 본선인도) : 지정선적항에서 매수인이 지정한 선박에 적재함 또는 이미 그렇게 인도된 물품을 조달함
C Group	• CFR(Cost and Freight, 운임포함인도) : 목적항까지 해상운임을 매도인이 부담한다. 그러나 물품의 멸실 또는 훼손의 위험은 물품이 선박에 적재된 때 이전한다. • CIF(Cost Insurance and Freight, 운임 · 보험료포함인도) : 목적항까지 해상운임과 보험료를 매도인이 부담한다. 운송 도중에 발생할 수 있는 물품의 멸실 또는 훼손에 대비하여 매도인이 매수인을 위해 적하보험에 가입할 의무를 진다는 것 이외에는 CFR과 동일하다. • CPT(Carriage Paid To, 운송비지급인도) : 매도인은 수입국 지정목적지까지 운송비를 지급한다. 그러나 물품의 멸실 또는 훼손의 위험은 물품이 운송인에게 인도된 때 이전된다. • CIP(Carriage and Insurance Paid To, 운송비 · 보험료지급인도) : 매도인은 수입국 지정목적지까지 운송비와 보험료를 지급한다. 운송 도중에 발생할 수 있는 물품의 멸실 또는 훼손에 대비하여 매도인이 매수인을 위해 적하보험에 가입할 의무를 진다는 것 이외에는 CPT와 동일하다.
D Group	• DAP(Delivered at Place, 도착지인도) : 물품이 지정목적지에서 또는 지점에서 도착운송수단에 실어둔 채 양하준비된 상태로 매수인의 처분하에 놓인 때 인도하고 위험을 이전한다. • DPU(Delivered at Place Unloaded, 도착지양하인도) : 물품이 지정목적지에서 또는 지점에서 도착운송수단으로부터 양하된 상태로 매수인의 처분하에 놓인 때 인도하고 위험을 이전한다. • DDP(Delivered Duty Paid, 관세지급인도) : 물품이 지정목적지 또는 지점에서 수입통관 후 도착운송수단에 실어둔 채 양하준비된 상태로 인도하고 위험을 이전한다.

※ Free의 의미 : Incoterms® 2020에서 사용되고 있는 'Free'는 매도인(seller)이 위험과 비용으로부터 자유롭다는 의미이다. FOB의 경우, 매도인이 제품을 본선에 인도한 이후부터 위험과 비용을 더 이상 부담하지 않는다는 의미이다.

[Incoterms® 2020의 주요내용]

조건	A. 물품의 인도시기 (위험부담 분기점)	B. 비용부담시기 (비용부담 분기점)	수출입 통관의무자
1. EXW(Ex Works) (공장인도)	매도인의 영업장 구내 또는 그 밖의 지정장소	매도인은 A까지 제비용 부담	· 수출통관 매수인 · 수입통관 매수인
2. FCA(Free Carrier) (운송인인도)	매도인의 영업장 구내 또는 그 밖의 지정장소	〃	· 수출통관 매도인 · 수입통관 매수인
3. FAS(Free Alongside Ship) (선측인도)	매수인이 지정한 선박의 선측에 물품이 놓인 때 또는 이미 인도된 몰품을 조달	〃	〃
4. FOB(Free On Board) (본선인도)	매수인이 지정한 선박에 적재하거나 이미 인도된 물품을 조달	〃	〃
5. CFR(Cost and Freight) (운임포함인도)	매도인이 선박에 적재하거나 이미 인도된 물품을 조달	매도인은 FOB + 목적까지의 운임 부담	〃
6. CIF(Cost Insurance and Freight) (운임·보험료포함인도)	매도인이 선박에 적재하거나 이미 인도된 물품을 조달	매도인은 FOB + 목적까지의 운임 및 보험료 부담	〃
7. CPT(Carriage Paid To) (운송비지급인도)	매도인과 계약한 운송인에게 물품을 교부하거나 그렇게 인도된 물품을 조달	매도인은 FCA + 지정된 목적지까지의 물품운송비(복합운송 개념에서의 운송비)	〃
8. CIP(Carriage and Insurance Paid To) (운송비·보험료지급인도)	매도인과 계약한 운송인에게 물품을 교부하거나 그렇게 인도된 물품을 조달	매도인은 CPT + 지정된 목적지까지의 적하보험료	〃
9. DPU(Delivered at Place Unloaded) (도착지양하인도)	물품이 지정목적지에서 또는 지점에서 도착 운송수단으로부터 양하된 상태로 매수인의 처분하에 놓인 때	매도인은 A까지 제비용 부담	〃
10. DAP(Delivered at Place) (도착지인도)	물품이 지정목적지에서 또는 지점에서 도착운송수단에 실어둔 채 양하준비된 상태로 매수인의 처분하에 놓인 때	매도인은 A까지 제비용 부담	〃

11. DDP(Delivered Duty Paid) (관세지급인도)	물품이 지정목적지에서 또는 지점에서 수입통관 후 도착운송수단에 실어둔 채 양하준비된 상태로 매수인의 처분하에 놓인 때	매도인은 A까지 제비용 부담(단, 관세포함)	· 수출통관 매도인 · 수입통관 매도인

[위험(risk)부담 분기점과 비용(cost)부담 분기점]

구분	EXW	FCA	FAS	FOB	CFR	CIF	CPT	CIP	DPU	DAP	DDP
작업장	R/C										
운송인		R/C					R	R			
수출선측			R/C								
수출본선				R/C	R	R					
수입부두					C	C			R/C		
목적지							C	C	R/C		
최종목적지										R/C	R/C
관세부담											○
보험료						○		○			
선박전용			○	○	○	○					

(해설) 위험부담분기점, C : 비용부담분기점

① R : 위험부담분기점, C : 비용부담분기점

② R/C : 위험부담분기점과 비용부담분기점이 동일하다는 의미

③ 위험부담분기점과 비용부담분기점이 동일한 조건 : EXW, FCA, FAS, FOB, DAP, DPU, DDP

④ 위험부담분기점과 비용부담분기점이 상이한 조건 : CFR, CIF, CIP, CIP

⑤ CIF, CIP : 매도인의 적하보험 가입이 의무조건이며 매도인이 적하보험료를 부담

⑥ DPU : 목적지에서 양하된 상태로 인도

⑦ DAP : 최종목적지에서 양하준비된 상태로 인도

⑧ DDP : 매도인이 수입관세를 부담하고 수입통관 후 최종목적지에서 양하 준비된 상태로 인도

Q 20 Incoterms® 2020의 조건별 주요내용은 어떻게 되는가요?

Incoterms® 2020은 총 11가지 조건이 있으며 주요 내용은 다음과 같다.

1) EXW(Ex Works, 공장인도)

(1) 인도와 위험

"공장인도"는 매도인이 다음과 같이 한 때 매수인에게 물품을 인도하는 것을 의미한다.

① 매도인이 물품을 (공장이나 창고와 같은) 지정장소에서 매수인의 처분하에 두는 때

② 그 지정장소는 매도인의 영업구내일 수도 있고 아닐 수도 있다.

인도가 일어나기 위하여 매도인은 물품을 수취용 차량에 적재하지 않아도 되고, 물품의 수출통관이 요구되더라도 이를 수행할 필요가 없다.

(2) 인도장소 또는 정확한 인도지점

당사자들은 단지 인도장소만 지정하면 된다. 그러나 당사자들은 또한 지정인도장소 내에 정확한 지점을 가급적 명확하게 명시하는 것이 좋다.

2) FCA(Free Carrier, 운송인인도)

(1) 인도와 위험

"운송인인도(지정장소)"는 매도인이 물품을 매수인에게 다음과 같은 두 가지 방법 중 어느 하나로 인도하는 것을 의미한다.

가. 지정장소가 매도인의 영업구내인 경우, 물품이 매수인이 마련한 운송수단에 적재된 때

나. 지정장소가 그 밖의 장소인 경우, 매도인의 운송수단에 적재되어서 지정장소에 도착하고 매도인의 운송수단에 실린 채 양하준비된 상태로 매수인이 지정한 운송인이나 제3자의 처분하에 놓인 때

(2) 인도장소 또는 인도지점

인도장소 또는 인도지점은 위험이 매수인에게 이전하는 곳이자 또한 매수인이 비용을 부담하기 시작하는 시점이 되므로 당사자들은 인도장소나 인도지점을 명확하게

명시하는 것이 좋다.

3) FAS(Free Alongside Ship, 선측인도)

(1) 인도와 위험

"선측인도"는 매도인이 지정선적항에서 매수인이 지정한 선박의 선측에(예컨대 부두 또는 barge에) 물품이 놓인 때 또는 이미 그렇게 인도된 물품을 조달한 때 인도하는 것을 의미한다.

(2) 운송방식

본 규칙은 당사자들이 물품을 선측에 둠으로써 인도하기로 하는 해상운송이나 내수로 운송에만 사용되어야 한다.

4) FOB(Free On Board, 본선인도)

(1) 인도와 위험

"본선인도"는 매도인이 지정선적항에서 매수인이 지정한 선박에 적재함 또는 이미 그렇게 인도된 물품을 조달함으로써 물품을 매수인에게 인도하는 것을 의미한다.

(2) 운송방식

본 규칙은 당사자들이 물품을 선측에 둠으로써 인도하기로 하는 해상운송이나 내수로 운송에만 사용되어야 한다.

5) CFR(Cost and Freight, 운임포함인도)

(1) 인도와 위험

"운임포함인도"는 매도인이 물품을 선박에 적재함 또는 이미 그렇게 인도된 물품을 조달함을 매수인에게 인도하는 것을 의미한다,

(2) 위험과 비용

물품의 위험부담은 매도인이 선박에 적재함으로 종료되나 비용은 목적항까지 운임을 매도인이 부담한다.

6) CIF(Cost Insurance and Freight, 운임 · 보험료포함인도)

(1) 인도와 위험

"운임·보험료포함인도"는 매도인이 물품을 선박에 적재함 또는 이미 그렇게 인도된 물품을 조달함을 매수인에게 인도하는 것을 의미한다,

(2) 위험과 비용

물품의 위험은 매도인이 선박에 적재함으로 종료되나 비용은 목적항까지 운임과 적하보험료를 매도인이 부담한다.

(3) 적하보험

매도인은 협회적하약관의 C약관이니 그와 유사한(F.P.A) 약관에 따른 제한적인 담보조건으로 부보하여야 한다. 그러나 당사자들은 더 높은 수준의 담보조건으로 부보하기로 합의할 수 있다.

7) CPT(Carriage Paid To, 운송비지급인도)

(1) 인도와 위험

"운송비지급인도"는 매도인이 매도인과 운송계약을 체결한 운송인에게 물품을 교부함으로써 또는 그렇게 인도된 물품을 조달함으로써 인도하는 것을 의미한다. 매도인은 사용되는 운송수단에 적합한 방법으로 그에 적합한 장소에서 운송인에게 물품의 물리적 점유를 이전함으로써 물품을 인도할 수 있다.

(2) 위험과 비용

물품의 위험은 매도인이 운송인에게 물품을 교부함으로써 종료되나 비용은 매수인과 목적지로서 합의된 장소 또는 지점(있는 경우)까지 은송비를 매도인이 부담한다.

8) CIP(Carriage and Insurance Paid To, 운송비·보험료지급인도)

(1) 인도와 위험

"운송비·보험료지급인도"는 매도인이 매도인과 운송계약을 체결한 운송인에게 물품을 교부함으로써 또는 그렇게 인도된 물품을 조달함으로써 인도하는 것을 의미한다. 매도인은 사용되는 운송수단에 적합한 방법으로 그에 적합한 장소에서 운송인에게 물품의 물리적 점유를 이전함으로써 물품을 인도할 수 있다.

(2) 위험과 비용

물품의 위험은 매도인이 운송인에게 물품을 교부함으로써 종료되나 비용은 매수인과 목적지로서 합의된 장소 또는 지점(있는 경우)까지 운송비와 적하보험료를 매도인이 부담한다.

(3) 적하보험

매도인은 협회적하약관의 A약관이나 그와 유사한 약관(A/R)에 따른 광범위한 담보조건으로 부보하여야 한다. 그러나 당사자들은 더 낮은 수준의 담보조건으로 부보하기로 합의할 수 있다.

9) DPU(Delivered at Place Unloaded, 도착지양하인도)

(1) 인도와 위험

"도착지양하인도"는 매도인이 물품이 지정목적지에서 또는 지정목적지 내에 어떠한 지점이 합의된 경우에는 그 지점에서 도착운송수단으로부터 양하된 상태로 매수인의 처분하에 놓인 때에 인도하는 것을 의미한다. 당사자들은 매도인이 양하의 위험과 비용을 부담하기를 원하지 않는 경우에는 DPU를 피하고 그 대신 DAP를 사용하여야 한다.

(2) 위험과 비용

매도인은 물품을 지정목적지까지 가져가서 그곳에서 물품을 양하하는 데 수반되는 모든 위험과 비용을 부담한다.

10) DAP(Delivered at Place, 도착지인도)

(1) 인도와 위험

"도착지인도"는 매도인이 물품이 지정목적지에서 또는 지정목적지 내에 어떠한 지점이 합의된 경우에는 그 지점에서 도착운송수단에 실어둔 채 양하준비된 상태로 매수인의 처분하에 놓인 때에 인도하는 것을 의미한다.

(2) 위험과 비용

매도인은 물품을 지정목적지까지 또는 지정목적지 내의 합의된 지점까지 가져가는 데 수반되는 모든 위험과 비용을 부담한다.

11) DDP(Delivered Duty Paid, 관세지급인도)

(1) 인도와 위험

"관세지급인도"는 매도인이 물품이 지정목적지에서 또는 지정목적지 내에 어떠한 지점이 합의된 경우에는 그 지점에서 수입통관 후 도착운송수단에 실어둔 채 양하준비된 상태로 매수인의 처분하에 놓인 때에 인도하는 것을 의미한다.

(2) 위험과 비용

매도인은 물품을 지정목적지까지 또는 지정목적지 내의 합의된 지점까지 가져가는데 수반되는 모든 위험과 비용을 부담한다.

(3) 매도인을 위한 유의사항

DDP에서는 인도가 도착지에서 일어나고 매도인이 수입관세와 해당되는 세금의 납부책임을 지므로 DDP는 11개의 모든 인코텀즈 규칙 중에서 매도인에게 최고 수준의 의무를 부과하는 규칙이다.

Q21 무역계약의 기본조건에는 어떤 것들이 있는가요?

무역계약의 기본조건들을 다음과 같다.

범 주	구체적인 계약사항	
기 본 사 항	− 당사자(Principal) − 계약 확정문언	− 계약 체결일 − 계약의 유효기간(Validity)
상품자체사항	− 품질조건(Terms of Quality) − 수량조건(Terms of Quantity) − 가격조건(Terms of Price) − 포장조건(Terms of Packing)	
계약이행사항	− 선적조건(Terms of Shipment) − 결제조건(Terms of Payment) − 보험조건(Terms of Insurance)	
계약 불이행사항	− 불가항력조항(Force Majeure) − 클레임조항(Claim Clause) − 중재조항(Arbitration Clause)	
정형거래조건 등	− 정형거래조건(Trade Terms) − 준거법(Governing Laws)	

※ 무역계약의 5대 기본조건

① 품질조건(terms of quality)
② 수량조건(terms of quantity)
③ 가격조건(terms of price)
④ 선적조건(terms of shipment)
⑤ 결제조건(terms of payment)

※ 여기에 포장조건(terms of packing)과 보험조건(terms of insurance)을 추가하여 무역계약의 7대 기본조건이라고 부르기도 한다.

Q22 무역계약의 품질조건(Terms of quality)이란 무엇인가요?

제품의 품명은 거래의 대상이 되는 상품의 명칭이며 품종은 그 종류이다. 품명이나 품종은 그 종류가 많고 같은 것이라도 국가에 따라 호칭이 다르기 때문에 국제거래에 있어서도 혼란을 피하기 위하여 해당 상품의 품질, 규격, 등급 및 색상 등에 대하여 합의하여 두는 것이 필요하다.

오늘날 무역 분쟁의 가장 많은 비중을 차지하고 있는 요인은 품질불량이라는 현실로 볼 때, 매매계약의 당사자는 계약서에 품질의 결정방법, 품질의 결정시기, 품질의 책임조건 등에 대하여 사전에 합의해 주는 것이 좋다.

1) 품질의 결정방법

(1) 견본품 매매(sales by sample)

견본은 매매되는 물품의 일부이지만 전체를 대표하는 역할을 한다. 따라서 일반물품의 거래에서 품질의 기준으로 견본을 주로 이용하고 있다. 견본매매란 매도인이 인도하는 물품이 견본과 일치할 것을 약정하는 것을 말한다.[24]

매도인이 제시한 견본을 기준으로 할 때 그 견본을 Seller's Sample이라 하고, 매수인이 제시한 견본을 Buyer's Sample이라고 한다. 또한 당사자 일방이 제시한 견본품(original sample)에 대하여 수정 제시할 때 Counter Sample이라고 하고, 최종적으로 Seller가 보낸 sample을 제품의 견본으로 하기로 바이어에 의하여 최종 Confirm된 Sample을 Approved Sample 혹은 Quality Sample이라고 한다. 그러므로 견본품 매매란 결국 바이어가 승인한 Quality Sample로 거래한다는 의미이다.

24) 매매계약서 조항의 예 : “ The sellers shall guarantee all shipment to conform to samples with regard to quality and conditions.”

가. 매도인의 입장에서 견본품 매매에 적절한 표현

- Quality to be as per sample (○)
- Quality to be similar to sample (○)

나. 매도인의 입장에서 견본품 매매에 적절하지 않는 표현

- Quality to be same as sample (×)

(2) 명세서 매매(sales by specification/description)

선박, 선반, 공작기계, 대형운반기계, 의료기기, 철도차량 등 내구재의 거래나 산업설비(plant) 등의 거래시에는 물품의 소재, 구조, 규격 등을 기재하고 그 설계도를 청사진(blue print)으로 설명한 명세서(specification)나 설명서(description)로 물품의 품질을 약정하는 방식이다.

- Description(설명서)
- Specification or Dimensions(명세서)
- Illustrated Catalogue(도해목록)
- Plan or Blue Print(설계도 또는 청사진)

(3) 상표매매(sales by trade mark or brand)

국제적으로 품질이 널리 알려진 상표(trade mark)나 brand에 의한 품질결정 방법이다. 이 경우는 견본을 보낼 필요도 없이 상표 자체로 무역거래가 가능하다.

- 휴대폰의 GALAXY
- 자동차의 EQUUS
- 카메라의 Cannon, Nikon
- 의류 accessory의 Pierre Gardin
- 지퍼의 YKK
- 위스키의 Johnnie Walker

2) 품질의 결정시기

(1) 선적시 품질조건(shipped quality terms)

매도인은 계약물품의 품질을 선적시까지 책임을 지고, 선적이후의 변질에 대해서는 매수인이 책임진다. 따라서 매도인은 물품이 선적시점에서 약정된 품질임을 증명하는 품질보증서(certificate of quality)를 매수인에게 제공한다. 일반적으로 실무

에서는 매수인이 지정하는 검사기관이나 매수인의 대리인이 발행하는 검사증명서(Inspection Certificate ; I/C)를 사용한다.

(2) 양륙시 품질조건(landed quality terms)

매도인은 계약물품의 품질을 도착지에 양륙할 때까지 책임지므로, 운송 중에 변질된 물품에 대해서는 매도인이 부담한다. 매매당사자가 계약체결시 양륙품질조건을 희망할 경우에는 이를 명시하는 것이 좋다.[25] 양륙품질조건에서는 품질에 대한 거증책임(擧證責任)[26]이 매수인에게 있으므로 매수인이 양륙지에서 검사기관에 의뢰하여 감정보고서(survey report)를 취득하여 이를 매도인에게 송부함으로써 손해배상을 요구할 수 있다.

품질의 결정시기에 대하여 별다른 약정이 없는 경우 정형거래조건에 따른다. 즉 DAT, DAP, DDP와 같은 'D' Group이 이에 해당되며 표준품 매매에서 GMQ도 양륙지 품질을 기준으로 한다.

Q23 무역계약의 수량조건(Terms of Quantity)이란 무엇인가요?

무역거래에서 수량조건은 무엇을 그 기준으로 하는가 하는 수량기준 단위의 문제와 어느 시점의 수량을 기준으로 하는가 하는 수량의 결정 시점이 문제이다.

1) 수량의 단위

(1) 중량(weight)

중량에는 킬로그램(Kg), 파운드(Lb) 등이 있으나 톤(Ton)을 가장 많이 사용하고 있다. 톤에는 다음과 같이 3종류가 있다.

- Ton의 나라별 사용기준
  - −1 English ton : 1,016Kg
  - −1 American ton : 907Kg
  - −1 Metric ton : 1,000Kg(우리나라, 독일, 프랑스)

---

25) 양륙지의 품질을 기준으로 하는 경우의 계약서 문언 예 : "Goods sold on sample shall be guaranteed by the seller to conform exactly to sample upon arrival at destination."

26) 소송에서 자기에게 유리한 사실을 주장하기 위해 증거를 들어 법원으로 하여금 심증을 얻게 하는 책임

(2) 용적(measurement)

용적으로 거래되는 상품은 곡물, 액체, 주류, 목재 등 다양하다. 박스(box)와 같은 육면체 화물의 용적은 Cubic Meter(CBM), Cubic Feet(CFT)가 사용되고 있다.

용적에서는 용적톤(measurement ton : M/T)을 사용하는 데 1CBM(Cubic Meter)은 가로 × 세로 × 높이 즉, 1㎥를 1M/T로 하고 있다.

액체에서는 Barrel, Gallon, Liter(ℓ)가 사용된다. 원유나 석유의 매매에 많이 사용되는 Barrel은 영국에서는 1 Barrel = 35 Gallon, 미국에서는 1 Barrel = 42 Gallon에 해당한다.

(3) 개수(number)

- 1 pc(piece) = 1개
- 1 set = 1조
- 1 doz(dozen) = 12 pcs(pieces)
- 1 gross = 12 doz(dozen) = 144 pcs(= 12 × 12)
- 1 great gross = 12 gross = 1,728 pcs(= 12 pcs × 12 × 12)

(4) 포장(package)

포장의 단위는 상자(case), 곤포(bale), 포대(bag), 통(barrel), 묶음(bundle), 드럼(drum) 등의 단위가 있고, 면화, 시멘트, 석유 등의 거래에 이들 단위가 이용된다.

(5) 길이(length)

길이의 단위는 미터(meter, metre)나 야드(yard)를 주로 사용한다.

- 1 meter = 1.0936 yard
- 1 yard = 0.9144 meter

(6) 면적(square measure)

면적을 나타내는 단위로는 유리, 합판, 타일 등에 쓰이는 평방피트(SF: Square Feet)나 평방미터(SM: Square Meter)가 있다.

(7) 컨테이너(container)

컨테이너 단위는 20피트와 40피트가 사용되고 있다.

- TEU(Twenty Feet Equivalent Unit)
- FEU(Forty Feet Equivalent Unit)

2) 수량의 결정시기

(1) 선적수량조건(shipped quantity / weight terms)

선적수량조건은 계약상품을 선적시에 검량한 수량이 계약서에 명시한 수량과 일치하면 매도인이 수량에 관한 책임이 이행되는 것이며, 운송이나 하역작업 중에 발생하는 감량에 대해서는 매도인이 책임을 지지 아니한다.

(2) 양륙수량조건(landed quantity / weight terms)

양륙수량조건은 계약물품이 목적항에 도착했을 때 검량한 수량이 계약된 수량과 일치하여야 하는 조건이므로, 매도인으로서는 운송이나 하역 중에 감량에 대비해서 상당한 주의를 기울이지 않으면 안 된다.

(3) 과부족 용인조건(M/L Clause : More or Less Clause)

유지류(油脂類)와 같이 휘발성이 있거나 누손이 되는 물품, 그리고 곡물, 광물, 석탄과 같은 감량이 발생하기 쉬운 산적화물(bulk cargo) 등은 계약수량과 실제로 인도하는 수량 사이에 과부족이 생길 것을 예상하여 계약서에 이를 명시하게 되는데 이를 과부족용인조건이라고 한다. 이 조건의 범위 내의 수량에 대하여는 계약이행으로 본다.

신용장 거래에서 산적화물의 경우 과부족용인제도는 오랜 관습이었기 때문에 비록 과부족용인조건이 없어도 신용장상 금지규정이 없는 한 5%의 수량 과부족은 인정하고 있다[27]. 그러나 신용장방식이 아닌 무신용장방식(T/T, Collection)에 의한 경우에는 신용장통일규칙이 적용되지 않으므로 과부족용인조건을 설정해 두어야 한다. 또한 수량 또는 단가와 관련하여 사용된 'about', 'approximately'라는 단어는 그것이 언급하고 있는 금액, 수량 또는 단가에 관하여 10%를 초과하지 않는 범위 내에서 과부족이 허용된다.[28]

---

27) UCP 600 제30조 b ; A tolerance not to exceed 5% more or 5% less than the quantity of the goods is allowed, provided the credit does not state the quantity in terms of a stipulated number of packing units or individual items and the total amount of the drawings does not exceed the amount of the credit.

28) UCP 600 제30조 a ; The word "about" or "approximately" used in connection with the amount of the quantity or the unit price stated in the credit are to be construed as allowing a tolerance not to exceed 10% more or 10% less than the amount, the quantity or the unit price to which they refer.

- More or less : 수량에 대하여 +/- 5% 허용(신용장 방식에서 bulk cargo는 자동으로 인정하지만 어음 발행의 총액이 신용장 금액을 초과하지 않아야 함.)
- About, approximately : 금액, 수량 또는 단가의 +/- 10% 허용

Q 24 무역계약의 가격조건(Terms of Price)이란 무엇인가요?

가격은 매수인의 입장에서 보면 구매를 결정하는 중요한 요인이며, 매도인의 입장에서 보면 판매결정의 요인이다. 물품의 품질과 가격이 매매를 성립시키는 최대의 결정요인이다.

매도인과 매수인 중 누가 어떤 비용을 부담할 것인가를 정하는 것이 가격조건이다. 가격조건을 매도인과 매수인이 합의하여 정할 수도 있지만 이미 정형화된 조건을 이용할 수도 있다. ICC가 이미 정형화된 조건을 제정하였는데 이것이 Incoterms® 2020이다.

Q 25 무역계약의 선적조건(Terms of Shipment)이란 무엇인가요?

1) 선적 시기의 결정방법[29)]

① 특정일 선적조건의 예 : not later than July 31, 2016
② 특정월 선적조건의 예 : March, 2016 shipment
③ 조건부 선적조건의 예 : within 60 days after receipt of L/C

2) 분할선적과 환적

① 분할선적 여부 : Partial Shipment (Allowed or Prohibited)
② 환적 여부 : Transshipment (Allowed or Prohibited)

29) UCP 600 제3조

[분할선적과 할부선적]

분할선적(分割船積)	할부선적(割賦船積)
Partial Shipment	Installment Shipment
선적일 : 최종 선적일	선적일 : 수회로 정해짐
최종 선적일 이내 수차례 선적 가능	정해진 수량과 회수를 지켜야 함
Seller's Option	Buyer's Option
선적시 차수 제한이 없다	선적회수, 수량에 제한이 있다
신용장에 별도의 허용문구가 없어도 금지 문구만 없으면 분할선적 자동허용	선적 미이행시 해당할부분과 향후 할부분 모두 효력상실(L/C거래)

[분할선적과 할부선적]

분할선적(分割船積)	할부선적(割賦船積)		
수량 : 400대	1차	100대	1/31
Shipping Date : 4/30	2차	100대	2/28
Seller 마음대로 4/30까지 나누어서 선적하여도 됨(Seller's option)	3차	100대	3/31
	4차	100대	4/30

※ 할부선적은 정해진 수량과 선적기일을 지키지 못하면 효력을 상실함.

[할부선적(Installment Shipment)]

차수	수량	선적수량	선적일	미선적 수량
1차	100대	100대	1/31	0
2차	100대	100대	2/28	0
3차	100대	80대	3/31	20
4차	100대			100

※ 1차선적분부터 2차 선적분까지는 수량과 선적일을 준수하였으나 만약 3차분 선적에서 20대의 미선적 수량이 발생하는 경우, 3차분의 20대뿐만 아니라 4차분의 100대 모두가 효력을 상실한다(UCP 600 제32조).

Q26 무역계약의 결제조건(Terms of Payment)이란 무엇인가요?

무역대금 결제방식을 여러 가지를 기준으로 하여 분류할 수 있다. 결제방식을 기준으로 분류하면 무역대금 결제방식은 크게 송금방식(T/T), 신용장 결제방식(L/C), 추심결제방식(Collection)으로 나눌 수 있다. 구체적인 결제방식은 결제편에서 후술

하기로 하고, 여기에서는 결제시기를 기준으로 분류하고자 한다.

1) 선불(advance payment) 결제방식

(1) CWO

CWO(Cash With Order)는 물품의 주문과 동시에 그 대금을 지급하는 '주문불 방식'이며 송금결제방식에 해당한다. 실무 현장에서는 이것 역시 'T/T in advance'라 하며 수출신고시 '단순송금방식'(수출입신고필증 부호 : T/T)으로 신고한다.

(2) 선대신용장(Packing L/C)

선불조건의 신용장으로 Packing L/C, Advance Payment L/C라 불린다. 이 신용장은 수입상이 수출상(신용장 수익자)에게 선적 전에 신용장의 매입을 허용하는 신용장으로 이 경우 신용장 개설은행이 신용장의 수익자에게 미리 대출하는 형식을 취하므로 신용장의 수익자는 선수금에 대한 약정이자를 지급해야 한다.

2) 동시지급(concurrent payment) 결제방식

(1) Sight L/C

일람불방식 또는 일람출급방식이라고 하며, 신용장 개설은행의 매입은행으로부터 신용장 선적서류가 도착하면 서류를 검토한 후 서로에 하자가 없는 한 즉시 지급하는 신용장 결제방식이다.

(2) D/P

D/P(Documents against Payment)는 무신용장거래인 추심결제방식 가운데 동시불조건에 해당하는 결제방식이다. 추심은행은 환어음이 첨부된 서류가 도착하면 수입상에게 서류 도착사실을 통보하고, 수입상으로부터 대금을 지급받으면서 서류를 인도하는 결제방식이다. 추심은행은 이 대금을 수출상의 거래은행인 추심의뢰은행으로 송금하여 결제하는 방식이다.

(3) CAD(Cash Against Document : 서류상환결제방식)

선적서류의 인도와 동시에 대금결제가 이루어지는 조건이다.

(4) COD(Cash On Delivery : 현물결제방식)

현물의 인도와 동시에 대금결제가 이루어지는 조건이다.

3) 후불/연불(deferred payment) 결제방식

(1) Usance L/C

기한부 신용장결제방식으로 신용장 개설은행(혹은 인수은행)이 서류를 인수하고 나서 일정기간이 경과한 후 환어음의 만기일에 대금을 결제하는 방식이다.

(2) D/A

D/A(Documents against Acceptance)는 무신용장거래인 추심결제방식의 후지급조건이다. 추심은행(collecting bank)은 환어음이 첨부된 서류가 도착하면 수입상으로부터 서류의 인수를 받은 후 수입상에게 선적서류를 인도하며 수입상은 환어음의 만기일에 추심은행에 대금을 지급한다. 추심은행은 이 대금을 수출상의 거래은행인 추심의뢰은행(remitting bank)으로 송금하여 결제하는 방식이다.

(3) O/A

O/A(Open Account)는 사후송금방식으로써 "선적일로부터 몇 일 이내" 등으로 송금 만기일을 약정한 후 수출상이 먼저 선적을 이행하고 수입상이 만기일에 자발적으로 송금하는 외상거래 방식이다.

Q27 무역계약의 포장조건(Terms of Packing)이란 무엇인가요?

1) 포장 방법

(1) Solid Packing

Color, model, style, size별로 구분하여 같은 계열끼리 포장하는 방법이다. 이 방법을 많이 사용한다.

(2) Assorted Packing

서로 다른 color, model, style, size를 같은 비율로 섞어서 포장하는 방법이다.

2) 포장 단위

포장의 단위는 상자(case), 곤포(bale), 포대(bag), 통(barrel), 묶음(bundle), 드럼(drum) 등의 단위가 있다.

3) 하인(shipping mark)

하인(荷印)[30]은 화물의 식별을 용이하게 하기 위해서 또한 화물의 취급을 정확하고 용이하게 하기 위해서 외장에 특정의 기호나 문자 따위를 표시하는 것이다. 하인은 매수인이 지정하는 것과 매도인이 선택하는 경우가 있는데 계약체결시 별도의 약정이 없는 한 매도인이 하인을 선택한다.

- Main Mark(주하인), Counter Mark(부하인), Quality Mark(품질표시), Goods Mark(제품표시), Quantity Mark(수량표시), Port Mark(도착항표시), Case Number(일련번호), country of Original(원산지표시), Caution Mark(주의표시), Attention Mark(지시표시)

Q28 무역계약의 보험조건(Terms of Insurance)이란 무엇인가요?

해상운송 중인 물품에 대한 손해가 발생할 수도 있기 때문에 그 위험을 담보받기 위해서는 매도인이나 매수인은 해상보험계약을 체결하여야 한다. CIF나 CIP의 경우에는 매도인(seller)이 매수인(buyer)을 위하여 해상적하보험에 부보해야 한다. 보험에 가입할 부보범위는 총 6가지 Option이 있다.

[적하보험약관]

구약관	신약관
현재사용하고 있는 약관은 1963년에 개정된 약관이다.	1982년 1월부터 사용하고 있으며 2009년도에 개정하였다.
ICC약관은 14개 조항으로 구성되어 있으며 그 중 5조(위험약관)만 제외하고 나머지 13개 조항은 그 내용이 동일하며 5조의 내용에 따라 A/R, W.A, F.P.A로 구분된다.	본문약관과 난외(중요)약관에 추가하여 19개 조항의 ICC약관으로 구성되어 있다. ICC약관의 담보위험과 면책위험 조항에 따라 A, B, C 조건으로 구분된다. 구약관의 애매한 부분들을 더욱 정확하게 하였고 보험자의 면책이 추가되었다.
ICC A/R : All Risks(전위험담보)	ICC (A)
ICC W.A : With Average(분손담보)	ICC (B)
ICC F.P.A : Free From Particular Average (단독해손부담보)	ICC (C)
현재 우리나라에서는 1984년부터 신구약관을 함께 사용하고 있다.	

30) 하인(荷印)을 화인(貨印)이라고도 하며 동일한 의미이다.

Q29 무역계약의 기타조건에는 어떤 것들이 있는가요?

무역계약의 기타조건으로는 불가항력조항(Force Majeure), 클레임조항(Claim Clause), 중재조항(Arbitration Clause), 준거법(Governing Law) 등이 있다.

1) 불가항력조항(Force Majeure)

불가항력(不可抗力)이란 당사자들의 통제를 벗어나는 사고(accidents beyond the control of the parties)로써 천재지변(天災地變), 전쟁, 내란, 소요 등이 여기에 해당한다. 무역계약의 이행과정에서 우발적으로 발생하는 불가항력은 매매 당사자들의 의무 이행을 불가능하게 하므로 매매계약시 구체적으로 각 상황을 제시하는 것이 좋다.

◆ Force Majeure 조항 예 1)

Except for the payments due for the Goods delivered by the Seller, any party ("Affected Party") hereto shall not be responsible to the other party ("Non-Affected Party") for nonperformance either in whole or in part or delay in performance of the terms and conditions of the Agreement, due to war, war like operation, acts of God, riot, strikes, sabotage or other labor disturbances in the manufacturing plant ; lockout of the manufacturing plant ; epidemics, floods, earthquakes, typhoon ; embargoes, laws and regulations of the Buyer's country or seller's country ; or any other causes beyond the control of the parties.

In case of any such event the terms of this Agreement relating to time and performance shall be suspended during the continuance of the event.

(매도인이 인도한 상품대금의 지급을 제외하고, 어느 당사자도 전쟁・준전시상태・천재지변・폭동・파업・태업 또는 기타 노동쟁의, 공장폐쇄・전염병・홍수・지진・폭풍・수출금지・매수인 또는 매도인 국가의 법규・기타 당사자가 통제할 수 없는 사유로 계약조건을 불이행(전부 혹은 일부)하거나 이행을 지연한 경우에는 상대방에 대하여 그로 인한 책임을 부담하지 않는다.

위의 경우, 기간 및 이행에 관한 이 계약의 조건은 불가항력사유가 지속되는 동안만큼 연기된다.)

◆ Force Majeure 조항 예 2)

The Seller shall not be responsible for the delay in shipment due directly or indirectly to force majeure including mobilization, war, riots, civil commotions, hostilities, blockades, requisition of vessels, prohibition of export, fires, floods, earthquakes, tempests, strikes, lockouts and any other contingencies, which prevent shipment within the period stipulated. In the event of any of the aforesaid causes arising, documents proving its occurrence of existence shall be submitted by the Seller to the Buyer without delay.

(매도인은 동원, 전쟁, 폭동, 소요, 교전, 봉쇄, 선박징발, 수출금지, 화재, 홍수, 지진, 폭풍우, 파업, 폐쇄 및 약정된 기간 내의 선적을 방해하는 기타 일체의 우발사고를 포함하는 불가항력에 직접 또는 간접으로 기인하는 선적지연에 대해서는 책임을 지지 아니 한다. 위에 언급한 어떠한 사유가 발생하는 경우에는 그 발생 또는 존재를 증명하는 서류를 매도인이 지체 없이 매수인에게 보내야 한다.)

매도인이 고의적인 과실이나 태만(intentional fault or negligence)으로 인해 선적이 불이행되거나 지연되었을 때에는 당연히 매도인의 책임이지만, 위와 같은 천재지변(Act of God)이나 불가항력 조항에 의거 발생한 선적지연에 대해서는 면책을 받게 된다.

2) 클레임(claim) 조항

클레임이 발생하면 ① 당사자들의 교섭에 의한 화해(amicable settlement), 타협(compromise), ② 제3자인 조정인(mediator)에 의한 조정(mediation or conciliation), ③ 중재인(arbitrator)에 의한 중재(arbitration) 그리고 ④ 사법기관에 의한 소송(litigation)에 의해서 해결한다. 무역거래에서의 클레임은 화해나 타협에 의해서 해결하는 것이 가장 바람직하나 일반적으로 중재에 의해서 많이 해결되고 있다.

3) 중재조항(仲裁條項)

중재(arbitration)란 분쟁당사자간의 합의에 의거 사법상의 법률관계를 법원 소송절차에 의하지 않고 중재기관에 신청하여 최종적으로 중재인(arbitrator)의 판정에 맡겨 그 판정에 복종함으로써 분쟁을 해결하는 방법이다.

Q 30 무역클레임이란 무엇인가요?

1) 무역클레임의 개념

무역클레임이란 계약 상대방의 계약위반으로 인하여 피해를 본 당사자가 이를 구제받기 위하여 손해배상을 청구하거나 대체품 인도요청 또는 계약해제 등의 방법으로 그 손해를 청구하는 것을 의미한다.

무역클레임에는 상당한 이유가 있어서 제기하는 정상적인 클레임(normal claim)과 주로 수입지의 시장상황 악화로 인하여 자신의 손해를 만회하기 위하여 상대방이 받아들일 수 없는 사소한 하자를 이유로 제기하는 Market Claim이 있다. 정상적인 클레임이라 함은 매도인이 선적기일을 상당기간 위반하였거나 계약물품과 상이하지 않는 제품을 선적하였다든가 매수인이 대금결제를 일부 이행하거나 미이행하는 경우 등을 의미한다. 반면에 Market Claim은 일방이 실질적으로 계약을 위반하지 않았지만 상대방이 자신의 손해를 만회하기 위하여 신용장 거래시 서류상의 사소한 하자 이유로 Unpaid를 한다든지 아니면 일방적으로 제품의 품질이 계약과 일치하지 않는다는 억지 주장을 하는 경우 등이다. 정상적인 클레임의 경우 얼마든지 합리적인 범위내에서 서로 합의하여 문제를 해결할 수 있지만 Market Claim의 경우는 받아들일 수 없는 범위의 고의적인 클레임이므로 문제 해결이 쉽지 않다. Market claim을 사전에 예방하기 위한 방법으로는 상대방에 대한 철저한 신용조회 및 수시로 수입국의 시장을 Monitoring하는 노력을 하여야 한다.

2) 무역클레임의 예방

① 철저한 신용조사

② 정확한 제품의 품질조건 합의

③ 무역보험 등을 통한 안전한 결제방법

④ UCP 600, ISBP 745에 의한 정확한 신용장 선적서류 작성

⑤ 선적기간, 분할선적(partial shipment) 혹은 할부선적(installment shipment) 여부, 환적(transshipment) 여부, 수량조건, 과부족용인조건(more or less clause) 등의 계약 조건에 대한 세밀한 합의

⑥ 국제규칙 및 무역관련 상관습에 대한 정확한 이해

⑦ 매매계약서에 준거법(governing law) 명시

Q 31 무역분쟁이 발생한 경우 어떻게 해결해야 하는지요?

1) 분쟁해결순서

계약 상대방의 계약불이행이 발생한 경우 다음과 같은 순서로 분쟁을 해결하는 것이 좋다.

① 계약의 이행을 촉구한다.

② 이행기를 연장해 준다(유예기간 : grace period).

③ 계약해제를 통보한다(통지의 의무).

④ 손해배상을 청구한다(원상회복 의무, 채무는 소멸).

⑤ 손해배상에 대한 상대방의 불이행시 → 중재 혹은 재판 → 계약해제 판정 → 손해배상액 결정 → 강제집행 신청

2) 당사자에 의한 클레임 해결방법

(1) 클레임 포기(waiver of claim)

클레임 제기자가 스스로 클레임을 철회하는 것이다.

(2) 화해(amicable settlement, compromise)

당사자 쌍방 또는 중개인의 교섭으로 당사자간에 우위적으로 클레임을 해결하는 민사상의 화해(민법 제731조)이다.

3) 제3자에 의한 클레임 해결방법

(1) 알선(intercession, recommendation)

당사자의 일방 또는 쌍방의 의뢰에 따라 한국무역협회 등 제3의 기관이 해결방안을 제시하거나 조언함으로써 클레임을 해결하는 방법이다.

(2) 조정(conciliation, mediation)

당사자 쌍방의 조정합의에 따라 공정한 제3자를 조정인(conciliator)으로 선임하고, 그가 제시하는 조정안에 쌍방이 동의함으로써 클레임을 해결하는 방법으로 조정인이 제시하는 조정안을 당사자가 구속되지 않으므로 조정안을 수락해야 할 의무는 없다. 그러나 조정안이 당사자에 쌍방에 의하여 수락됨으로써 조정이 성립되면 중재판정과 동일한 효력 즉 법원의 확정판결과 동일한 효력이 발생되어 당사자는 이에

구속된다.

(3) 중재(arbitration)

당사자 쌍방의 중재합의에 의하여 공정한 제3자를 중재인으로 선정하여 중재판정부를 구성하고, 그 판정부에서 내려진 중재판정에 당사자가 무조건 승복함으로써 무역분쟁 및 클레임을 해결하는 방법이다. 중재의 효력은 법원의 확정판결과 동일하여 구속력, 확정력 및 집행력을 지닌다.

(4) 재판(litigation)

법관에 의한 법원의 판결로 즉 소송절차에 의하여 무역분쟁을 해결하는 방법이다.

Q 32 중재(arbitration)제도란 무엇인가요?

1) 중재의 개념

당사자 쌍방의 중재합의에 의하여 공정한 제3자를 중재인으로 선정하여 중재판정부를 구성하고, 그 판정부에서 내려진 중재판정에 당사자가 무조건 승복함으로써 무역분쟁 및 클레임을 해결하는 방법이다.

2) 중재의 장점

① 자발적인 분쟁해결방법
② 우의적인 분위기와 절차
③ 중재인의 전문성
④ 신속한 해결[31]
⑤ 적은 비용
⑥ 중재절차의 비공개
⑦ 외국에서의 강제집행

3) 중재합의의 형태

중재는 법관이 아닌 민간인인 중재인(arbitrator)으로 구성되는 중재판정부의 판

31) 대한상사중재원의 중재규칙에 의하면 심리(hearing)의 종결일로부터 30일 이내에 판정함을 원칙으로 하고 있다(중재규칙 제48조 제1항).

정에 당사자가 구속되는 제도이므로 그 구속력의 근거로써 중재합의가 필수적으로 요구되는 것이다. 분쟁을 중재로 해결하기 위해서는 반드시 서면합의가 필수적이며 이를 근거로 당사자 일방이 중재신청을 하게 되는 것이므로 중재합의가 없으면 절대로 그 사건은 중재에 의한 해결이 불가능한 것이다.[32)]

중재합의는 분쟁이 발생하기 전 미리 하는 사전중재합의도 가능하고 분쟁이 발생한 후에 그 분쟁을 중재에 의하여 해결하기로 하는 합의, 즉 사후중재합의도 가능하다.

4) 중재합의의 형식과 요소

대한민국 중재법과 대한상사중재원의 중재규칙, 영국중재법 및 New York Convention (1958)에 의하면 중재합의는 서면주의에 의하도록 규정되어 있으므로 반드시 문서로 하여야 하며 구두합의는 무효이다. 그리고 중재합의문에는 중재지, 중재기관, 준거법(governing law)[33)] 등의 3요소가 포함된다. 여기에서 준거법이란 매매계약서의 준거법을 의미하는 것이 아니고 중재의 절차에 관한 준거법을 의미한다.

≪ 중재합의의 표준문구 예 ≫

All disputes, controversies, or differences which may arise between Seller and Buyer, out of or in relation to or in connection with this contract, or for the breach thereof, shall be finally settled by arbitration in Seoul, Korea accordance with the Commercial Arbitration Rules of the Korean Commercial Arbitration Board and under the Laws of Korea. The award rendered by arbitrator(s) shall be final and binding upon both parties concerned.

5) 중재합의의 효력

대한민국의 중재법에서는 중재합의의 대상인 분쟁에 관하여 소송이 제기된 경우 그 소송의 피고가 중재합의가 있었음을 들어 '중재합의 존재의 항변' 즉 방소(妨訴)의 항변(抗辯)[34)]을 하면 법원은 그 소를 각하해야 한다고 함으로써 중재합의가 있는 경

32) 대한상사중재원의 중재규칙 제9조 및 제10조 제1항1호

33) The arbitration rules of The Korean Commercial Arbitration Board and under the law of Korea.

34) 방소항변(妨訴抗辯, demurrer)은 민사소송의 절차로 피고가 원고가 제기한 소의 문제를

우에는 당해 분쟁사건은 반드시 중재에 의하여 해결하여야 하며 법원에 소송을 제기할 수 없다는 '직소금지(prohibition of direct suit)의 효력'을 인정하고 있다.

6) 중재판정

중재규칙에 의하면 원칙적으로 심리종결 후 30일 이내에 판정을 내리기로 되어 있으나 이 기간은 중재판정부의 결정에 따라 연장될 수 있다. 그러나 신속절차에 의한 중재의 경우에는 심리종결일로부터 10일 이내에 중재판정을 내려야 한다.

중재판정은 국제적으로 단심제에 의하므로 판정내용에 불복하여 어느 나라에서든 다시 중재를 할 수 없으며 소송도 제기할 수 없다. 그러나 다만 중재판정의 절차에 오류 혹은 하자가 있거나 판정이 위법인 경우에는 법원에 '중재판정취소의 소'를 제기할 수 있다.[35]

Q33 재판(litigation)과 중재(arbitration)의 차이점은 무엇인가요?

재판은 법관에 의한 법원의 판결로 즉, 소송절차에 의하여 무역분쟁을 해결하는 방법이며 중재는 민간기구인 중재원에서 무역전문가의 판정으로 분쟁을 해결하는 방법이다. 그 차이점은 다음과 같다.

[재판과 중재에 의한 해결의 비교]

비교대상	재판에 의한 해결	중재에 의한 해결
해결결과	구속력, 확정력, 집행력 등 모든 실체적 효력	구속력, 확정력, 집행력 등 모든 실체적 효력
신속성	복잡한 절차, 삼심제 등으로 시일 소요	절차가 간단하고 신속성 보장
경비	상대적 고액, 지속적 지출	단심제 등으로 경비 축소
전문성	비교적 낮음	전문 중재인에 의한 전문성 및 거래 실정에 맞는 합리적 해결
공개여부	공개주의로 비즈니스 분쟁에는 부적합한 측면	비공개 비밀주의로 대외신용도 등 보장
국제적 집행력	국제적인 집행력이 보장되지 않음	New York Convention(1958)에 의해서 집행력이 보장됨

들어 변론을 거부하는 것을 말한다.

35) 대한민국중재법 제36조

☐ 매매계약서(예)

ICOM CO., LTD.

Address

SALES CONTRACT

ICOM CO., LTD., as seller, hereby confirms having concluded the sales contract with you(your company), as buyer, to sell following goods on the date and on the terms and conditions hereinafter set forth. The Buyer is hereby requested to sign and return the original attached hereto.

<table>
<tr><td>MESSRS</td><td colspan="2">CONTRACT DATE</td><td colspan="2">CONTRACT NO</td></tr>
<tr><td>COMMODITY DESCRIPTION</td><td>QUANTITY</td><td colspan="2">UNIT PRICE</td><td>AMOUNT</td></tr>
<tr><td></td><td></td><td colspan="2"></td><td></td></tr>
</table>

Time of Shipment:
Port of Shipment:
Port of Destination:
Payment:
Insurance:
Packing:
Special Term & Conditions:
Subject to the general terms and conditions set forth on back hereof:

Accepted by	ICOM CO.,LTD.
(Buyer)	(Seller)
(Signature)	(Signature)
(Name & Title)	(Name & Title)
Date	Date

□ (매매계약서(이면)의 예시)

General Terms and Conditions

1. Principal to Principal Basis : This contract recognize the fact that it is of a principal to principal basis between Seller and Buyer.
2. Quantity : Quantity is subject to a variation of five percent(5%) plus or minus at Seller's option.
3. Shipment : The on board date of bill of lading shall be taken as the conclusive date of shipment. Partial shipment and/or transshipment shall be permitted. Unless otherwise stated on the face hereof, Seller shall not be responsible for nonshipment or late shipment in whole or in part by reason of Force Majeure such as fires, floods, earthquakes, tempests, strikes, lockouts, and other industrial disputes, mobilization, war, threat of war, riots, civil commotion, hostilities, blockade, requisition vessel, and any other contingencies beyond Seller's control.
4. Price : The price(s) is (are) FOB Busan Korea basis. The freight and insurance premium shall be borne by Buyer.
5. Inspection : Inspection performed under the export regulation of Korea is final respect of quality and/or conditions of the contracted goods, unless otherwise stated on the face hereof.
6. Trade Terms : The trade terms used in this Contract shall be governed and interpreted by the provisions of Incoterms 2020 unless otherwise specially stated.
7. Infringement : Buyer shall hold Seller harmless from liability for any infringement with regard to patent, trade mark, design and/or copyright originated or chosen by Buyer.
8. Claim : Any claim by Buyer must be made in writing within fourteen(14) days of receipt of the goods at destination stated on the face hereof, and no claim will be recognized if they are used.
9. Arbitration : All disputes, controversies, or differences which may arise between Seller and Buyer, out of or in relation to or in connection with this contract, or for the breach thereof, shall be finally settled by arbitration in Seoul, Korea in accordance with the Commercial Arbitration Rules of the Korean Commercial Arbitration Board. The award rendered by arbitrator(s) shall be final and binding upon both parties concerned.
10. Governing Law : This Contract shall be governed and interpreted in all respects by The United Nations Convention on Contract for the International Sale of Goods(1980).

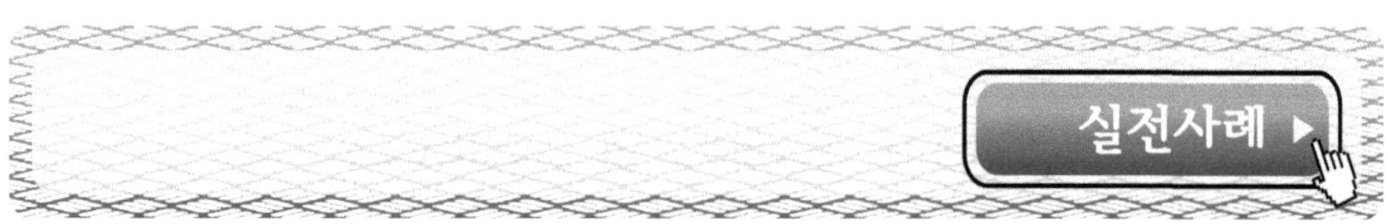

01 매도인과 매수인이 매매계약서를 체결하지 않고 단지 매도인이 유효기일을 명시한 청약서(offer sheet)를 그 청약서의 유효기일 이전에 매수인이 승낙(acceptance)하면 매매계약은 성립되었다고 볼 수 있는가? 만약에 있다면 그 이유는 무엇이며 없다면 그 이유는 또한 무엇인가?

= 국제물품매매계약에 근거하여 청약에 대한 승낙은 계약을 성립시킨다. 그러므로 유효기일을 기재한 확정청약에 대한 매수인의 승낙행위는 계약이 성립된다.

02 매매계약서를 체결하지 않고 수입자가 보낸 purchase order를 수출자가 서명하거나 승낙하여도 계약이 성립되는지요?

= 수입자인 매수인도 청약을 할 수 있으므로 매수인의 청약에 대한 매도인의 승낙은 계약이 성립된다.

03 수입상이 수출상의 오퍼를 승낙하는 방법에는 몇 가지 방법이 있다. 그 방법들을 구체적으로 제시하여보시오.

= 무역계약은 불요식성 성격을 가지고 있으므로 어떤한 방법으로 승낙하든 계약은 승낙으로 볼 수 있다. 승낙의 방법은 구두, 서면, 서명, 의사실현 등의 방법이 있다.

04 수출상의 T/T선수금(T/T in advance) 결제방식을 명시한 오퍼를 접수한 수입상이 아무런 승낙을 하지 않고, 오퍼의 유효기일 이내에 T/T선수금을 보내 왔다면 이것으로 계약은 성립되었다고 볼 수 있는가?

= 승낙의 과정을 생략하였지만 선수금 발송은 의사실현이므로 계약은 성립된다. 그러나 수입상의 입장에서 가급적 승낙을 하고 거래에 임하는 것이 좋다.

05 수출상의 신용장 결제방식을 명시한 오퍼를 접수한 수입상이 아무런 승낙을 하지 않고, 오퍼의 유효기일 이내에 그리고 offer sheet에 명시한 신용장 개설 유효기일(L/C issuing validity) 이내에 신용장을 개설하였다면 계약은 성립되었다고 볼 수 있는가?

= 승낙의 과정을 생략하였지만 신용장을 개설은 의사실현이므로 계약은 성립된다. 그러나 수입상의 입장에서 가급적 승낙을 하고 거래에 임하는 것이 좋다.

06 수입상이 O/A(Open Account[36]) 90days를 요구하는 P/O(Purchase Order)를 보내왔다. 이에 대해 수출상은 수입상에게 승낙의 과정을 생략하고 수입상이 요구하는 제품을 선적하고 선적통지를 하였다면 이것은 계약의 성립으로 볼 수 있는가? 이때 만약 수입상이 어떤 사정으로 인해 마음이 바뀌어 주장하기를 "자신은 수출상이 자신의 오퍼에 승낙을 하지 않았으므로 대금을 보낼 수 없다"고 한다면 어떻게 되는가?

= 승낙의 과정을 생략하였지만 제품의 선적 및 선적통지는 의사실현이므로 계약은 성립된다. 그러나 이런 거래를 무역거래에서 아주 위험한 거래이므로 먼저 승낙하고 그 내용을 재확인 후 수출보험을 가입하고 선적에 임하는 것이 좋다.

06 EXW조건에서 매도인은 매수인의 집화용 차량에 적재할 의무가 있는지요?

= 매도인은 매수인의 집화용 차량에 적재할 의무가 없다.

07 EXW 가격조건에서 매도인은 수출통관의 의무가 있는가?

= 매도인은 수출통관의 의무가 없다.

08 CFR조건에서 매도인이 운송비를 수입국 목적항까지 부담하기 때문에 목적항에 도착할 때까지의 제품의 멸실, 손상에 대한 책임을 지는지요?

= CFR조건에서 매도인의 위험부담은 본선에서 완료되므로 목적항에 도착할 때까지의 제품의 멸실, 손상에 대한 책임을 지지 않는다.

36) T/T(송금) 결제방식에서 외상거래를 의미한다.

09 당사는 미국의 수입상과"CIF New York by sea"조건으로 해상운송 계약을 체결하였습니다. 여기에서 질문 드립니다.

(1) 우리 회사가 미국의 뉴욕항까지 제품의 멸실이나 손상의 책임을 져야 하는지요?

= CIF조건에서 매도인의 위험부담은 본선에서 완료되므로 목적항에 도착할 때까지의 제품의 멸실, 손상에 대한 책임을 지지 않는다.

(2) 만약 해상사고가 발생시 우리 회사가 보험금을 수령하여 바이어에게 보상해 주어야 하는지요? 아니면 다른 방법으로 해결하는지요?

= CIF조건에서 매도인은 매수인에게 보험증권을 양도함으로서 매수인이 보험사고시 피보험자가 되도록 해 주면 된다.

10 CIF조건에서 적하보험과 관련하여 매도인의 의무 3가지는 무엇인가?

= ① 적하보험가입(부보)의 의무

② 적하보험료 납부의 의무

③ 보험증권 양도의 의무

11 FOB와 관련하여 해상운송에서만 사용해야 한다고 알고 있는데 현실적으로는 항공에서도 사용하고 있습니다. FOB는 항공에서도 사용할 수 있는지? 만약에 사용할 수 없다면 어떤 가격조건을 사용해야 하는지?

= FOB는 해상운송 전용이므로 FCA를 사용해야 한다.

12 해상운송이 아닌 항공운송으로 계약을 체결하는 경우, CFR과 CIF 대신 사용할 수 있는 가격조건은 무엇인가?

= CFR과 CIF는 해상운송 전용이므로 CPT, CIP를 사용해야 한다.

13 미국 뉴욕소재 바이어가 뉴욕항까지 운임포함조건으로 가격을 제시하라고 한다. 매도인의 입장에서 어떤 조건이 가장 적절한가?

= CFR이 가장 적합하다.

14 러시아의 모스코바 소재 바이어가 모스코바 국제공항까지 운임과 보험료 포함가격으로 가격을 제시하라고 한다. 매도인의 입장에서 어떤 조건이 가장 적절한가?

=CIP가 가장 적합하다.

15 이번에 물품매매계약을 체결하면서 분쟁해결방법으로 중재(arbitration)의 방법까지는 합의하였다. 그러나 중재기관으로 우리나라 대한상사중재원에서 할 것을 주장하였으나 이에 대한 합의가 어려운 상황이다. 이런 경우 어떤 다른 대안이 있는가?

= 제3국에서 중재하자고 제안할 수 있다.

16 중재는 반드시 서면합의를 해야만 하는 것인가? 구두합의는 안 되는가?

= 중재는 반드시 서면합의를 해야하며 구두합의는 무효이다.

17 이미 체결한 매매계약서에 중재조항이 없다. 만약 분쟁이 발생한 후에 중재로 분쟁을 해결하기로 합의할 수 있는가? 즉, 사후중재 합의가 가능한가?

= 사후중재합의도 가능하다.

18 중재에 당사에서 직원이 참석하지 않고 변호사와 같은 대리인이 참석하는 것이 가능한가?

= 변호사와 같은 대리인의 출석이 가능하다.

3 대금결제

Q1 무역결제방식에는 어떤 것들이 있는가요?

무역결제방식에는 송금(T/T : Telegraphic Transfer), 추심(Collection), 신용장(L/C : Letter of Credit) 결제방식이 있으며 결제방식별 결제시기 및 명칭은 다음과 같다.

결제방식	시기	영문명칭	명칭
송금 T/T	CWO	Cash With Order	사전송금
	CAD	Cash Against Document	서류상환
	COD	Cash On Delivery	현물상환
	O/A	Open Account	사후송금
추심 Collection	D/P	Documents Against Payment	지급인도
	D/A	Documents Against Acceptance	인수인도
신용장 L/C	Sight	At Sight	일람지급
	Usance	At (날짜) days after Sight	연지급

Q2 약속어음과 환어음의 차이점은 무엇인가요?

어음에는 크게 약속어음과 환어음 두 가지가 있다. 국내거래에서 사용하는 어음은 약속어음(Promissory Note : P/N) 이라고 하며 약속어음은 채무자가 채권자에게 일정금액을 일정기간에 지급하겠다는 증서이다. 반면, 환어음(Bill of Exchange : B/E 혹은 Draft)은 무역거래에서 사용하는 증서로써 무역거래에서 대금을 지급받을 수출상이 발행하여 대금을 청구하는 대금지급 청구서이며 대금지급 지시서이다.

※ Drawee : 수출상이 발행하는 환어음의 대금을 지급하는 자이며 신용장 방식에서 Drawee는 개설은행 혹은 개설은행이 권한을 준 제3의 은행이 될 수 있다. 반면, 추심결제방식에서 Drawee는 수입상이 된다. 역결제방식에는 크게 송금(T/T : Telegraphic Transfer), 추심(Collection), 신용장(L/C : Letter of Credit) 결제방식으로 구분된다.

약속어음(Promissory Note) 서식 예

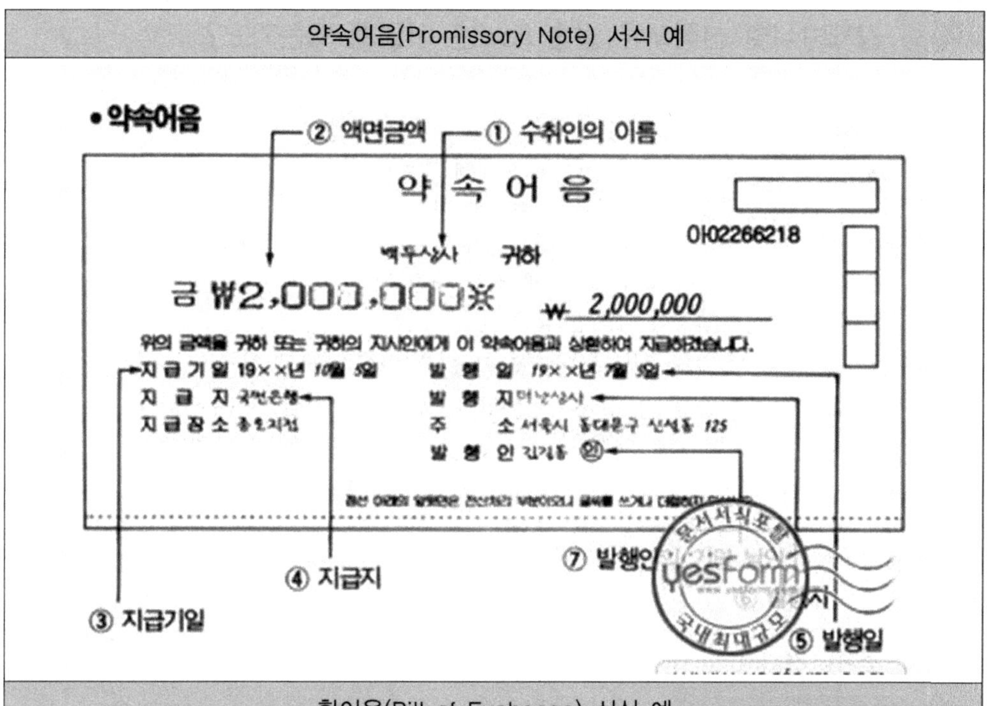

약 속 어 음

아02266218

백두상사 귀하

금 ₩2,000,000※ ₩ 2,000,000

위의 금액을 귀하 또는 귀하의 지시인에게 이 약속어음과 상환하여 지급하겠습니다.

지 급 기 일 19××년 10월 5일　　발 행 일 19××년 7월 5일

지 급 지 국민은행　　발 행 지

지 급 장 소 종로지점　　주 소 서울시 동대문구 신설동 125

발 행 인 김길동 ㊞

환어음(Bill of Exchange) 서식 예

NO. 123456 **BILL OF EXCHANGE** MAR. 30, 2016 SEOUL, KOREA

FOR US $28,836.25

AT ×××× SIGHT OF **FIRST BILL OF EXCHANGE** (SECOND OF THE SAME TENOR AND DATE BEING UNPAID) PAY TO (6) KOREA EXCHANGE BANK OR ORDER THE SUM OF

SAY US TWENTY EIGHT THOUSAND EIGHT HUNDRED THIRTY SIX DOLLARS TWENTY FIVE CENT ONLY

VALUE RECEIVED AND CHARGE THE SAME TO ACCOUNT OF Kalmax Garments FTY.LTD

DRAWN UNDER HSBC BANK HONG KONG

L/C NO. MGK248186 (11) DATED 2016/03/20

TO HBSC BANK HONG KONG MONGKOK OFFICE

EXPORTER'S NAME AND SIGN

(1) Sight 환어음 표기방법 : At ×× Sight

(2) Usance 환어음 표기방법 : At (날짜) days after sight or At (날짜) days after B/L date

Q3 결제방식별 선적서류 발송 flow는 어떻게 되는가요?

결제방식	내 용
송금결제방식 (T/T)	은행이 대금청구 및 결제에 개입하지 않는 거래 당사자의 신용을 바탕으로 하는 당사자간의 거래 수출상이 수입상에게 직접 발송 수출상이 수입상에게 직접 대금 청구 수입상이 약속한 날에 대금 송금 환어음(Bill of Exchange)이 발행되지 않는 거래
추심결제방식 (Collection)	수출상 → 추심의뢰은행(수출상측) → 추심은행(수입상 측) → 수입상에게 대금 청구 → 추심의뢰은행으로 결제
신용장결제방식 (L/C)	수출상 → 매입은행(Nego) → 개설은행(수입상 측) → 매입은행으로 결제

Q4 송금 결제방식이란 무엇인가요?

송금 결제방식이란 무역계약의 내용에 따라 수출상이 선적한 후 별도의 대금청구 절차를 취하지 않더라도 계약당시 합의한 때가 되면 수입상이 자발적으로 물품대금을 수출상에게 보내주는 방식의 무역거래를 의미한다.

수입상이 수출상에게 물품대금을 보내주는 시기에 따라 계약체결 후 물품 선적 전에 지급하는 선수금방식, 물품의 인도와 함께 이루어지는 상품인도방식, 서류인도와 함께 이루어지는 서류인도방식, 물품 선적 혹은 수령일로부터 일정기간 경과 후 지급되는 외상방식으로 크게 4가지 방식으로 구분할 수 있다.

Q5 선수금 송금방식이란 무엇인가요?

선수금 방식은 우리말로 사전송금방식, 단순송금방식, 선지급방식(payment in advance) 등으로 칭하며 'CWO(Cash With Order)' 또는 'T/T in Advance', 'Prior to Ship'이라고도 한다. 수출상의 입장에서 대금을 미리 받는 방법이므로 가장 좋은 대금회수 방식이다.

Q6 A/P Bond란 무엇인가요?

수출상이 수입상에게 선수금방식을 요구할 때 수출상에게는 더할 나위 없이 유리한 결제방식이다. 대금부터 미리 받고 상품을 만들어 선적하는 것이니 아무런 걱정이 없다. 그런데 수입상은 어떠한가? 상품을 받기도 전에 대금부터 미리 지불했으니 계약상품이 도착할 때까지 안심할 수가 없다. 만약 수입상의 입장에서 이 거래를 하는데 있어서 선지급한 대금에 대해서 안심할 수 없다면 대금을 선지급하기 전에 수출상으로부터 믿을만한 금융기관의 선수금환급보증서(Advance Payment Bond)를 받은 후 대금을 선지급하면 안전한 거래를 할 수 있다. 선수금을 영수할 금융기관(주로 수출상의 주거래은행)이 선지급한 대금에 대하여 보증을 해 주는 보증서이다. A/P Bond 발행 절차는 다음과 같다.

[AP BOND Process]

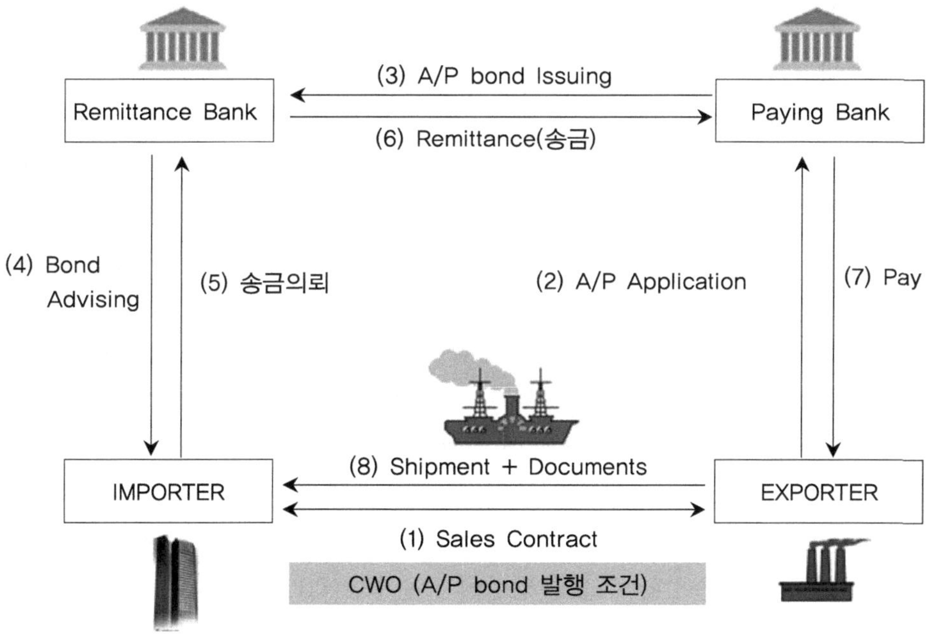

Remittance Bank
Paying Bank
(3) A/P bond Issuing
(6) Remittance(송금)
(4) Bond Advising
(5) 송금의뢰
(2) A/P Application
(7) Pay
IMPORTER
EXPORTER
(8) Shipment + Documents
(1) Sales Contract
CWO (A/P bond 발행 조건)

Q7 동시지급 송금방식에는 어떤 것들이 있는가요?

동시지급 송금방식에는 CAD와 COD가 있으며 구체적인 내용은 다음과 같다.

① 서류상환결제방식(CAD : Cash Against Documents)

수출상이 상품을 선적하고 선적서류를 수입업자의 지사나 대리인(주로 수출상의 국가에 소재함)에게 제시하거나 또는 해외의 수입상에게 직접 서류를 송부하여, 당해 서류와 상환으로 대금의 결제가 이루어지도록 하는 방식이다.

② 현물상환결제방식(COD : Cash On Delivery)

수출상이 상품을 선적하고 선적서류를 수입상에게 직접 송부하거나 또는 수입지에 있는 자신의 대리인에게 송부하여 상품이 목적지에 도착하면 수입상이 상품을 인도받으면서 대금을 결제하는 방식이다.

Q8 O/A란 무엇인가요?

O/A(Open Account)는 사전송금방식(단순송금방식)과는 정반대로 매매계약에 의하여 수출상이 먼저 물품을 선적한 후에 선적서류 원본을 수입상에게 직접 송부하면, 수입상은 물품매매계약서상의 송금조건에 따라 선적일을 기준으로 일정기간이 경과한 후에 거래 건별로 수출상이 지정한 은행의 계좌로 대금을 송금하여 결제하는 사후송금방식(later remittance after shipment)을 의미한다.

Open Account[37]는 "선적통지 조건부 사후송금 결제방식"이라고 하며 수출업체가 수출물품 선적을 완료하고 수입상에게 선적사실을 통지함과 동시에 채권이 발생하는 거래를 의미하며 특별한 언급이 없는 한, O/A는 선적일로부터 일정기간 이내에 대금을 송금하는 것으로 해석한다.

예를 들어 수출상과 수입상이 90일 T/T 외상거래를 합의 했을 때, 'O/A 90days' 라고 합의하였다면 이는 수출상이 제품을 선적하고 선적일로부터 90일째 되는 날 수입상이 대금을 지급하겠다는 의미로 해석한다.[38] 일부 국가에서는 'O/A 90days' 조건을 'Net 90 days'라고 지칭하기도 한다. 이는 순수한 90일이라는 의미로 해석될 수 있다. 즉, 대금지급을 물품 도착일이 아닌 선적일로부터 일정기간이 경과하면 대금을 지급하겠다는 뜻이다. 수출상 입장에서 순수한 90일 외상이란 물품 도착 후가

37) Open Account 거래는 외상기간에 대한 특별한 규정이 없다. 수출상이 수입상의 요청에 따라 외상기간을 결정하는데 통상 30일, 60일, 90일 등과 같이 30일 단위로 계약하는 것이 일반적이다. 너무 오랜 기간 외상거래를 하면 위험하기 때문에 외상기간은 길어도 60일을 넘지 않는 것이 좋다.

38) Payment terms : By T/T within 90days after shipment date(O/A 90days)

아닌 선적 후 일자이어야 하기 때문이다. 결국 'O/A 90 days', 'Net 90 days', 'T/T within 90 days after shipment date'는 대금지급시기 측면에서 동일한 의미로 해석될 수 있다.

Q9 추심결제방식이란 무엇인가요?

추심결제방식(推尋決濟方式)이란 "Documentary Collection"이라고 하며 수출상이 수입상에게 물품을 선적한 후에 수입상이 요구하는 선적서류를 수출상의 은행(추심의뢰은행 : remitting bank)을 통하여 수입상이 지정하는 은행(추심은행 : collecting bank)으로 송부하고, 추심은행(collecting bank)이 수입상으로부터 대금을 회수하여 추심의뢰은행(remitting bank)으로 보내주는 거래이다. 추심에 관여하는 추심의뢰은행과 추심은행은 단순한 중개자로서 선적서류의 검토 의무도 없고 대금지급의 의무도 없다.

추심결제방식에는 대금지급 시기에 따라서 D/P와 D/A가 있으며 이 방식의 거래를 규제하는 국제규범이 있기 때문에 매매당사자는 이 규범에 맞추어 거래를 하여야 하며 마음대로 거래내용을 변경시킬 수가 없다.

추심결제는 ICC(국제상업회의소)에서 제정한 "화환어음추심에 관한 통일규칙(Uniform Rules for Collection of the Commercial Paper)"에 따라서 절차를 진행시켜야 하며 현재 시행되고 있는 규칙은 1996년 1월 1일부터 제정되어 새로이 시행되고 있는 3차 개정추심에 관한 통일규칙 1995년 개정판이 ICC 간행물 번호 제522호인데 'URC 522'로 통용되고 있다.

Q10 D/P란 무엇인가요?

D/P는 "Documents against Payment"의 약어로서 지급인도조건이라고 한다. 수출상이 상품을 선적한 후 관련서류가 첨부된 일람지급 환어음을 수입상을 지급인으로 발행하여 추심의뢰은행(remitting bank)에 추심을 의뢰하면, 추심의뢰은행은 그러한 서류가 첨부된 환어음을 추심은행(collecting bank)으로 보내 추심을 의뢰하고, 추심은행(collecting bank)은 그 환어음의 지급인인 수입상으로부터 대금을 지급 받음과 동시에 서류를 인도하고 지급 받은 대금은 추심을 의뢰하여온 추심의뢰은행(remitting bank)으로 송금하여 결제하는 방식이다.

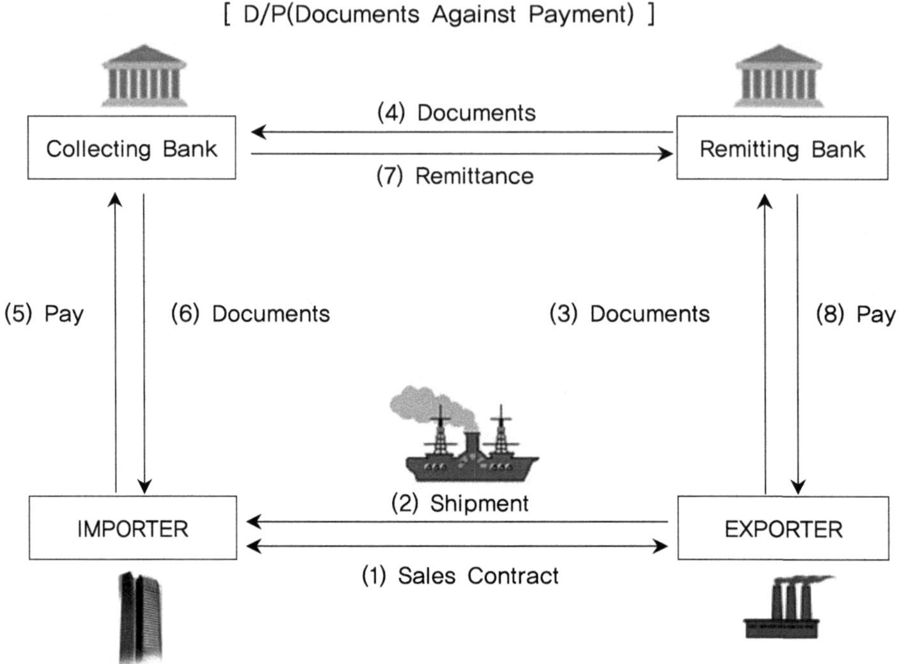

[D/P 거래절차]

① 수출상과 수입상이 D/P조건으로 매매계약 체결
② 수출상이 수입상에게 제품선적
③ 수출상이 추심의뢰은행(remitting bank)으로 추심의뢰
④ 추심의뢰은행(remitting bank)이 추심은행(collecting bank)으로 추심지시
⑤ 수입상이 추심은행(collecting bank)으로 대금지급
⑥ 추심은행(collecting bank)이 수입상에게 서류인도
⑦ 추심은행(collecting bank)이 추심의뢰은행(remitting bank)으로 대금 송금
⑧ 추심의뢰은행(remitting bank)이 수출상에게 대금지급

Q11 D/A란 무엇인가요?

D/A는 "Documents against Acceptance"의 약어로서 인수인도조건이라고 한다. 수출상이 상품을 선적한 후 관련서류가 첨부된 연지급 환어음을 수입상을 지급인으로 발행하여 추심의뢰은행(remitting bank)에 추심을 의뢰하면, 추심의뢰은행(remitting bank)은 그러한 서류가 첨부된 환어음을 수입상이 지정한 추심은행

(collecting bank)으로 보내면서 추심을 지시하고, 추심은행(collecting bank)은 그 환어음의 지급인인 수입상으로부터 어음의 인수(acceptance)[39]를 받으면서 서류를 인도(release or delivery)하고 그 어음의 만기일에 수입상으로부터 대금을 지급 받아 추심의뢰은행(remitting bank)으로 송금하여 결제하는 방식이다. 이때 추심은행은 수입상으로부터 어음의 인수를 받으면서 곧바로 추심(collection)을 의뢰하여 온 수출국의 추심의뢰은행으로 수입상이 선적서류와 환어음을 인수했다는 사실을 통보하게 되는데 이것을 '인수통보'라고 하며 실무현장에서는 'A/A'라고 한다. 'A/A'란 'Advise of Acceptance' 혹은 'Acceptance Advise'라는 의미이다. 추심결제방식에서 인수는 수입상이 하고 인수통보는 추심은행이 한다. 그러나 신용장 결제방식에서는 은행이 인수하고 역시 은행이 인수통보를 한다. 이것이 두 결제방식에서의 인수 및 인수통보의 차이점이다.

[D/A(Documents Against Acceptance)]

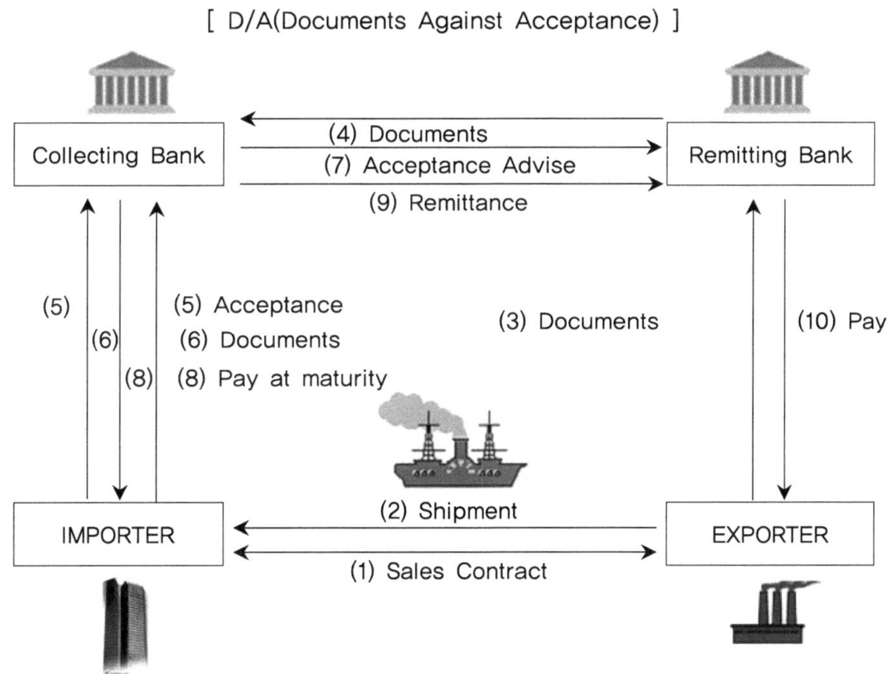

39) 수입상이 추심은행에게 만기가 도래하면 대금을 지급하겠다는 약속 또는 그러한 의사표시

[D/A 거래절차]

① 수출상과 수입상이 D/A조건으로 매매계약 체결
② 수출상이 수입상에게 제품선적
③ 수출상이 추심의뢰은행(remitting bank)으로 추심의뢰
④ 추심의뢰은행(remitting bank)이 추심은행(collecting bank)으로 추심지시
⑤ 수입상이 추심은행(collecting bank)에 방문하여 인수(대금지급약속) 의사표시
⑥ 추심은행(collecting bank)이 수입상에게 선적서류 인도
⑦ 추심은행(collecting bank)이 추심의뢰은행(remitting bank)에게 인수통보
⑧ 수입상이 만기에 추심은행(collecting bank)으로 대금 결제
⑨ 추심은행(collecting bank)이 추심의뢰은행(remitting bank)으로 대금 송금
⑩ 추심의뢰은행(remitting bank)이 수출상에게 대금지급

Q 12 D/A와 O/A의 차이점은 무엇인가요?

D/A는 O/A거래와 동일하게 은행의 지급확약이 없는 외상거래라는 공통점이 있다. 그러나 두 거래에는 약간의 차이가 있다. O/A는 선적 후 수출업자가 선적서류를 수입업자에게 직접 송부하여 대금을 청구하지만 D/A는 선적 후 은행을 통해 대금을 회수한다. 즉, 은행이 수입상에게 대금을 청구하여 만기에 그 대금을 받아 주는 거래이다.

Q 13 D/A와 D/P의 차이점은 무엇인가요?

D/A를 D/P와 비교하면 D/P는 대금회수는 보장되지 않지만 물품회수는 보장된다. 반면에 D/A는 O/A처럼 때에 따라서 대금회수 및 물품회수가 보장되지 않을 수도 있다.

수입상은 서류를 받아 물품 통관을 끝낸 후 물품을 모두 처분하고 추심은행에게 만기일에 대금을 지급하지 않을 수도 있다. 만기에 대금을 지급하지 않는다는 측면에서는 O/A와 별반 차이가 없다. 그러나 O/A는 선적서류가 수입상의 거래은행을 경유하지 않고 직접 발송되므로 수입상의 대금 미지급시 거래은행에 소문이 나지 않지만 D/A는 거래은행에 소문이 날 뿐만 아니라 수입상의 신용이 하락하는 결과가 발생하므로 같은 외상거래라도 D/A가 O/A보다는 수출상에게 조금 더 유리하다고 볼 수 있다. 유럽의 일부국가에서는 만약 D/A 결제대금을 수입상이 만기에 추심은

행에 결제하지 않으면 추심은행은 수입상과의 모든 당좌거래를 중단한다고 한다. 그러므로 D/A가 O/A보다는 수출업체에게 유리하지만 D/P보다는 많이 불리한 거래이다. D/P는 대금을 영수 받지 못할 위험은 있지만 물품을 다시 회수해 올 수 있다. 그러나 D/A는 대금영수와 물품회수 모두가 불가능해 질 수 있는 거래이다.

Q 14 신용장이란 무엇인가요?

신용장(Letter of Credit)[40)]이란 '개설은행의 조건부지급확약서(conditional bank undertaking of payment)이다. 신용장에서 명시한 조건(terms and conditions)이 이루어진다면 지급을 확실히 약속하고 그 반대로 그러한 조건이 이루어지지 않는다면 지급을 하지 않겠다는 의미이다.

신용장(Letter of Credit)이란 무역거래에 따른 대금지급 및 상품수출을 원활하게 하기 위하여 수입상을 신용장 개설의뢰인(applicant)으로 하고 수출상을 수익자(beneficiary)로 하여 수입상의 거래은행인 신용장 개설은행(issuing bank)이 수입상의 요청(request)으로 수출상(exporter) 또는 서류매입은행(negotiating bank) 및 선의의 어음소지인(bona fide bolders)에게 대금지급을 확약하는 서장(書狀)으로서, 그 내용을 요약하면 다음과 같다.

Q 15 신용장의 관계당사자는 누구인가요?

신용장거래에 관계되는 자를 관계당사자(parties concerned with L/C)라고 하며 여러 당사자 중 신용장 개설의뢰인(applicant), 개설은행(issuing bank) 그리고 수익자(beneficiary)를 신용장 거래의 주요 당사자(main parties concerned)라고 한다.

1) 개설의뢰인(Applicant)

개설의뢰인은 자기의 거래은행인 개설은행에 신용장을 개설하여 줄 것을 요청하는 수입상(importer)으로서 상품의 매수인(buyer), 환어음의 최종결제인(간접 drawee),[41)]

40) 본 장에서 다루는 신용장은 수출입거래에서 사용되는 수입상이 개설은행에 요청하여 개설은행이 통지은행을 통하여 수익자(수출상)에게 개설한 화환신용장(D/C ; Documentary Credit)에 대한 정의이다. 보증신용장은 이와 성질이 다르므로 별도의 장에서 설명키로 한다.

41) 환어음의 지급인, 즉 Drawee는 개설은행(issuing bank)이 되며 신용장이 개설의뢰인 앞으

대금결제인(accountee, payer)이자 물품의 수하인(consignee)[42]이다.

2) 개설은행(Issuing Bank)

개설은행은 개설의뢰인의 요청에 따라 수출상(beneficiary) 앞으로 자신의 서장(書狀)을 발행하여 교부하거나 또는 그 자신을 위하여 신용장을 개설하는 은행을 말한다.

3) 통지은행(Advising Bank)

통지은행은 개설은행의 요청에 따라 신용장을 통지하는 은행을 말한다. 신용장의 개설은행은 대부분의 경우 자신이 개설한 신용장을 수익자의 소재지에 있는 자기의 본・지점 또는 환거래은행(correspondent bank)을 경유하여 수익자에게 통지하는데, 개설은행의 요청에 따라 수익자인 수출상에게 신용장 도착을 통지하는 은행으로서 신용장의 진정성(authenticity ; 진위)을 확인하여야 한다(UCP 600 제9조 b).

- Advising bank
- Notifying bank
- Transmitting bank

4) 수익자(Beneficiary)

수익자란 그 자신을 수익자로 하여 신용장을 개설받는 당사자를 말하며 개설은행으로부터 개설된 신용장을 통지은행으로부터 수취하여 이에 요구된 모든 조건을 일치시키는 서류를 제시함으로써 대금의 결제를 받아 이익을 얻는 수출상(exporter)으로서 상품의 매도인(seller), 환어음 발행인(drawer), 대금수령인(payee)이자 물품의 송하인[43](consignor, shipper)이다.

5) 매입은행(Negotiating Bank)

매입(Negotiation)이라 함은 신용장의 조건과 일치하는 서류 또는 그러한 서류가 첨부된(일람출급 또는 기한부) 환어음이 제시될 때 개설은행으로부터 대금을 지급받기

로 개설된 환어음으로 사용이 가능한 신용장은 개설되지 않아야 한다고 명시하였다(UCP 600 제6조 c). 그 이유는 개설의뢰인을 지급인으로 하는 어음 발행은 개설은행의 1차적이고 최종적인 지급확약의 이행의무에 반하기 때문이다.

42) 수화인(受貨人) 혹은 수하인(受荷人)으로 칭하며 같은 의미이다.

43) 송화인(送貨人) 혹은 송하인(送荷人)으로 같은 의미이다.

전에 미리 선지급 하거나 또는 선지급 하기로 약정하는 것으로 최종 지급일까지의 이자 및 수수료를 공제하고 할인하여 매수(purchase)하는 선적 후 금융을 행하는 것이다. 수익자를 위하여 그러한 행위를 하는 은행을 매입은행이라고 하며 개설은행은 매입은행이 될 수 없다.

- Negotiating bank(매입은행)
- Discounting bank(할인은행)
- Purchasing bank(매수은행)

6) 지급은행(Paying Bank)

신용장의 조건과 일치하는 서류가 제시될 때 또는 그러한 서류가 첨부된 환어음이 자행을 지급인으로 하여 제시될 때 지급을 이행하는 은행이며 신용장의 개설은행은 항상 지급은행이 된다. 타은행이 지급은행이 되기 위해서는 개설은행과 환거래계약을 체결하여 자행에 개설은행 명의의 예금계좌를 설치하여 두고 개설은행의 예금계좌에서 차감하면서 지급을 이행한다.

Q 16 신용장 개설은행은 무엇을 확인하고 대금을 지급하는가요?

신용장은 개설은행이 쓴 약속의 증서로써 그 조건이란 선적한 물품과 관계없이 선적서류(shipping documents)가 신용장의 조건과 일치하면 지급(payment)하겠다는 뜻이므로 수익자(beneficiary)는 선적서류를 신용장에서 요구하는 조건과 정확히 일치시키는 것이 가장 중요하다. 여기에서 "선적한 물품과 관계없이"라는 의미는 제품을 아무거나 선적하여도 된다는 뜻이 아니라 선적서류를 신용장의 조건과 일치시키는 것이 더 중요하다는 것이다. 그 이유는 신용장 거래의 본질상 신용장을 개설한 개설은행은 실질적으로 물품이 계약과 일치하는지의 여부를 확인한 후 지급(payment)[44] 또는 인수(acceptance)[45]하는 것이 아니라 선적서류만을 바탕으로 서류에 불일치가 없을 때 지급하거나 인수하기 때문이다.

신용장 거래에서 수익자(beneficiary)인 수출상은 당연히 계약과 일치하는 물품을

44) 대금 지급시기가 일람출급(sight)방식인 경우, 은행은 서류접수 다음날부터 늦어도 제5영업일 이내에 대금을 지급(payment)한다.
45) 대금 지급시기가 기한부(usance)방식인 경우, 은행은 서류접수 다음날로부터 늦어도 제5영업일 이내에 서류를 인수(acceptance)하고 만기에 대금을 지급(payment)한다.

선적하여야 하겠지만 대금을 확실히 지급받기 위해서는 신용장통일규칙(UCP 600) 및 국제표준은행관행(ISBP 745)에 맞추어 신용장의 조건과 일치하는 서류를 작성하여 은행에 제시하는 것이다. 그러므로 수익자가 안전하게 대금을 지급받기 위해서는 무엇보다도 먼저 신용장의 제반조건과 일치하는 서류를 작성하는 것이 가장 중요하다.

Q 17 신용장 개설 흐름은 어떻게 되는가요?

신용장은 수출업자와 수입업자가 계약을 체결한 후 수입상인 개설의뢰인(applicant)의 요청에 따라 개설은행(issuing bank)이 수출국에 있는 통지은행(advising bank)으로 개설하고 통지은행(advising bank)이 신용장의 진위여부를 파악한 후 수출상인 수익자(beneficiary)에게 통지한다.

[Letter of Credit]

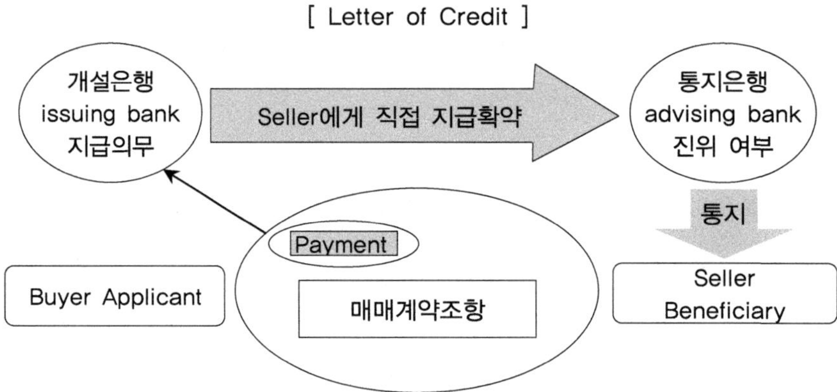

Q 18 수익자는 신용장을 어떻게 사용하는가요?

신용장을 통지받은 수익자(beneficiary)는 매매계약과 일치하는 물품을 선적한 후 신용장의 조건과 일치하는 선적서류를 작성하여 거래은행에 환어음 매입(negotiation)을 통하여 대금을 회수하고 매입은행은 신용장을 개설한 개설은행(issuing bank)으로 선적서류를 발송하여 대금지급을 요청한다. 개설은행(issuing bank)은 제시된 서류가 신용장의 조건과 일치하면 대금을 지급하고 조건과 일치하지 않으면 개설의뢰인(applicant)과 상의한 후 지급거절(혹은 인수거절)을 할 수도 있고 지급(혹은 인수통보)을 이행할 수도 있다. 이때 신용장의 선적서류를 검토하는 개설은행은 수익자가 매매계약서의 내용을 이행하였는지의 여부는 확인하지 않고 단지 제시된 서류가 신용장의 조건과 일치하는지의 여부만을 판단하여 대금을 지급하는 것이다. 그래서 신용장 거래를 서류의 거래라고 한다.

[Letter of Credit]

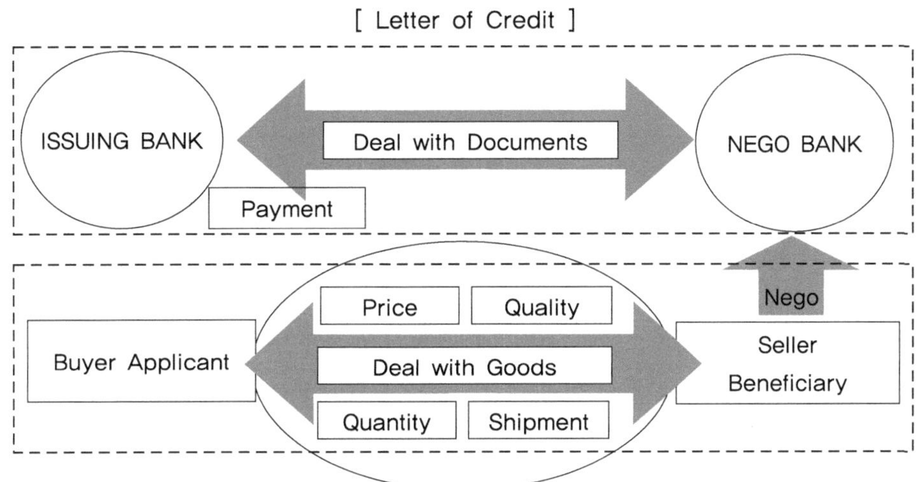

Q19 선적서류가 신용장의 조건과 일치한다는 것은 어떤 의미인가요?

제시된 선적서류가 신용장의 조건과 일치한다는 의미는 실제로 계약내용을 이행하였는지의 여부를 따지는 것이 아니라 서류가 다음의 내용에 따라 작성되었는지의 여부를 따지는 것이다. 일치의 의미는 다음과 같다.

※ **일치의 의미(Complying)**

여기에서 일치한다는 의미는 다음과 같다.

① 서류의 종류
② 서류의 통수
③ 원본과 사본의 구분
④ 서류작성이 UCP 600 및 ISBP 745에 의거 하여 작성
⑤ 선적기일(S/D : Shipping Date) 및 유효기일(E/D : Expiry Date) 준수
⑥ 서류제시기일(P/D : Presentation Date)을 요구하는 경우, 서류제시기일 준수
⑦ 서명과 일자를 요구하는 경우 서명과 일자가 있는지의 여부 등을 말한다.

* 물품을 실제로 선적했는지의 여부 및 물품의 하자여부는 따지지 않음.
  (개설은행이 명백한 사기의 증거를 제시하는 경우를 제외하고)
* 일치의 반대말은 불일치(discrepancy)임.

Q20 선적서류가 신용장의 조건과 일치할 때와 불일치할 때의 개설은행의 업무는 어떻게 되는가요?

제시된 선적서류가 신용장의 조건과 일치할 때와 불일치할 때 개설은행이 취할 행동은 다음과 같다.

[선적서류의 일치와 불일치]

일치	불일치
일치하는 서류(Confirming Document)	불일치하는 서류 = 하자서류 (Discrepant Document)
개설은행의 대금지급 의무	개설은행의 대금지급 거절 권리
개설의뢰인이 개설은행으로 대금 지급 → 서류인수 및 물품통관 → 개설은행이 매입은행으로 지급[46]	① 물품인수의사 없는 경우 : unpaid ② 대금지급 의사 : waiver(권리포기) ③ 가격협상 의사 : 하자통보 → 가격협상 후 → payment(지급)
수출보험 지급대상	수출보험 지급 미 대상
하자가 없음에도 미 지급시 사고신고 무역보험공사 → 개설은행을 상대로 소송	서류상의 불일치 사항이 경미한 경우에는 수출보험 보상 대상에 해당됨

Q21 신용장 관련 국제규칙은 무엇인가요?

신용장 관련 국제규칙에는 두 가지가 있다. 신용장통일규칙과 국제표준은행관행이다. 이를 요약하면 다음과 같다.

1) 신용장통일규칙(UCP 600)

신용장통일규칙이란 “Uniform Customs and Practice for Documentary Credits”의 약어로써, 1933년에 국제상업회의소(ICC ; International Chamber of Commerce)에서 제정하였다. 지금까지 총 6차례의 개정을 거쳐 현재 사용하고 있는 최신 Version은 2007년 개정된 국제상업회의소 간행물 제600호이며 정식명칭은

46) 선적서류에 불일치가 없음에도 개설의뢰인이 개설은행으로 대금을 지급하지 않으면 개설은행은 매입은행으로 신용장 대금을 대신 지급하고 선적서류에 대한 소유권은 개설은행이 갖는다.

"The Uniform Customs and Practice for Documentary Credits, 2007 Revision, ICC Publication no.600(UCP 600)"이다. 향후 이 책에서 언급하는 UCP는 2007년 개정된 제6차 개정 신용장통일규칙을 의미한다.

제6차 개정 신용장통일규칙은 신용장의 문면에 위 규칙을 적용된다는 것을 명시적으로 표시한 경우 모든 화환신용장을 대상으로 한다. 이 규칙은 신용장에서 명시적으로 수정되거나 그 적용이 배제되지 않는 한 모든 당사자를 구속한다.

2) 국제표준은행관행(ISBP 745)

국제상업회의소(ICC) 은행위원회는 2002년 10월 30일 새로 제정된 "International Standard Banking Practice(국제표준은행관행)"를 승인하였고 2013년 4월 17일 'ISBP 745'를 승인하였다. 'ISBP 745'는 세 번째 버전으로 신용장통일규칙(UCP 600)하에서 서류심사시 적용되어야 할 국제표준은행관행에 관하여 해설한 책자이며 실무지침서이다. 그 주요 내용은 다음과 같다.

① The ISBP is a particular complement to UCP(UCP의 특별보록)
② UCP의 규칙들을 실무에서 적용하는 기준을 정한 것
③ ISBP의 제정목적은 서류심사의 기준을 전 세계적으로 통일하여 분쟁을 최소화하려는 것
④ UCP에서 서류는 ISBP에 따라 심사되어야 한다고 명기하고 있으므로 UCP를 적용하는 신용장에는 ISBP를 적용한다는 문언을 추가할 필요가 없음
⑤ 모든 관행을 정리하는 것이 불가능하므로 실무에서 가장 많이 등장하는 관행들을 298개의 조항으로 선정하여 문서화하였음

'ISBP 745'는 사소한 하자는 서류상의 불일치로 보지 말자는 취지이며 이것이 탄생한 이후부터 개설은행과 매입은행간의 서류상의 분쟁이 대폭 줄어들게 되었고 신용장을 취급하는 관련 당사자들이 이것이 탄생하기 전보다 훨씬 더 용이하게 신용장 거래를 할 수 있게 되었다.

> **Tip**
> ISBP(International Standard Banking Practice)의 의미
> ▸ Issuing bank : 선적서류 심사 지침서의 역할을 한다.
> ▸ Beneficiary : 선적서류 작성 지침서의 역할을 한다.

Q22 신용장의 3대 특징은 무엇인가요?

1) 추상성의 원칙(Principle of Abstraction)

UCP 600 제5조에서 신용장거래에서 은행은 서류에 의해 거래를 하는 것(deal with documents)이지 그 서류와 관련된 상품, 용역 또는 기타 계약이행을 취급하는 것이 아니다. 따라서 상품에 관한 문제는 수출입 당사자들끼리 해결하든지 혹은 수입상이 별도의 클레임(claim)을 제기하여 상사분쟁조정에 의해 해결하여야 한다. 서류에 의한 신용장의 거래관행을 신용장의 추상성의 원칙이라고 한다.

신용장거래의 판단은 오직 제시되어진 서류만을 가지고 결정하여야 한다. 즉, 실질적인 거래의 상태와 상품은 서류로서 추상화되어 있다고 간주하는 것이 신용장거래인 것이다. 만약 제시된 서류가 신용장의 조건과 문면상 일치하지 아니하는 것으로 표시되었다면 그러한 주장은 서류만에 기초하여 심사하여야 한다.[47] 개설은행은 독자적인 판단에 따라 그 서류의 문면상 일치성에 의한 서류수리 여부를 결정하는 것이다.

2) 독립성의 원칙(Principle of Independence)

UCP 600 제4조에서 신용장은 그 성질상 그것이 매매계약 또는 기타 계약에 따라 근거를 두고 발행된 것이기는 하지만 이와는 별개의 독립된 거래이며, 신용장에 그러한 계약에 관한 어떠한 언급이 포함되어 있더라도 그러한 계약과는 하등의 관계가 없으며 또한 이에 구속되지 않는다. 결과적으로 신용장에 의하여 지급이행하거나, 매입하거나 또는 기타 모든 의무를 이행한다는 은행의 확약은 개설은행 또는 수익자와 개설의뢰인과의 관계로부터 생긴 개설의뢰인에 의한 클레임 또는 항변에 지배받지 아니한다. 이러한 수출상과 수입상간의 매매계약(contract for sale)과 무관한 거래원칙을 신용장거래의 독립성의 원칙이라고 한다. 따라서 신용장 문면에 만일 물품의 명세(description)가 “as per sales note no··· dated···” 등과 같이 매매계약서의 일자나 번호가 명시되어 있다 하더라도 은행은 실질적인 조사 의무는 없으며 제시된 서류의 문면에 이런 문언을 증명하는 내용의 문언을 기재하면 된다.

신용장거래는 매매계약서와는 하등의 관계가 없으므로 신용장 본문이 우선적으로 적용되는 것이고 만약 매매계약서와 다른 물품이 선적되었다 하더라도 이것을 이유로 개설은행이 한번 지급(payment)하였던 대금을 다시 돌려 달라고 할 수 없으며, 그 문제는 개설의뢰인(applicant)과 수익자(beneficiary) 사이에 매매계약서로 해결

47) UCP 600 제14조 a.

하여야 할 문제이다.

[신용장의 독립, 추상성]

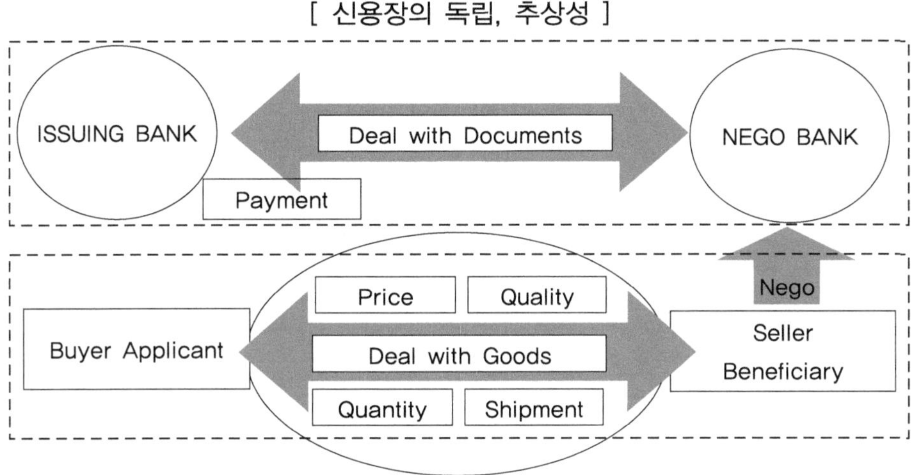

3) 신용장거래의 한계성(Limitation)

서류에 의한 결제를 원칙으로 한다는 위의 두 가지 특성은 대금결제를 원활하게 하기 위하여 불가피한 것이기는 하나 실물거래인 무역거래를 완벽하게 보장할 수는 없는 한계성을 동시에 지니게 된다. 즉, 수입상의 입장에서 신용장이 물품의 품질을 보장할 수는 없으며 수출상의 입장에서는 양질의 물품을 공급하였더라도 서류상의 하자로 인한 대금결제의 지연 또는 지급 거절을 방지할 수는 없다.

Q 23 신용장의 한계성을 극복하는 방안은 무엇인가요?

◈ Limitation(한계성)을 극복할 수 있는 대응방안

(1) Beneficiary(수출상)

① UCP, ISBP에 따른 정확한 서류작성
② 신용도 높은 수입상과 거래(수입유통 경력이 최소 3년 이상 회사)
③ 신용도 높은 개설은행의 신용장 유도
④ 개설은행의 신용이 낮은 경우, 확인신용장(Confirmed L/C) 요청
⑤ 수출보험가입(서류가 불일치한 경우는 보상 받을 수 없음.)

(2) Applicant(수입상)

① 신용도 높은 수출상과 거래(제품 수출경력이 최소 3년 이상 회사)
② PSI(Pre Shipment Inspection) : 선적 전 검사를 철저히 실시
③ I/C(Inspection Certificate) : 검사대행기관이 발행한 I/C 첨부토록 신용장 조항에 삽입
④ Warranty bond(하자보증서) : 일정금액에 대한 하자보증서 제시 요구

Q24 신용장거래의 절차는 어떻게 되는가요?

가격조건은 CIF이며 해상운송조건인 경우 신용장 거래의 흐름는 다음과 같다.

[수출·입 절차 도해]

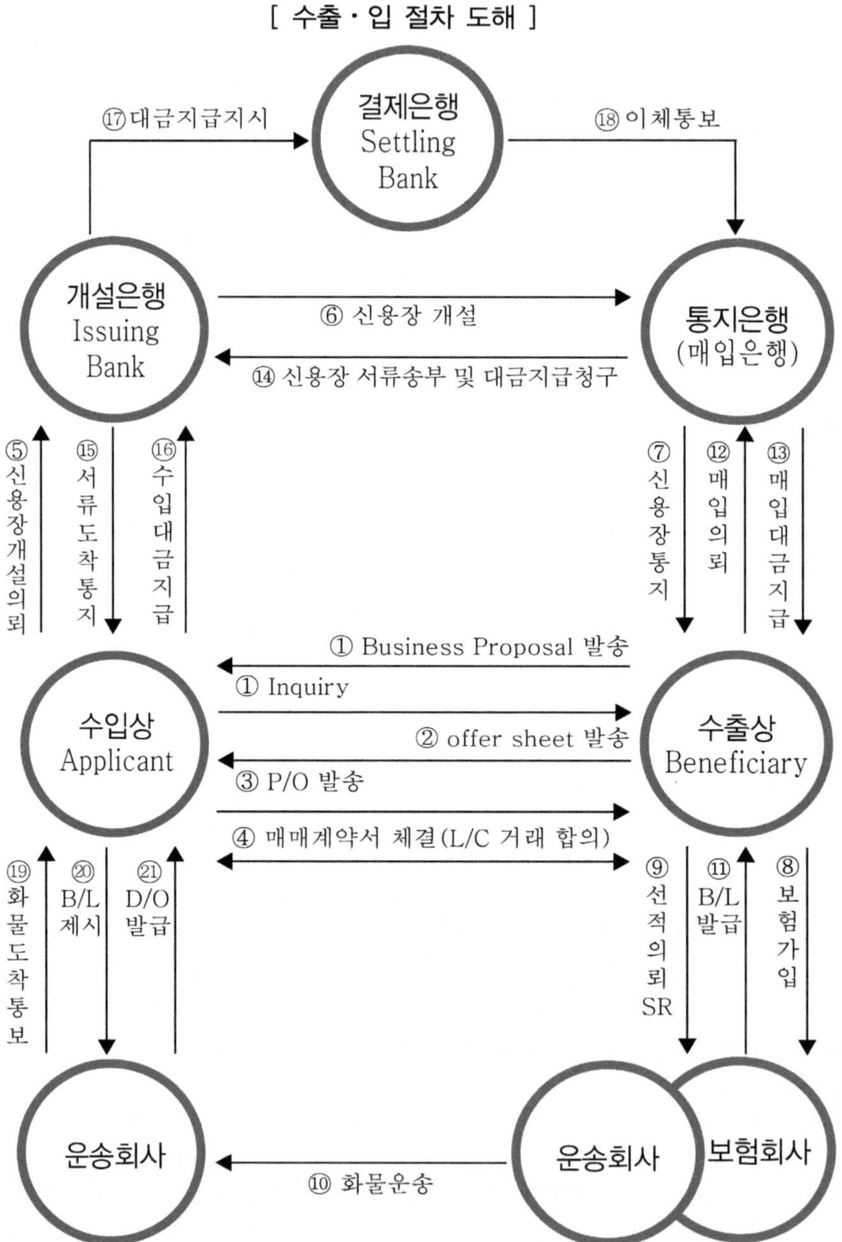

※ 가격조건 CIF, 결제조건은 Sight L/C에 의한 해상운송 수출입 절차임.

[수출입절차 단계별 설명]

① 수출상이 해외 시장조사 등을 통해서 바이어에게 회사소개서 발송 혹은
① 수입상이 먼저 수출상에게 제품 조회(inquiry)

---

② 수입상의 요청에 의하여 수출상이 청약(offer)
③ 수입상이 수출상에게 구매오더(P/O:purchase order) 발송
④ 수입상과 수출상간의 매매계약서 체결

---

⑤ 수입상이 개설은행에 신용장 개설요청
⑥ 개설은행이 신용장 개설
⑦ 통지은행이 수출상에게 신용장 통지신용장 내도 후 수출상은 생산 시작

---

⑧ 수출상의 물품 통관(세관) 후 선적
⑧ 수출상이 보험회사에 보험가입
⑨ 수출상이 생산완료 후 운송회사에 선적예약(S/R 발송)
⑩ 운송회사의 화물 수송
⑪ 선적완료 후 운송회사로부터 B/L수취

---

⑫ 수출상이 자신의 거래은행(매입은행)에 신용장 네고(nego)
⑬ 매입은행이 수출상에게 매입대금 지급
⑭ 매입은행이 개설은행으로 신용장 네고서류 발송

---

⑮ 개설은행이 수입상에게 서류도착 통지
⑯ 수입상이 개설은행에게 수입신용장 대금 입금
⑰ 개설은행이 결제은행에게 대금지급 지시
⑱ 결제은행이 매입은행으로 대금송금

---

⑲ 선박회사가 수입상에게 화물도착을 통보
⑳ 수입상이 선박회사에게 B/L을 제시
㉑ 운송회사는 수입상에게 D/O 발급

※ 가격조건 CIF, 결제조건은 Sight L/C에 의한 해상운송 수출입 절차임.

Q 25 신용장의 종류에는 어떤 것들이 있는가요?

신용장의 종류에는 크게 두 가지로 구분된다. 하나는 무역거래에서 물품을 수입할 때 수입상 측에서 발행하는 화환신용장(D/C : Documentary Credit)이고 다른 하나는 무역거래 및 무역외거래에서 각종 보증에 사용되는 보증신용장(Standby Credit)이다.

1) 화환신용장(Documentary Credit)

화환신용장은 상품거래에 따른 환어음과 이를 담보하는 운송서류의 제시를 요구하는 신용장이다. 무역거래에서 신용장이라 함은 이 화환신용장을 의미한다.

2) 보증신용장(Standby Credit)

보증신용장은 금융의 담보 또는 채무이행의 보증을 목적으로 발행되는 무화환신용장(clean credit)으로 보증신용장 개설은행이 상대방으로 하여금 특정인에게 금융지원 또는 채무보증 등을 이행하도록 하고, 특정인이 만기에 채무의 상환을 하지 않을 경우에 지급을 대신 이행하겠다는 내용을 기재한 약속증서를 의미한다. 보증신용장은 무역거래, 무역외거래 및 자본거래 등에 대한 보증수단으로 사용된다는 점에서 화환신용장(documentary credit)과 차이가 있다.

[신용장의 종류]

화환신용장	보증신용장
Documentary Credit(D/C)	Standby Credit
지급확약서(undertaking)	지급보증서(guarantee)
수입대금의 지급목적	각종 채무 보증의 목적
수입상(개설은행) → 수출상	수출상 or 수입상(개설은행) → 수입상 or 수출상
선적서류의 제시를 요구	선적서류의 제시를 요구치 않음
선적서류와 환어음 제시	진술서와 환어음 제시
UCP 600, ISBP 745	UCP 600, ISP 98

※ ISP 98 : International Standby Practice 98

Q 26 보증의 종류에는 어떤 것들이 있는가요?

보증 내용에 따라 다음과 같은 유형으로 분류된다.

[보증내용에 따른 유형]

보증구분	주요 내용
선수금 환급보증 (A/P Bond)	Advance Payment Bond(Repayment Guarantee) : 무역거래 또는 건설공사에서 선수금에 대하여 그 계약이행을 보장하거나 또는 계약 불이행시 선수금 반환을 보증할 목적
금융보증	Financial Bond : 대출금에 대하여 만기에 채무불이행시 대출금 반환을 보증할 목적
입찰보증 (B Bond)	Bid Bond(Tender Guarantee) : 개설의뢰인이 입찰에 응하여 낙찰될 경우에 계약체결을 보증할 목적
계약이행보증 (P Bond)	Performance Bond(Performance Guarantee) : 수출입계약 또는 공사계약의 이행을 보증할 목적
유보금 환급보증	Retention money Bond(Retention Guarantee) : 계약이행이 완료된 후 하자 등을 담보하기 위하여 일정금액의 유보금을 예치하여야 함. 동 유보금을 선지급 하는 대신 하자 발생 등 계약위반 사실이 발생하면 유보금의 환급을 보증할 목적
하자보수 유지보증	Maintenance Bond(Warrantee Guarantee) : 기계, 설비 등을 수출 혹은 공사한 후 일정기간 내에 하자가 발생시 그 보수의 수리 등을 보장할 목적

Q 27 신용장을 대금지급 시기에 따라 분류하면 어떻게 되는가요?

신용장을 대금지급 시기에 따라 분류하면 크게 일람출급과 기한부로 구분된다.

1) 일람출급신용장(sight credit)

① 수익자가 발행한 일람출급환어음 혹은 선적서류에 대하여 신용장의 지시에 따라 제시되었을 때 즉시 지급되는 신용장이다. 이때 '즉시'라는 의미는 서류 제시 다음 날로부터 기산하여 최장 제5영업일 이내이며 서류에 하자가 없다면 지급(payment)하고 서류에 하자가 있으면 지급거절(unpaid) 통보를 한다. 이때 개설은행은 서류의 하자사항에 대한 통보를 매입은행으로 하게 되는데 이것을

"Notice of discrepancy"라고 한다.

② 일람지급으로 이용 가능한 신용장은 신용장(42C Draft at :)에 다음과 같이 기재된다.

가. 일람출급 매입신용장 : At sight

나. 지급신용장 : 환어음에 대한 언급 없이 41A : by Payment

※ Sight L/C : 선적서류 제시 → 은행의 서류심사 → 즉시 지급(payment)

[Sight L/C Process]

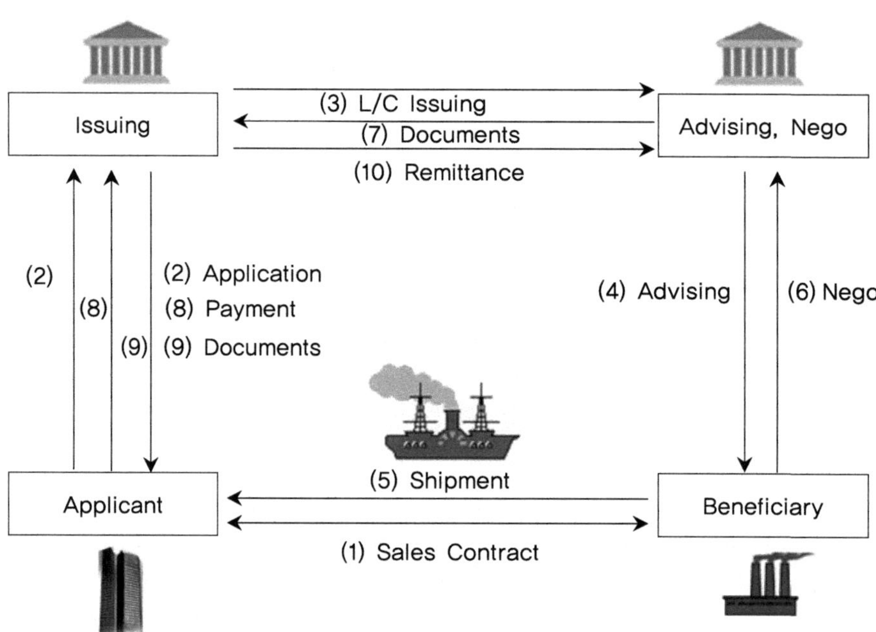

[Sight L/C 거래절차]

① 수출상과 수입상이 Sight L/C 조건으로 매매계약 체결

② 개설의뢰인이 개설은행에게 신용장 개설 신청

③ 개설은행이 통지은행으로 신용장 개설 통보

④ 통지은행이 수익자(수출상)에게 신용장 통지

⑤ 수익자(수출상)가 제품 선적

⑥ 수익자(수출상)가 매입은행에게 매입의뢰 및 매입은행이 대금 선지급

⑦ 매입은행이 개설은행으로 선적서류 발송 및 신용장 대금 청구

⑧ 개설은행이 개설의뢰인에게 선적서류 도착통지 및 개설의뢰인이 개설은행으로 대금 결제

⑨ 개설은행이 개설의뢰인에게 선적서류 인도

⑩ 개설은행이 매입은행으로 신용장 대금 지급

2) 기한부신용장(usance credit)

① 신용장에 의하여 발행되는 환어음의 지급조건이 기한부어음(usance[48] draft)을 발행할 것을 요구하고 있으며 수익자가 선적서류와 함께 기한부환어음)을 제시하면 서류에 하자가 없는 한 이 환어음을 즉시 인수(acceptance)[49]하고 그 만기일(at maturity)에 지급(payment)한다고 약정된 신용장이다. 제시된 서류에 하자가 발견되는 경우, 일람출급방식에서는 지급거절이라 하며 기한부에서는 인수거절이라고 한다.

② 기한부로 이용 가능한 신용장은 신용장(42C Draft at :)에 다음과 같이 기재된다.

가. 기한부 매입신용장 : by negotiation(at ××days after sight or at ××days after B/L date)

나. 인수신용장 : by acceptance (at ××days after sight)

다. 연지급신용장 : 환어음에 대한 언급 없이 by deferred payment (at ××days after sight)

※ Usance L/C : 선적서류의 서류제시 → 은행의 서류심사 → 매입신용장의 경우 개설은행, 인수신용장의 경우 인수은행의 인수통보(A/A : Acceptance Advise), 연지급신용장의 경우 연지급은행의 연지급확약서 발행 → 만기에 지급(payment)

48) 'Usance'란 "지급을 유예하다."라는 의미이다.

49) 인수란 만기일에 대금을 지급하겠다는 개설은행 혹은 인수은행의 약속을 의미한다.

[Usance L/C Process]

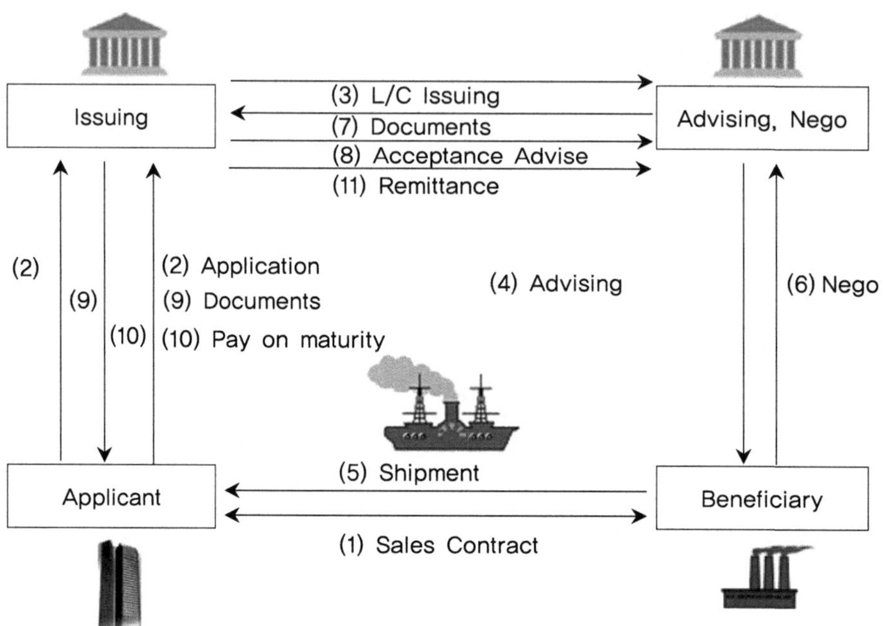

[Usance L/C 거래절차]

① 수출상과 수입상이 Usance L/C 조건으로 매매계약 체결
② 개설의뢰인이 개설은행에게 신용장 개설신청
③ 개설은행이 통지은행으로 신용장 개설 통보
④ 통지은행이 수익자(수출상)에게 신용장 통지
⑤ 수익자(수출상)가 제품 선적
⑥ 수익자(수출상)가 매입은행에게 매입의뢰 및 매입은행이 대금 선지급
⑦ 매입은행이 개설은행으로 선적서류 발송 및 신용장 대금 청구
⑧ 개설은행이 매입은행으로 인수통보(A/A ; Acceptance Advise)
⑨ 개설은행이 수입상(개설의뢰인)에게 선적서류 인도
⑩ 개설의뢰인이 개설은행으로 만기일에 신용장 대금 결제
⑪ 개설은행이 만기일에 매입은행으로 신용장 대금 지급

Q28 Sight와 Usance의 차이점은 무엇인가요?

[Sight와 Usance의 차이점]

구분	Sight	Usance
명칭	일람불, 일람지급, 일람출급	기한부, 연지급, 후지급
지급시기	즉시 지급(payment)	즉시 인수(acceptance)
	즉시는 5영업일 이내	즉시는 5영업일 이내
	서류접수 다음날로부터 늦어도 제5영업일 이내 지급	서류접수 다음날로부터 늦어도 제5영업일 이내 인수
	일람(sight) 후 → 즉시지급(payment)	일람(sight) 후 → 인수통보(A/A ; Acceptance Advise) → 만기지급(payment)
서류 불일치시 개설은행 조치	지급거절	인수거절
	Refusal of payment	Refusal of acceptance
	5영업일 이내 지급거절	5영업일 이내 인수거절
	만약 5영업일 이내에 조치하지 못하면 거절권리가 상실됨	
환가료 명칭	Periodic interest	Periodic interest
환가료 일수	8일치(서류발송 → 영수)	8일 + usance기간
의미	"At once after sight"의 의미 서류 일람 후 즉시 지급	신용장에 표시된 ××days 만큼 지급을 유예한다는 의미
신용장 표기	42C draft at : at sight	42C draft at : at (××days after) sight or B/L date

Q29 신용장의 조건변경이란 무엇인가요?

신용장의 조건변경(amendment)이란 이미 개설된 신용장의 조건을 어떠한 사정으로 인하여 일부 조건을 변경하는 것을 말하며 신용장의 조건변경은 신용장의 유효기일(expiry date) 내에 이루어져야 한다.

신용장을 통지받은 수출상은 무엇보다도 먼저 매매계약서 내용과 상이함이 없는지를 확인하여야 하며 신용장 내도시 우선 검토사항을 철저히 검토한 후 변경하여야 할 내용이 발견되면 즉시 서면으로 그 내용을 수입상에게 통보하여 변경될 수 있도록 하여야 한다.

1) 수출상의 조건변경의 주요 사유

- 매매계약서 내용과 상이함이 있을 때
- 계약 당시 언급되지 않았던 조항이 있을 때
- 지키지 못할 조건 및 제출 불가능한 서류 요청이 있을 때
- 계약 당시와 변동된 상황이 발생하였을 때
  (원자재 가격 인상으로 인한 단가 인상, 납기 맞추기가 어려울 경우 등)

2) 조건변경의 내용

- 신용장의 선적기일 및 유효기일의 연장
- 신용장 금액의 증감
- 수량, 단가, 총액의 계산 착오
- 매매계약서 내용과 다른 사항
- 지키지 못할 모든 조건(특히 중동지역에 소재하는 은행이 개설한 신용장)

Q30 신용장의 취소란 무엇인가요?

신용장의 취소(cancellation)란 이미 개설된 신용장을 사용하지 않고 취소하는 것을 말한다. 실무적으로 현재 사용하는 신용장은 거의 대부분 취소불능신용장(irrevocable L/C)이다. 취소불능신용장(irrevocable L/C)이란 신용장을 근본적으로 취소할 수 없다는 뜻이 아니다. 신용장 관계 당사자의 동의없이 일방이 신용장을 취소할 수 없다는 의미이다.

신용장은 수익자(beneficiary), 개설은행(issuing bank), 확인신용장의 경우 확인은행(confirming bank)의 동의가 없이는 취소할 수 없다. 그러나 개설된 신용장이 하나도 사용되지 않았다든지, 일부만 사용되었다든지 어떤 경우이든지 간에 관계당사자인 수익자, 개설은행, 확인은행(확인신용장일 경우)의 동의가 있고 개설의뢰인의 요청이 있으면 취소가 가능하다.

Q 31 대금결제 방식별 차이점은 무엇인가요?

결제방식	수출상의 입장	대응방안	수입상의 입장	대응방안
CWO	위험부담 없음		신용상태에 따라 대금회수와 상품 인수가 불가능	선수금 환급보증서 (A/P Bond)를 송금 전에 요청, 수입보험 가입
CAD	수출대금 영수가 보장 안됨	수출보험 가입	선적은 확인되지만 품질 확인은 불가능	선적전 검사 혹은 소량수입
COD	수출대금 영수가 보장 안됨	수출보험 가입	안전함	품질조건을 확실히 합의
O/A	대금영수 및 상품 회수가 보장 안됨	수출보험 가입	가장 유리한 거래	제품 도착시 즉시 검사, 통보
D/P	대금영수가 보장 안됨	수출보험 가입	선적은 확인되지만 품질 확인은 불가능	선적전 검사 혹은 소량수입
D/A	대금영수 및 상품 회수가 보장 안됨	수출보험 가입	유리한 거래이지만 만기일에 지급을 하지 않으면 거래 은행에게 신용을 잃음	제품 도착시 즉시 검사, 통보
L/C	대금영수가 확실	수출보험 가입 UCP와 ISBP 규정에 따른 완벽한 서류작성	제품의 품질을 보장 받을 수 없음	선적전 검사 (PSI)

※ 품질보장 : 수입상이 품질을 보장 받기 위한 방법은 수출상이 제품을 선적하기 전에 제품을 직접 검사하는 방법이다. 이것을 PSI(Pre Shipment Inspection)이라고 한다.

Q 32 대금결제방식별 선호도는 어떻게 되는가?

결제방식	수출상	수입상
CWO	1	7
CAD	4	4
COD	5	3
O/A	7	1
D/P	3	5
D/A	6	2
L/C	2	6

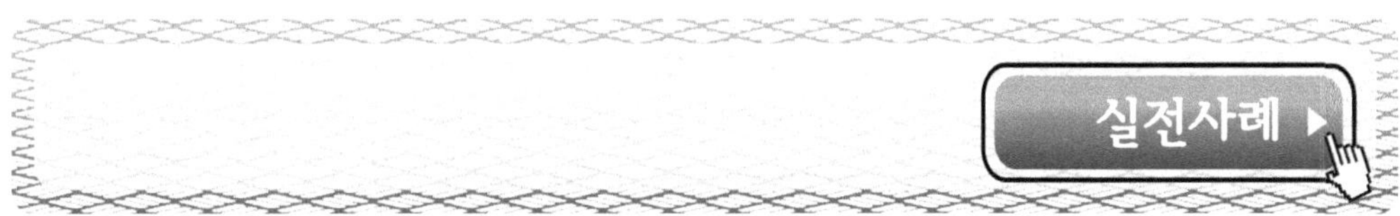

01 당사 buyer가 30% down pay를 하겠다고 합니다. Down pay란 무슨 의미인지요?

= Down Pay란 선수금을 지급하겠다는 의미입니다. 그러므로 30% 선수금에 잔금은 외상거래를 하자는 의미입니다.

02 당사가 buyer에게 T/T 선수금 결제방식을 요구하였는데 buyer가 A/P bond를 발행해 달라고 합니다. A/P bond란 무엇인지요?

= A/P bond란 Advance Payment Bond의 약어로서 선수금 환급보증서를 의미합니다. 매도인이 선수금을 요구하였을 경우 매수인이 향후 선지급할 대금에 대한 위험관리 차원에서 매도인측의 보증서를 요구하는 것입니다.

03 중국 수출상과 T/T 방식으로 수입을 진행키로 합의하였는데 중국 수출상 측에서 주문시 선수금으로 40%, 도착 후 60%를 요구하고 있습니다. 만약 당사에서 선금으로 송금한 40%에 대하여 중국측에서 선적을 이행하지 않은 경우 보상 받을 수 있는 제도가 있는지 궁금합니다. 무역보험공사에서는 수출대금 미회수시에 대한 수출보험은 있으나 수출용 원자재 및 완제품 수입 혹은 국내 판매용 제품인 경우 광물을 제외한 일반상품 수입시 상품대금 선지급 분에 대한 수입보험제도가 없다고 합니다. 이에 대한 대응방안은 무엇입니까?

= 선수금환급보증서 즉, A/P Bond를 요구하는 것이 위험을 방지하는 방법입니다.

04 독일의 바이어로부터 다음과 같은 내용의 거래 제안을 받았습니다. 무슨 의미인지 궁금합니다.

Payment term : net 30days

= O/A 30days와 동일한 의미입니다.

05 T/T 결제방식에서 T/T in advance와 O/A 혹은 T/T in advance와 L/C, L/C at sight와 L/C Usance 등으로 결제방식 및 금액을 mixed로 계약하는 것이 가능하며 일반적으로 이런 방식으로 계약하는 경우가 있는지요?

= Mixed payment로 계약하는 것이 가능하며 이런 경우가 많이 있습니다. 만약 물품을 한번에 선적하는 경우에는 수출신고시 분할영수(부호 : LH)로 신고합니다.

06 중국의 수입상과 결제통화는 U$, 결제방식은 O/A로 수출계약을 체결하였고 수출신고도 U$로 하였습니다. 그런데 중국 업체에서 달러가 아닌 인민폐로 송금 결제하겠다고 합니다. 당사 입장에서는 달러이든 인민폐이든 상관이 없으나, 이렇게 할 경우 관세법 및 외국환거래법상 문제되는 것은 없는지요?

= 관세법 및 외국환거래법상 아무런 문제가 되지 않으며 수출상이 환율만 잘 맞추어 손실만 보지 않으면 됩니다.

07 추심은행(collecting bank)은 신용장의 개설은행처럼 선적서류 검토의무가 있는가?

= 선적서류의 검토의무가 없다.

08 추심을 담당하는 수입국의 추심은행(collecting bank)은 수입상이 대금을 지급하지 않는 경우 그 대금 지급에 책임을 지는가?

= 대금 지급에 책임을지지 않는다.

09 2012년 우리나라의 수입상은 미국의 펄프 수출상 'Paper & Pulp'사와 총 400톤의 펄프를 수입하기로 하고 Irrevocable sight L/C 조건으로 매매계약을 체결하고 신용장을 개설하였다. 그러나 2012년 4월 24일 부산항에 반입된 27개 컨테이너를 모두 확인했지만 있어야 할 펄프는 없었고, 생활쓰레기만 가득 들어 있었다. 신용장의 지급조건이 sight 조건이라서 선적서류에 불일치 사항이 없어 개설은행에서는 이미 대금을 지급한 상태이다.

(1) 개설은행의 대금지급 행위는 정당한 것인가?
신용장은 서류의 거래이므로 개설은행의 대금지급 행위는 정당하다.

(2) 위 사례의 문제점은 무엇이라고 생각하는가?
수입업자가 면밀하게 신용조사도 하지 않은 듯 하며 그 수출업자가 과거에 펄프를 수출한 업체인지 실제로 펄프를 제조하고 있는지 물품은 확보하고 있는지 등의 조사가 미흡했던 것으로 보이며 특히 첫 거래인 경우에는 선적 전 검사를 해 보았어야 했는데 이런 점들이 문제점인 것으로 보인다.

10 상기 건과 관련하여 만약 본 신용장이 usance 조건이었고 본 신용장을 개설한 개설은행이 컨테이너를 열어보기 전에 도착한 선적서류를 인수하고 인수통보(A/A : Advice of Acceptance)를 하였다면 만기에 대금지급을 거절할 수 있는가?

= 은행이 인수통보를 한 후에는 물품의 하자를 이유로 대금지급을 거절할 수 없다.

11 Sight L/C를 개설한 개설은행이 매입은행으로부터 도착한 서류를 검토한 결과 서류에 하자가 없어 개설의뢰인으로부터 대금결제를 받은 후 매입은행으로 신용장 대금을 지급하고, 개설의뢰인(수입상)에게 선적서류를 인도하였다. 서류를 인도받은 수입상이 수입통관 후 물품을 확인해 본 결과 대부분의 물품이 계약물품과 상이한 제품임을 발견하였다. 이때 개설의뢰인(수입상)은 물품의 하자를 이유로 개설은행에게 이미 지급한 신용장 대금을 되돌려 받아 줄 것을 요청할 수 있는가? 또한 개설은행은 매입은행에게 자신이 지급한 대금을 되돌려 달라고 요구할 수 있는가?

= 둘다 불가능하다. 신용장의 독립, 추상성에 의거하여 한번 지급한 대금을 상환청구가 불가능하다.

12 신용장 개설 후 개설의뢰인이 사업악화로 부도처리 되었고, 신용장 취소통지를 해왔다. 이런 경우 수출상이 신용장과 일치하는 서류를 제시하면 개설은행은 대금을 지급해야 하는가?

= 신용장의 조건과 일치하는 서류가 제시되었다면 개설은행은 대금을 지급하여야 한다.

13 수출상은 개설은행으로부터 신용장을 받고 수출보험에 가입한 후 제품을 선적하고 네고를 이행하였다. 매입은행으로부터 선적서류를 접수 한 개설은행은 서류상의 아무런 하자가 없음에도 불구하고 대금을 지급하지 않으면 어떻게 처리해야 하는가?

= 먼저 이행촉구를 해 보고 이럼에도 불구하고 대금이 지급되지 않으면 무역보험공사에 사고보고를 하여 보험금을 신청하여야 한다.

14 신용장거래에서 수익자(beneficiary)는 꼭 nego를 해야 하는가? 아니면 개설은행(issuing bank)로부터 대금이 입금될 때까지 기다릴 수 있는가?

= 신용장은 꼭 네고를 해야하는 것은 아니다. 대금이 입금될 때까지 기다릴 수 있는데 이것을 신용장 추심이라고 한다.

15 신용장거래에서 서류에 하자가 없는 한 개설은행은 물품의 하자 여부와 상관없이 대금을 지급해야 한다면 수입상은 제품 품질을 보장 받지 못할 수도 있다고 생각되는데 이 문제에 대한 대응방안은 무엇이라고 생각 하는가?

= 선적전 검사를 하는 방법이다.

4 Local 거래

Q1 Local거래란 무엇인가요?

Local거래란 수출업체와 국내에 있는 수출용 원자재 혹은 완제품 공급업체간의 거래를 의미하며 이때 수출상이 물품공급업자에게 내국신용장(Local L/C) 혹은 구매확인서를 발행하는 경우의 거래를 Local거래라고 한다. 만약 물품공급자가 수출용 원재료 혹은 완제품을 수출상에게 공급하였다 하더라도 수출상이 공급업자에게 내국신용장(Local L/C) 혹은 구매확인서를 발행해 주지 않았다면 내국간 거래로 간주되며 Local거래라고 하지 않는다. 또한 내국간 거래는 Local거래에 따른 아무런 혜택을 받을 수 없다.

Local거래시 수출업체가 수출용 원자재 혹은 수출용 완제품을 국내에 있는 공급업자 혹은 제조업자로부터 구매할 때 결제하는 방법에는 내국신용장방식과 구매확인서방식 두 가지가 있다.

Q2 내국신용장이란 무엇인가요?

내국신용장(Local L/C)은 개설은행이 수익자(물품공급업체)에 대하여 확실한 지급보증을 하기 때문에 물품공급업체의 입장에서는 구매확인서방식보다 더 유리한 결제방식이다.

내국신용장(Local L/C)이란 수출업체가 수출용 원자재 또는 완제품을 국내에서 구매(위탁가공 포함)할 때 외국환은행이 그 물품대금 지급을 보장하는 지급보증서로써 물품공급자를 수혜자로 공급받는 자를 개설의뢰인으로 하여 발행되는 신용장이다.

내국신용장은 발행은행이 지급보증을 하기 때문에 원칙적으로 담보를 제공하여야 개설이 가능하게 된다. 개설은행이 수입신용장 개설시보다 내국신용장 개설시에 개설의뢰인의 신용도를 보다 철저히 고려하고 보다 확실한 담보를 요구하는 이유는 수입 신용장을 개설한 은행은 선하증권(B/L : Bill of Lading)과 같은 운송서류를 수취하여 화물에 대한 담보권을 행사할 수 있지만 내국신용장의 개설은행은 물품수령증에 대한 소유권을 주장할 수 없기 때문이다.

내국신용장을 개설할 수 있는 근거는 수출상이 직접 수취한 수출신용장이나 수출계약서(D/P, D/A) 외화표시물품공급계약서, 당해 업체의 과거 수출실적 등을 근거로 발급된다.

수출상은 이를 근거로 내국신용장 개설신청서를 자신의 거래은행에 제출하면 개설은행이 수출상과의 약정에 따라서 내국신용장을 개설하게 된다. 수출상은 수입상측으로부터 개설된 신용장 또는 송금, 추심결제방식인 경우, 계약서의 납기일에 맞추어 국내업체로부터 물품을 납품 받은 후 물품인도수령 증명서('인수증'이라 통칭)를 국내물품공급업체에게 발급하게 된다. 수출상은 공급자의 세금계산서 발급일로부터 10일 이내에 '인수증'을 발급하여야 하고 원 신용장 Nego일을 감안하여 날짜를 잘 조절하여 발급해 주어야 한다.

[내국신용장(LOCAL L/C)]

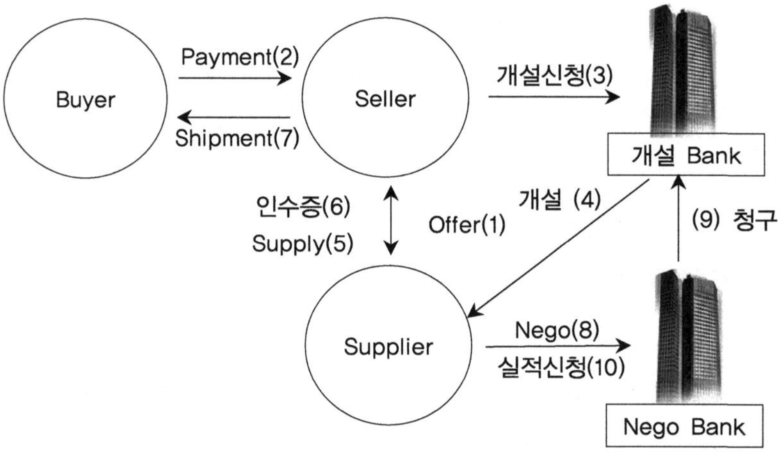

Buyer
Payment(2)
Shipment(7)
Seller
개설신청(3)
개설 Bank
인수증(6)
Supply(5)
Offer(1)
개설 (4)
(9) 청구
Supplier
Nego(8)
실적신청(10)
Nego Bank

※ 상기 Flow는 공급자가 수출자에게 완제품을 공급하고 수입자가 수출자에게 신용장을 개설하였거나 혹은 수출자와 수입자가 선수금 결제를 제외한 기타 결제방식으로 합의를 하고 내국신용장 개설은행이 공급자 앞으로 내국신용장을 개설하였다는 가정임.

[내국신용장 발급절차]

① 공급자(supplier)와 수출자(seller)와의 매매계약 체결
② 수출자와 수입자간의 매매계약에 의거 수입자 측의 신용장 개설
③ 수출자가 개설은행에 내국신용장 개설신청
④ 개설은행이 공급자 앞으로 내국신용장 개설
⑤ 공급자가 수출자에게 계약물품 공급
⑥ 수출자가 공급자에게 물품수령증명서[50] 발급

⑦ 수출자가 수출제품을 선적
⑧ 공급자가 자사의 거래은행에 내국신용장 매입(nego)
⑨ 매입은행이 개설은행에게 내국신용장 대금청구
⑩ 공급자가 매입은행에게 수출실적증명서 발급신청[51)]

Q3 구매확인서란 무엇인가요?

구매확인서란 해외수출을 위한 수출용 물품의 국내조달(원자재, 완제품)을 증명하는 문서이다. 구매확인서는 무역금융한도가 부족하거나 사전송금방식에 의한 수출 등 내국신용장의 개설이 어려운 상황에서 외화획득용 원료 및 완제품 구매를 원활히 하기 위하여 내국신용장에 준하여 발급하여 주는 증서이다.

구매확인서는 대외무역법 및 전자무역 촉진에 관한 법에 의거하여 지식경제부장관이 지정한 외국환 은행장 또는 전자무역기반사업자(KTNET)가 내국신용장에 준하여 위탁발급하는 서류이며 온라인으로 발급된다.

한편, 내국신용장은 은행의 지급보증이 있으나 구매확인서는 은행이 물품대금의 지급을 보증하지 않기 때문에 대금지급 방법 및 결제기간은 당사자간의 계약에서 정하는 바에 따른다.

회사에 따라 다양하지만 예를 들면 선수금 20%, 중도금 50%, 잔금은 공급일 당일 등으로 하거나 선수금 50%에 잔금은 컨테이너를 Door 하기 전날 완불한다는 조건과 같이 다양하다.

구매확인서를 발급할 때는 수출상이 KTNET이나 외국환은행에 신청하면 발급기관이 인터넷으로 공급자에게 발급한다.

구매확인서는 발행자인 KTNET 혹은 외국환은행이 대금의 지급을 보증함이 없이 단지 그 거래가 수출용 물품의 거래임을 확인하는 서류에 불과하다. 이때 대금결제는 물품 공급자와 물품공급을 받는 자는 양 당사자의 계약에 의하여 현금, 수표 혹은 어음으로 결제한다. 이 제도를 활용하는 이유는 구매확인서 없이 단순히 물품공급을 할 경우에는 내국간 거래가 되어 부가가치세 과세대상에 해당되며 공급업체가 수출실적으로 인정을 받을 수도 없다. 반면에 구매확인서를 활용하면 물품공급자는 영세

50) 실무현장에서는 인수증이라고 칭하는데 이것은 물품인도수령증명서의 약어이다.
51) 공급자가 매입은행의 수출실적증명서를 무역협회에 제시하면 무역의 날 수출포상을 받을 수 있음.

율이 적용되어 부가가치세를 영(0)으로 하여 세금계산서를 발급하게 되고 대외무역법상 물품공급업체에게 수출실적으로 인정해 줄 뿐만 아니라 관세환급 등의 혜택을 받게 된다. 결국, 내국신용장이나 구매확인서에 의한 거래를 하지 않을 경우 수출실적으로 인정받지 못하며 부가가치세 영세율 및 관세환급 등의 혜택을 받을 수 없다.

[구매확인서]

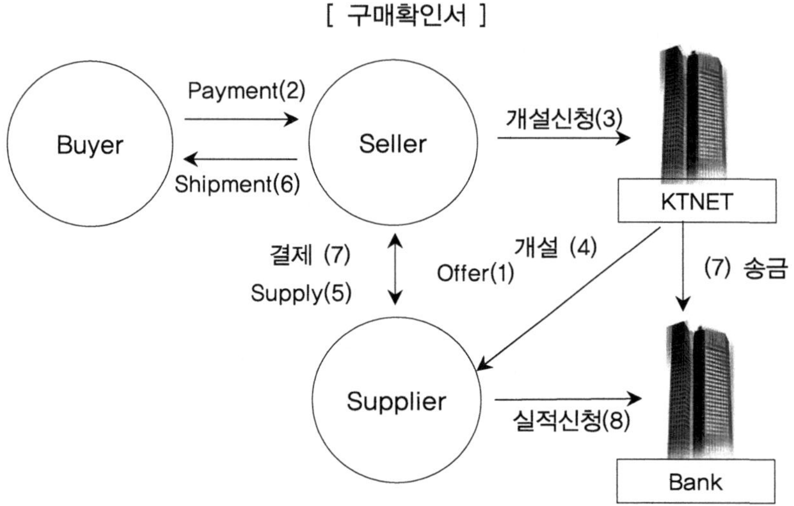

※ 상기 Flow는 공급자가 수출자에게 완제품을 공급하고 수입자가 수출자에게 신용장 및 외상거래를 포함한 기타 결제방식으로 대금을 지급 또는 계약을 하였으나 내국신용장 발급조건에 해당되지 않아 구매확인서를 발급했다는 가정임.

[구매확인서 발급절차]

① 공급자(supplier)와 수출자(seller)와의 매매계약 체결
② 수출자와 수입자간의 매매계약에 의거 수입자측의 신용장 개설
③ 수출자가 KTNET 혹은 거래은행에 구매확인서 개설신청
④ 공급자 앞으로 구매확인서 개설
⑤ 공급자가 수출자에게 계약물품 공급
⑥ 수출자가 수입자에게 물품 선적
⑦ 수출자가 공급자에게 대금지급 대금지급 방식은 자율적으로 정할 수 있다.
(은행을 통한 송금, 어음결제, 수표결제)
⑧ 공급자가 대금 입금은행에게 수출실적증명서 발급신청[52)]

52) 공급자가 매입은행의 수출실적증명서를 무역협회에 제시하면 무역의 날 수출보상을 받을 수 있음.

Q4 내국신용장과 구매확인서의 차이점은 무엇인가요?

내국신용장과 구매확인서의 차이점은 다음과 같다.

구 분	내국신용장	구매확인서
관련법규	무역금융규정	대외무역관리규정
개설(발급)기관	외국환은행	KTNET, 외국환은행
개설비용	일정 개설수수료(은행 자율결정)	수수료 없음
개설조건	신용장기준, 실적기준 융자 한도내	업체가 신청하면 제한 없이 발급 (실적기준 없음)
수출실적 인정	무역금융규정 및 대외무역관리 규정상의 수출실적으로 인정	대외무역관리규정상의 수출실적으로만 인정
무역금융융자	무역금융의 융자 대상임	무역금융의 융자대상이 아님
지급보증	개설은행이 지급보증	당사자 간의 계약으로 발급기관의 지급보증이 없음

Q5 내국신용장과 구매확인서의 공통점은 무엇인가요?

내국신용장과 구매확인서의 공통점은 다음과 같다.

구 분	공통점
거래대상물품	수출용원자재 및 수출용 완제품, 수출용 위탁가공료
수출실적 인정	대외무역관리규정상 공급자의 수출실적 인정(공급자의 혜택)
부가가치세	부가가치세 영세율을 적용(공급받는 자의 혜택)
발급제한	개설차수 제한 없음

5 수출통관

Q1 통관이란 무슨 의미인가요?

통관(通關, custom clearance)이란 관세법의 규정에 따라 관계기관인 세관으로부터 화물 수출입의 허가를 받고 세관을 통과하는 것을 의미한다. 통관(通關, custom clearance)에 대한 관세법상의 의미는 수출·수입 및 반송의 신고수리를 뜻하며, 이는 화물의 이동경로에 따라 수출통관·수입통관 및 반송통관으로 구분된다. 수출통관은 국내에서 외국으로 이동하는 경우의 통관을 의미하고, 수입통관은 물품이 외국에서 국내로 이동하는 경우, 반송통관은 외국물품이 국내로 이동하였다가 외국물품 그대로 다시 외국으로 이동하는 경우의 통관을 말한다.

수출하고자 하는 물품이 대외무역법 및 관계법령 등에 의하여 수출이 가능한 물품인지 여부를 먼저 확인하여야 하며, 대금영수방법에 대하여도 외국환거래법 관계법규에 의거 제약이 없는지 사전 확인할 필요가 있다.

> ⁋ Tip
> **수출, 수입, 반송시 발급되는 관련 서식**
> ▸ 수출통관 : 수출신고필증
> ▸ 수입통관 : 수입신고필증
> ▸ 반송통관 : 반송신고필증(수출입 통계 환산 안됨)
> (1) 반송 : 수출국 → 우리나라(보세구역) → 수출국(거래구분 : 78)
> (2) 중계무역반송 : 물품공급지 → 우리나라 경유 → 제3국으로 수출
> 가. 보세구역(保稅區域) 반입시 세관에 적하목록 제출
> 나. 보세구역(保稅區域) 반입 후 보수작업
> 다. 반송신고(거래구분 : 79) → 반송신고필증 발급
> * 단순히 화물을 환적만 하는 경우에는 적하목록은 제출하지만 반송신고는 하지 않으며 반송신고필증도 발급되지 않는다.

Q2 수출통관 절차는 어떻게 되는가요?

수출하고자 하는 모든 물품은 세관의 수출통관절차를 밟아야 한다. 수출통관절차

라 함은 수출하고자 하는 물품을 세관에 수출신고를 한 후 신고수리를 받아 물품을 우리나라와 외국간을 왕래하는 운송수단에 적재하기까지의 절차를 말한다.

수출통관을 넓은 의미에서 보면 수출신고(P/L) → 화면심사 → 수출신고의 수리 → 수출신고필증발급 → 출항항구 혹은 출발공항 반입 → 외국무역선[53] 혹은 외국무역기[54]에 적재 → 출항까지의 일련의 과정을 의미하며 좁은 의미에서의 수출통관이란 수출신고에서 이러한 신고의 수리까지의 일련의 과정을 의미한다.

수출통관절차는 수출신고자가 서류 없이(P/L : Paperless) 신고내용을 세관에 전송하면 세관에서 컴퓨터상의 신고화면을 확인하고 신고수리를 신고자에게 전산통보해 주는 EDI(Electronic Data Interchange) 및 인터넷(UNI-PASS) 통관제도를 실시하고 있다.

수출하고자 하는 자는 당해 물품을 적재하기 전까지 당해 물품의 소재지 관할세관장에게 수출신고를 하고 수리를 받아야 한다. 수출신고는 EDI(Electronic Data Interchange)방식 및 인터넷(UNI-PASS)으로 하며 수출물품을 간단하고 신속하게 통관하고 있다.

Q3 수출신고는 어느 세관에 하는가요?

수출 또는 반송신고는 수출하고자 하는 물품을 선박 또는 항공기에 적재하기 전까지 당해 물품이 장치된 물품소재지를 관할하는 세관에 하여야 한다. 다만, 다음의 경우는 예외가 인정된다.

① 선상수출신고 : 당해 물품을 적재한 선박의 입항지 관할세관장에게 신고
② 현지수출 어패류 : 운반선의 출항허가를 받은 세관장에게 신고
③ 원양수산물 : 한국원양어업협회를 경유하여 서울세관장에게 신고

수출신고에 있어 수출하고자 하는 물품이 장치될 수 있는 장소에 대한 제한은 두고 있지 않다. 그러므로 제조공장의 최종검사 장소에 포장을 완료한 물품을 둔 상태에서도 수출신고를 할 수 있다. 그러나 반송신고는 당해 물품이 관세법에 규정된 장치장소 즉, 보세구역이나 보세구역외 장치허가를 받은 장소에 장치된 후에 가능하다.

53) 무역을 위하여 우리나라와 외국간을 운항하는 선박을 말한다.
54) 무역을 위하여 우리나라와 외국간을 운항하는 항공기를 말한다.

Q4 수출신고는 누가 하는가요?

수출신고는 수출물품의 소유자(화주), 수출대행자 혹은 수출입통관을 전문으로 하는 국가공인자격인(관세사, 통관취급법인 또는 관세사법인)이 전자자료교환방식에 의한 수출통관 EDI 시스템(혹은 인터넷 UNI-PASS)을 사용하여 전자문서로 수출신고서를 작성하여 관세청 통관시스템에 전송하면 된다. 전송한 수출신고 내용에 대하여 전산으로 오류사항을 통보 받거나 신고내용을 정정하고자 하는 경우에는 신고번호가 부여되기 전까지는 수정한 내용을 포함한 신고자료를 당초의 제출번호에 의하여 다시 전송하면 되고, 신고번호가 부여된 후에 정정사항이 발생한 경우에는 수출신고 정정승인 신청서를 작성하여 신고한 세관장에게 제출하면 된다.

Q5 수출신고서는 어떻게 작성하는가요?

수출신고서는 상업송장 또는 포장명세서 등을 근거로 작성하되 신고시점에 제시된 현품과 동일하여야 한다. 수출신고는 관세청에서 정한 신고서 양식에 수출신고서 작성요령에 따라 작성하여야 한다. 또한 남북교역물품통관 관리에 관한 고시 및 반송절차에 관한 고시의 규정에 의하여 북한으로 반출(반송)하는 물품의 신고시에도 동일하다. 수출신고서 작성시 유의사항은 다음과 같다.

① 수출신고서는 상업송장, 포장명세서 등을 근거로 작성한다.

② 품목번호 또는 품목별로 별도의 『란』으로 구분하여 기재하고, 동일 『란』 안에는 모델 · 규격별로 "모델·규격, 성분, 상표명, 수량, 단가, 금액"을 최대 50행까지 상세히 기재하여야 한다. 모델·규격이 최대 50행을 초과하는 경우에는 수출신고서의 '송품장부호'란에 반드시 해당 송품장부호를 기재하여야 한다.

③ 다수의 품목으로 신고서 1매를 초과할 경우에는 '을지'를 사용할 수 있으며 이때 신고서의 우측 상단에 '을지'라 표시한다.

④ 자동차, 전자제품, 기계류, 섬유류 등 주요품목에 부수하여 수출되는 품목으로서 금액이 적고 종류가 다양하며 관세환급 또는 무역통계 작성에 지장이 없는 것으로서 품목별로 각각 별도의 『란』을 구분하여 기재하는 것이 비능률적이라고 판단되는 경우에는 여러 가지 부수되는 품목 중에서 무역통계상 별 의미가 없는 품목은 일괄하여 한 『란』에 기재할 수 있다. 이 경우에는 수출신고서의

'송품장부호'란에 반드시 해당 송품장부호를 기재하여야 한다.

⑤ 원·부자재와 자동차·전자제품 등의 주요 부품(A/S 목적 등) 및 해외 현지조립 방식(Knock Down방식) 수출물품으로 종류가 다양하며 관세환급 또는 무역통계 작성에 지장이 없는 경우 일괄하여 한 『란』에 기재할 수 있다. 이 경우에는 수출신고서의 '송품장부호'란에 반드시 해당 송품장부호를 기재하여야 한다.

⑥ 비환급대상 물품의 경우에는 품목별로 『란』을 구분하여 기재하되 모델·규격 구분없이 일괄하여 기재할 수 있다. 이 경우에는 수출신고서의 '송품장부호'란에 반드시 해당 송품장부호를 기재하여야 한다.

⑦ 결제금액에 운임, 보험료 등이 포함된 경우에는 그 운임·보험료 등을 수출자(제조자)가 구분하여야 하며 관세사 등 신고인은 그 적정성을 심사하여 신고하여야 한다.

수 출 신 고 필 증

(갑 지)

※ 처리기간 : 즉시

①제출번호 40650-05-0202389	⑤신고번호	⑥신고일자	⑦신고구분 H	⑧C/S구분
신 고 자 대한관세법인 김대한	040-15-12-0000100	2016/01/15	일반P/L신고	A

②수출대행자	㈜ 한국무역	⑨거래구분 11	⑩종류 A	⑪결제방법 TT
(통관고유부호)	수출자 구분 C	일반형태	일반수출	단순송금방식
수출화주	㈜ 한국무역	⑫목적국 FR	⑬적재항 ICN	⑭선박회사
(통관고유부호)		FRANCE	인천공항	(항공사)
(주소)	서울시 강남구 삼성동 000	⑮선박명(항공편)	⑯출항예정일자	⑰적재예정보세구역
(대표자)	김무역 (소재지) 135	⑱운송형태 40 ETC		⑲검사희망일 2016/01/15
(사업자등록번호)	000-00-00000	⑳물품소재지 400 인천광역시 중구 운서동 스카이웨이 (040)		
③제 조 자	주식회사 씨씨티비	㉑L/C번호		㉒물품상태 N
(통관고유번호)	씨씨-1-70-1-01-0			
제조장소	157 산업단지부호 999	㉓사전임시개청통보여부 A		㉔반송사유
④구 매 자	XXXXXX	㉕환급신청인 2 (1 : 수출대행자/수출화주, 2 : 제조자)		
(구매자부호)	FRSOCIET 00006C	자동간이정액환급 NO		

• 품명 • 규격 (란번호/총란수 : 001/001)

㉖품명	CCTV CAMERA	㉘상표명 CCK
㉗거래품명	CCTV CAMERA	

㉙모델 • 규격	㉚성분	㉛수량	㉜단가(USD)	㉝금액(USD)
8907-0012 CCK-15T		1,000 EA	38	38,000

㉞세번부호	8525.80-1020	㉟순중량	570(KG)	㊱수량	1,000EA	㊲신고가격 (FOB)	$38,000 43,401,700
㊳송품장번호		㊴수입신고번호		㊵원산지 KR-A-G		㊶포장갯수(종류)	10(CT)
㊷수출요건확인 (발급서류명)							

㊸총중량		㊹총포장갯수	10(CT)	㊺총신고가격 (FOB)	$38,000 ₩43,401,700
㊻운임( )	1,900,000	㊼보험료( )	100,000	㊽결제금액	CIP – USD – 40,000
㊾수입화물관리번호			㊿컨테이너번호		N

※신고인기재란	㊿①세관기재란
선적기간 : 2016-01-15 – 2016-02-14 USD 1,000.00	

㊿②운송(신고)인 ㊿③기간 부터 까지	㊿④적재의무기한	2016/02/14	㊿⑤담당자	한세관	㊿⑥신고수리일자	2016/01/15

Page : 1/1

(1) 수출신고수리일로부터 30일 이내에 적재하지 아니한 때에는 수출신고수리가 취소됨과 아울러 과태료가 부과될 수 있으므로 적재사실을 확인하시기 바랍니다.(관세법 제251조, 제277조) 또한 휴대탁송 반출시에는 반드시 출국심사(부두, 초소, 공항) 세관공무원에게 제시하여 확인을 받으시기 바랍니다.

(2) 수출신고필증의 진위여부는 관세청인터넷포탈에 조회하여 확인하시기 바랍니다.(http://portal.customs.go.kr)

수 출 신 고 필 증

항 목	주 요 내 용
① 신고자	세관에 수출신고를 하는 자 이 신고필증은 수출자가 관세사에게 신고를 대행하였음.
② 수출대행자	화주와 동일하면 화주가 수출자가 되며 화주와 다른 자의 명으로 기재되어 있다면 화주가 다른 회사에 수출대행을 의뢰한 것이다. 이 신고필증은 수출대행자가 화주와 동일인이기 때문에 타 회사에 수출대행을 의뢰하지 않았다. 이 신고필증을 얼핏 보면 수출대행을 의뢰한 것처럼 보이나 대행을 의뢰한 것이 아니다. 필자 개인적으로는 수출신고필증 서식이 "수출대행자"라고 기재하지 말고 "수출(대행)자"라고 기재되었으면 무역인들이 더 이해가 잘 되리라고 생각된다.
③ 수출화주	계약의 당사자이다. 외국의 구매자(BUYER)와 매매계약을 체결하고 대금을 영수하고 물품을 선적한 자이다.
⑨ 거래구분	수출신고에서 이 부분이 가장 중요하다. 거래 구분을 명확하게 신고해 주어야 우리나라의 무역통계도 정확하게 환산되며 수출자의 실제 거래관계도 명확하게 세관에 신고되게 된다.
⑪ 결제방법	수출자가 실질적으로 결제받은(사후방식의 경우 결제 받을) 방법을 선택하여야 한다.
㊺ 총신고가격	수출통계 목적을 위하여 FOB 가격기준으로 신고해야 한다. 실질적으로 계약한 Incoterms 조건의 금액을 기재하지 않고 FOB 가격으로 환산하여 신고하여야 한다. 수출실적 인정금액은 FOB 가격기준이다.
㊻ 운임	해상운임이 포함된 조건으로 계약한 경우 원화로 운임을 기재한다.
㊼ 보험료	적하보험료가 포함된 조건으로 계약한 경우 원화로 보험료를 기재한다.
㊽ 결제금액	해외 수입자와 실질적으로 계약한 Incoterms 조건과 총 계약금액을 기재한다.

[수출신고서 세부작성 요령]

항목	부호(관리번호)	작성요령
① 신고자		○ 신고자 상호와 대표자 성명을 기재 - 관세사의 경우 : 신고자 상호, 관세사성명 기재 - 자가 통관의 경우 : 신고자 상호, 대표자성명 기재 - 기타의 경우 : 성명 기재 ※ 다만, 화주(당해 수출물품의 소유자) 또는 완제품 공급자 직접신고로서 관세사 명의로 수출신고하는 경우에는 oo회사 관세사 ooo으로 기재
② 수출대행자		○ 수출자 또는 수출대행의 경우, 수출대행자의 상호 또는 성명을 기재 ooo외 o명으로 신고할 수 없으므로 수출대행자별로 분리하여 신고
	통관고유부호	○ 수출자(혹은 대행자)의 통관고유부호를 기재 - 관세청장(세관장)이 지정한 통관고유 부호를 기재 ○ 사업자단위 과세 적용사업자의 경우 국세청에서 부여하는 해당사업장 일련번호(본사 : 0000, 지사 : 0001 ~, 지사는 해당 번호 기입)
	수출자 구분	
	A	수출대행자가 제조자와 동일한 경우
	B	수출대행자가 수출대행만을 하는 경우
	C	수출대행자가 완제품공급을 받아 수출한 경우
	D	수출화주와 제조자가 본·지사 관계인 경우
② 수출화주		○ 수출화주의 상호를 기재
	통관고유부호	○ 수출화주의 통관고유부호를 기재
	사업자 등록번호	○ 수출화주의 사업자등록번호를 기재 ※ 사업자등록번호가 없는 개인의 경우 주민등록번호 또는 여권번호(외국인의 경우)를 기재. 외국인의 경우에는 반드시 여권번호 앞자리에 'F'를 기재하고 13자(F 포함) 이내로 기재

항목	부호(관리번호)	작성요령
③ 제조자		○ 수출물품을 제조 가공한 자의 상호를 기재
	통관고유부호	○ 관세청장이 지정한 통관고유번호를 기재 ※ 수입물품, 반송물품, 제조자를 알 수 없는 시중 구매물품, 제조자 다수 등으로 제조자 기재가 불가능한 경우에는 제조자 상호를 '미상'으로 하고 통관고유부호는 "제조미상 9999000"으로 기재
	제조장소	○ 수출물품 제조장소(공장)의 우편번호 앞 3자리 번호를 기재. 다만, 제조자가 미상인 경우에는 수출화주 소재지 우편번호 앞 3자리 기재
	산업단지부호	○ 수출물품 제조장소의 산업단지부호 기재 - 산업단지가 아닌 경우 '999' 기재
④ 구매자		○ 상업송장(Invoice)상에 명시된 외국의 구매회사 이름을 영문으로 기재
	구매자부호	○ 관세청에서 부여하는 해외거래처 부호를 기재 - 등록된 해외거래처 부호가 없는 경우에는 관세청(세관장)에서 부여받아 기재
⑤ 신고번호		○ 통관지 세관부호 및 과부호, 년도를 기재 ※ 주요 세관부호 010 : 서울세관, 040 : 인천공항세관 030 : 부산세관, 020 : 인천세관 120 : 대구세관, 071 : 광주세관
⑥ 신고일자		○ 신고자가 신고서를 접수하고자 하는 날짜를 YYYY/MM/DD(연월일)로 기재
⑦ 신고구분	신고구분 부호	○ P/L, 서류제출, 반송 등 해당 코드를 기재
	H	Paperless(P/L) 수출신고
	J	관세법 규정에 의한 세관장확인대상물품
	L	출항 후 수출신고
	M	반송신고(중계무역 포함)
	O	기타
	S	송품장에 의한 간이통관 수출신고

<table>
<tr><th>항목</th><th>부호(관리번호)</th><th colspan="2">작성요령</th></tr>
<tr><td>⑧ C/S 구분</td><td></td><td colspan="2">○ 세관기재 란으로 기재 생략
- C/S에 의한 검사생략, C/S에 의한 검사대상, 검사대상 변경으로 구분된다.</td></tr>
<tr><td rowspan="26">⑨ 거래구분</td><td></td><td colspan="2">○ 해당코드를 기재</td></tr>
<tr><td>번호</td><td>거래내용</td><td>수출실적</td></tr>
<tr><td>11</td><td>일반형태 수출</td><td></td></tr>
<tr><td>15</td><td>전자상거래에 의한 수출</td><td></td></tr>
<tr><td>21</td><td>외국인 투자업체가 수탁 받아 가공 후 수출</td><td></td></tr>
<tr><td>22</td><td>기타 일반업체가 수탁 받아 가공 후 수출</td><td></td></tr>
<tr><td>29</td><td>위탁가공(국외가공)을 위한 원자재 수출</td><td></td></tr>
<tr><td>31</td><td>위탁판매를 위한 물품의 수출</td><td></td></tr>
<tr><td>32</td><td>연계무역에 의한 물품의 수출</td><td></td></tr>
<tr><td>33</td><td>임대방식에 의한 수출(소유권이전조건)</td><td></td></tr>
<tr><td>39</td><td>임대방식에 의한 수출(소유권불이전조건)</td><td>×</td></tr>
<tr><td>40</td><td>임차방식 수입 후 다시 수출되는 물품</td><td>×</td></tr>
<tr><td>61</td><td>해외투자수출(현물투자 포함)</td><td></td></tr>
<tr><td>69</td><td>산업설비</td><td></td></tr>
<tr><td>72</td><td>외국물품을 수입통관 후 원상태로 수출</td><td></td></tr>
<tr><td>78</td><td>보세구역 반입된 물품 다시 반송 신고</td><td>×</td></tr>
<tr><td>79</td><td>중계무역수출(보세구역 반입 후 수출)</td><td>×</td></tr>
<tr><td>83</td><td>외국에서 수리, 검사받을 목적으로 반출</td><td>×</td></tr>
<tr><td>84</td><td>외국물품을 국내에서 수리, 검사 후 반출</td><td>×</td></tr>
<tr><td>85</td><td>전시회, 박람회 등에 참가하는 무상 반출</td><td>×</td></tr>
<tr><td>89</td><td>수출물품이 수리, 보수작업 후 다시 반출</td><td>×</td></tr>
<tr><td>90</td><td>수출된 물품의 대체품, 누락, 부족분 수출</td><td></td></tr>
<tr><td>92</td><td>무상으로 반출하는 견본 및 광고용품</td><td></td></tr>
<tr><td>93</td><td>수입된 물품이 계약내용과 상이하여 반출</td><td></td></tr>
<tr><td>94</td><td>기타 수출승인 면제품목</td><td></td></tr>
<tr><td colspan="3">※ 오른쪽 수출실적 란의 ×표는 수출실적으로 인정되지 않는다.</td></tr>
</table>

항목	부호(관리번호)	작성요령
⑩ 종류	종류별 분류	○ 해당코드를 기재
	A	일반수출
	B	보세공장으로부터 수출
	C	관세자유지역으로부터 수출
	D	자유무역지역으로부터 수출
	E	종합보세구역으로부터 수출
	F	공해상에서 체포한 수산품의 현지수출
	P	우편수출
	L	선상수출신고
⑪ 결제방법	결제방법 부호	○ 해당 코드를 기재
	TT	단순송금방식(선수금송금방식, CWO)
	CD	동시(COD, CAD) 또는 사후송금방식(O/A)
	LS	일람출급 신용장(L/C)
	LU	기한부 신용장(L/C)
	DP	Documents against Payment
	DA	Documents against Acceptance
	LH	분할영수(지급) 방식
	PT	임가공지급방식의 위(수)탁 가공무역
	WK	상호계산방식(netting)
	GO	기타 유상(위탁판매 포함)
	GN	무상거래
⑫ 목적국		○ 수출물품의 최종 도착국가의 약어 기재 ○ 해당 ISO 국가코드를 기재 – 프랑스(France) : FR
⑬ 적재항		○ 수출물품이 적재되는 항구·공항명 기재 – 인천공항 : ICN, 부산항 : PUS
⑭ 선박회사		○ 관세청에 등록된 선박회사 또는 항공사 코드 기재 – KE, OZ, HJSC

항목	부호(관리번호)	작성요령
⑮ 선박명(항공편)		○ 선박의 선명(23자리 이내의 영문명칭) ○ 항공기의 편명
⑰ 적재예정 보세구역		○ 적재를 위한 장치장소의 보세구역 코드를 기재 * 보세구역이 아닌 장소에 장치한 경우 "세관부호 + 99999"를 기재
⑱ 운송형태		○ 운송수단 코드를 기재 ○ 운송용기 코드를 기재
	운송수단 번호	종　류
	10	Maritime(선박에 의한 운송)
	40	Air(항공기에 의한 운송)
	50	Mail(우편물 운송)
	60	Multimodal(복합운송)
	70	Fixed transport installations(고정운송설비)
	90	기타
	운송용기 번호	종　류
	BU	Bulk(벌크)
	FC	FCL container
	LC	LCL container
	MPA	Movable panel(이동식 판)
	PA	Pallet
	RO	Rope(줄)
	UL	ULD(Unit Load Device)
	ETC	ETC(기타)
⑳ 물품소재지		○ 수출물품이 장치되어 있는 소재지 명칭을 먼저 기재하고 그 다음에 주소를 기재 * 주요 소재지 부호는 다음과 같다. 100 : 서울특별시 중구, 200 : 강원도 춘천시 300 : 대전광역시 동구, 400 : 인천광역시 중구 500 : 광주광역시 북구, 600 : 부산광역시 중구

항목	부호(관리번호)	작성요령
㉒ 물품상태		○ 수출물품이 신품인지 중고품인지 기재(신품과 중고품이 동시에 신고된 경우 주요 물품의 상태기준으로 기재) - 신품 : N, 중고품 : O
㉓ 사전임시개청 통보 여부		○ 야간 또는 공휴일에 신고서를 전송하는 경우 사전에 임시개청을 통보한 신고서인지 아닌지 여부를 기재 - 임시개청 미통보(임시개청대상 아님) : A - 임시개청 기통보(임시개청대상임) : B
㉔ 반송사유		○ 「반송절차에 관한 고시」의 규정에 의한 반송물품의 경우에는 반송사유부호를 기재
㉕ 환급신청인		○ 수출물품이 환급대상인 경우, 환급신청인을 해당하는 번호로 기재 - 수출대행자, 수출화주 : 1, 제조자 : 2
	간이환급	○ 수출신고에 의한 자동 간이정액환급 신청 여부를 기재 - 자동 간이정액환급 신청 : AD - 미신청 : NO
㉖ 품명		○ 당해 물품을 나타내는 관세율표상의 품명을 영문으로 기재
㉗ 거래품명		○ 실제 상거래시 상업송품장 등 무역서류에 기재하는 품명을 기재 ○ 영어 이외의 외국어는 단순히 발음을 영자로 표기
㉘ 상표명		○ 상표가 있는 경우 실제 사용하는 하나의 상표명을 기재 ○ 상표가 없는 경우 'NO'를 기재
㉚ 성분		○ 품목분류, 관세법 규정에 의한 세관장확인대상물품, 관세환급심사에 영향을 미치는 성분 및 함량을 기재 - 농산물 혼합물 및 실물, 직물의 경우에는 성분 및 함량을 모두 기재
㉞ 세번부호		○ 관세율표에 기재된 세번을 10단위까지 기재

항목	부호(관리번호)	작성요령
㊲ 신고가격		○ FOB 기준의 원화 가격을 원단위까지 기재 - 상업송장상 가격조건이 FOB조건이 아닌 경우 FOB가격으로 산정하여 기재(가격조건이 CIF인 경우 운임, 보험료를 공제한 금액) - 우리나라 선박, 항공기를 외국에서 수리 후 반입하기 위하여 수출하는 경우에는 '0' 기재
㊴ 수입신고번호		○ 재수출조건부 수입물품의 수출신고시 기재 - 해당 수입신고건의 란번호 기재
㊵ 원산지 - 원산국 - 결정방법 - 표시여부		○ 수출물품의 원산지를 기재 ○ 원산지 결정방법 코드 - A : 완전생산기준 - B : 부가가치기준(직접생산비기준) - C : 부가가치기준(타국원재료비공제기준) - D : 가공공정기준 - 2 : 세번변경기준(HS 2단위) - 4 : 세번변경기준(HS 4단위) - 6 : 세번변경기준(HS 6단위) - 8 : 세번변경기준(HS 6단위에서 세분) ○ 원산지 표시 여부를 기재 - E : (미표시) 원산지표시 면제대상 - N : (미표시) 원산지표시대상 - S : (미표시) 원산지표시대상품목 아님 - B : (원산지 표시) 포장에만 - Y : (원산지표시) 현품 및 포장에 - G : (원산지표시) 현품에만 ※ KR - A - G KR : 원산지(한국), A : 완전생산기준 G : (원산지표시) 현품에만

<table>
<tr><th>항목</th><th>부호(관리번호)</th><th>작성요령</th></tr>
<tr><td rowspan="2">㊷ 수출요건확인</td><td></td><td>○ 수출요건 확인 일련번호를 기재
○ 수출요건별 구분코드를 기재
- A : 수출승인서
- B : 수출추천서
- C : 검사증
- D : 검역증
- E : 전략물자수출허가서 또는 상황허가서</td></tr>
<tr><td></td><td>○ 타 법령에 의한 수출요건확인서의 허가 및 승인 번호</td></tr>
<tr><td>㊺ 총신고가격</td><td></td><td>○ 원화 : 수출신고가격의 합계를 원단위까지 기재 (원단위 이하는 절사)
○ 미화 : 총신고가격을 미화($)로 환산하여 기재 ($ 이하는 반올림)</td></tr>
<tr><td>㊻ 운임</td><td></td><td>○ 결제금액에 운임이 포함된 경우 운임을 원화로 기재</td></tr>
<tr><td>㊼ 보험료</td><td></td><td>○ 결제금액에 보험료가 포함된 경우 보험료를 원화로 기재</td></tr>
<tr><td>㊽ 결제금액</td><td></td><td>○ 상업송장의 내용을 근거로 하여 가격조건, 통화종류, 금액(실제결제금액)으로 기재</td></tr>
<tr><td>㊾ 수입화물 관리번호</td><td></td><td>○ 반송절차에 관한 고시의 규정에 의한 반송물품의 경우에 당해 수입화물관리 번호를 기재
○ 전량, 분할, 여러 건 반송 등이 구분 기재
- A : 화물전량을 반송
- B : 화물을 분할하여 반송
- C : 여러 건의 화물을 동시에 반송</td></tr>
<tr><td>㊿ 컨테이너 번호</td><td></td><td>○ 컨테이너 적입 및 컨테이너번호 확인 여부
- ‘Y’ 또는 ‘N’으로 기재
※ 해상으로 수출 예정인 컨테이너화물에 한함</td></tr>
<tr><td>56 신고수리일자</td><td></td><td>○ 세관에서 신고수리한 일자가 기재되므로 신고 시 기재할 필요 없음</td></tr>
</table>

※ 위에서 설명한 수출신고서 세부작성 요령은 주요한 내용만을 선별하여 설명하였음.

Q6 반송이란 무슨 의미인가요?

'반송'이란 외국물품(수출신고 수리물품 제외)을 외국으로 반출하는 것을 말한다.

1) 단순반송물품

'단순반송물품'이라 함은 외국으로부터 보세구역에 반입된 물품으로서 다음의 어느 하나의 사유로 수입신고를 하지 아니한 상태에서 다시 외국으로 반출되는 물품을 말한다.

① 주문이 취소되었거나 잘못 반입된 물품
② 수입신고 전에 계약상이가 확인된 물품
③ 수입신고 전 수입요건 미구비가 확인된 물품
④ 선사(항공사)가 외국으로 반출하는 선(기)용품 또는 선(기)내 판매용품
⑤ 그 밖의 사유로 반출하는 물품

2) 통관보류물품

'통관보류물품'이라 함은 외국으로부터 보세구역에 반입된 물품으로서 수입하고자 수입신고를 하였으나 수입신고 수리요건 등을 갖추지 못하여 통관이 보류된 물품을 말한다.

3) 위탁가공물품

'위탁가공물품'이라 함은 해외에서 위탁가공 후 보세구역에 반입된 물품으로서 외국으로 반출될 물품을 말한다.

4) 중계무역물품

'중계무역물품'이라 함은 대외무역법령에 의하여 수출할 것을 목적으로 보세구역에 반입하여 외국으로 반출하는 물품을 말한다.

5) 보세창고 반입물품

'보세창고 반입물품'이라 함은 외국으로부터 보세창고에 반입된 물품으로서 국내 수입화주의 결정지연 등으로 수입하지 아니한 상태에서 다시 외국으로 반출될 물품을 말한다.

반 송 신 고 필 증

(갑 지)

※ 처리기간 : 즉시

제출번호 40650-11-1200100	⑤신고번호	⑥신고일자	⑦신고구분 H	⑧C/S구분
①신 고 자 대한관세사 법인 김대한	040-15-11-0000200	2016/12/29	반송,중계신고	P

②수출대행자 ㈜ 대한무역 (통관고유부호) 수출자 구분 C	⑨거래구분 79 보세물품반송	⑩종류 A 일반수출	⑪결제방법 TT 단순송금방식
수출화주 ㈜ 대한무역 (통관고유부호)	⑫목적국 US U.S.A	⑬적재항 ICN 인천공항	⑭선박회사 (항공사)
(주소) 서울시 서초구 방배4동 900	⑮선박명(항공편)	⑯출항예정일자	⑰적재예정보세구역
(대표자) 김대한 (소재지) 137 (사업자등록번호) 000-00-00000	⑱운송형태 40 ETC	⑲검사희망일 2016/12/29	
	⑳물품소재지 400 인천광역시 중구 대한통운 04075003		

③제 조 자	미상	㉑L/C번호	㉒물품상태 N
(통관고유번호)	제조미상 9-99-9-00-0	㉓사전임시개청통보여부 A	㉔반송사유 40
제조장소	100 산업단지부호 999		
④구 매 자	USA HF Enterprise	㉕환급신청인 (1 : 수출대행자/수출화주, 2 : 제조자)	
(구매자부호)	USAHFEN100200	자동간이정액환급 NO	

·품명 ·규격 (란번호/총란수 : 001/001)

㉖품명	HEALTH FOOD	㉘상표명
㉗거래품명	HEALTH FOOD	

㉙모델 · 규격	㉚성분	㉛수량	㉜단가(USD)	㉝금액(USD)

㉞세번부호	21095 90-9099	㉟순중량		㊱수량		㊲신고가격(FOB)	
㊳송품장번호		㊴수입신고번호		㊵원산지 CN		㊶포장갯수(종류)	
㊷수출요건확인 (발급서류명)							

㊸총중량		㊹총포장갯수	10(CT)	㊺총신고가격 (FOB)	$00,000 00,000,000
㊻운임( )	000,000	㊼보험료( )		㊽결제금액	CFR – USD – 00,000
㊾수입화물관리번호	110ZOGSB 1150809087	㊿컨테이너번호			N

※신고인기재란	⑤①세관기재란
B/L NO. 9911000190 대한통운	– 동 물품의 운송을 위해서는 보세운송 신고를 하여야 합니다.

⑤②운송(신고)인 ⑤③기간 부터 까지	⑤④적재의무기한	2016/12/29	⑤⑤담당자	한세관	⑤⑥신고수리일자	2016/12/29

Page : 1/1

(1) 수출신고수리일로부터 30일 이내에 적재하지 아니한 때에는 수출신고수리가 취소됨과 아울러 과태료가 부과될 수 있으므로 적재사실을 확인하시기 바랍니다(관세법 제251조, 제277조). 또한 휴대탁송 반출시에는 반드시 출국심사(부두, 초소, 공항) 세관공무원에게 제시하여 확인을 받으시기 바랍니다.

(2) 수출신고필증의 진위 여부는 관세청인터넷포탈에 조회하여 확인하시기 바랍니다.(http://portal.customs.go.kr)

[반송신고서 세부작성 요령]

항목	부호(관리번호)	작성요령
⑨ 거래구분	78	보세구역 반입된 물품 다시 반송 신고
	79	중계무역수출(보세구역 반입 후 수출)
		※ 수출신고시 거래구분(⑨)에 78이나 79로 신고하는 경우에는 반송신고필증이 발급된다.
㉔ 반송사유	부호	○ 수출반송사유를 기재
		단순반송수출(부호 11 - 15)
	11	주문이 취소되었거나 잘못 반입된 물품
	12	수입신고 전에 계약상이가 확인된 물품
	13	수입신고 전 수입요건 미구비가 확인된 물품
	14	선사(항공사)가 외국으로 반출하는 선(기)용품 또는 선(기)내 판매용품
	15	기타 사유로 반송하는 물품
	20	통관보류물품의 반송
	30	위탁가공하여 보세구역에 반입된 물품의 반송
	40	중계무역물품의 반송
	50	보세창고반입물품의 반송
	60	장기비축원재료 및 수출물품 사후보수용품
	70	보세전시장물품 반송
	80	보세판매장물품 반송
	90	수출조건부 미군불하물품 반송

※ 다른 항목은 수출신고서 세부작성 요령과 동일함.

※ 중계무역수출의 경우 신고요령 : 수출신고서의 거래구분(⑨)은 79번으로 반송사유(㉔)는 40번으로 신고한다.

※ 중계무역수출을 제외한 기타 반송의 경우 신고요령 : 수출신고서의 거래구분(⑨)은 78번으로 반송사유(㉔)는 40번을 제외한 사유에 해당하는 번호를 신고한다.

Q7 관세환급이란 무엇인가요?

관세환급이란 세관에 이미 납부한 관세, 가산금, 가산세, 체납처분비를 일정한 사유로 인하여 다시 되돌려 주는 것을 말한다.

[환급의 유형]

환급의 유형	관세법	① 과오납금의 환급 ② 계약내용과 상이한 물품에 대한 관세환급(위약환급) ③ 지정보세구역 장치물품의 멸실, 손상으로 인한 관세 환급
	환급 특례법	① 개별환급 → 수출 진흥 차원 ② 간이정액환급 → 국산원자재 장려, 중소기업육성 차원

Q8 관세법상 환급이란 무엇인가요?

관세법상 관세환급에는 과오납금의 환급, 계약내용과 상이한 물품에 대한 관세환급, 지정보세구역 장치물품의 멸실, 손상으로 인한 관세 환급, 종합보세구역내 판매물품에 대한 관세환급 등이 있다. 관세법상 관세환급을 하는 경우에는 수입통관 단계에서 관세와 함께 부과하였던 부가가치세도 함께 환급한다는 점(부가가치세 신고에 의하여 환급을 받은 경우는 예외)이 환급특례법상 관세환급과 다르다.

1) 과오납금 환급

과오납금이란 착오에 의하여 세액을 과다 납부하였거나 납부하지 아니하여야 할 세액을 납부한 금액을 말하며 납세자는 이를 반환하도록 국가에 청구할 권리가 있다. 환급받을 수 있는 과오납금은 다른 납세의무에 충당할 수 있고, 환급청구권은 제3자에게 양도할 수 있다.

2) 계약내용과 상이한 물품에 대한 환급(위약환급)

위약물품이란 무역계약에서 약정한 물품과 실제 국내에 반입된 물품이 상이하여 수입자가 클레임을 제기하고, 그 결과에 따라 당해 물품을 외국으로 반출하거나 국내에서 폐기하기로 한 경우 그 물품을 말한다. 수입통관 후 현품을 확인한 결과 반입된 물품의 품질이 계약내용과 상이한 경우, 이를 외국으로 반출한 후 그 물품의 수입시 납부하였던 관세에 대하여 환급을 신청할 수 있다.

3) 지정보세구역 장치물품의 멸실, 손상으로 인한 관세의 환급

수입신고가 수리된 물품이 그 수리 후 계속 지정보세구역에 장치되어 있는 중에 재해로 인하여 멸실되거나 변질 또는 손상으로 인하여 그 가치가 감소된 때에는 그 관세의 전부 또는 일부를 환급할 수 있다.

Q9 환급특례법상 환급이란 무엇인가요?

환급특례법상 관세환급이란 수출용원재료를 수입하여 제조 및 가공 후(원상태 수출도 포함) 수출을 이행하였을 때 원재료 수입시 납부한 모든 세금을 수출자 또는 수출물품의 제조자에게 되돌려 주는 것을 말한다. 수입시 납부한 모든 세금이란 부가가치세를 제외한 관세, 개별소비세, 주세, 교육세를 말한다. 부가가치세를 환급해 주지 않는 이유는 부가가치세는 업체의 부가가치세 신고에 의하여 분기별로 자동 환급되므로 환급특례법에서 말하는 환급대상의 세금에서는 제외된다.

1) 수출용 원재료

관세환급을 받을 수 있는 원재료, 즉 수출용원재료란 다음에 해당하는 것을 말한다.

① 수출물품을 생산한 경우에는 생산시의 물리적·화학적 변화과정에서 당해 수출물품에 물리적으로 결합하거나 화학적 반응 등으로 수출물품을 형성하는데 소요되는 원재료

② 수입한 상태 그대로 수출한 경우에는 수출물품

수출용원재료에는 수출물품을 형성하는데 소요되는 원재료와 수입한 상태 그대로 수출하는 원상태 수출물품이 모두 포함된다. 수출물품의 생산이란 수출물품을 가공, 조립, 수리, 재생 또는 개조하는 것을 의미하므로 수입된 생물을 번식시켜 수출하는 것과 같은 동식물의 증식(增殖)은 생산에 포함되지 아니한다. 또한 원재료라 정의하고 있으므로 수출물품 생산에 사용되는 시설재 또는 소모성 기자재도 수출용원재료에 포함될 수 없다. 원재료·시설재·소모성기자재의 구분은 대개 반복적인 사용 가능성 즉, 내구성(耐久性)여부에 따라 원재료와 시설재를 구분하고 있으며, 소모성기자재는 시설재보다 내구성이 약하지만 시설재의 범위에 포함시키고 있다. 원재료는 생산과정에서 소비되어 사라지는 경우도 있고 수출물품으로 체화(體化)되어 남아 있을 수도 있는데 이 두 가지를 모두 합한 량이 환급대상이 되는 수출용원재료가 된다.

[관세환급의 대상인 수출용원재료의 범위에 포함될 수 없는 것의 예]
① 수출물품 생산에 필요한 기계, 공구, 장비
② 수출물품을 생산하는데 필요한 기계, 공구 등 설비에 직접 사용된 윤활유
③ 수산물인 치어를 수입하여 키운 다음 성어를 수출한 경우 최초 수입한 치어

2) 수출이행기간

① 의의

관세환급에 있어 원재료를 수입한 후 수출을 완료하여야 하는 기간을 수출이행기간이라 한다. 수출이행기간은 수입원재료가 수출에 공하여지는 개별환급에만 해당되는 개념이며, 간이정액환급과는 관련이 없다.

② 수출이행 기준일

세관장은 물품이 수출 등에 제공된 때에는 다음에 해당하는 날이 속하는 달의 말일부터 소급하여 2년 이내에 수입된 당해 물품의 수출용원재료에 대한 관세 등을 환급한다.

- 관세법에 의하여 수출신고가 수리된 수출의 경우에는 수출신고를 수리한 날
- 기타 수출의 경우에는 수출, 판매, 공사 또는 공급을 완료한 날

Q 10 환급특례법상 관세환급의 방법은 무엇인가요?

환급특례법상 관세환급의 방법에는 개별환급 방법과 간이정액환급 방법 두 가지가 있다.

1) 개별환급

① 의의

수출 등에 제공한 물품을 제조 가공할 때 소요된 원재료의 수입시 납부한 관세 등의 세액을 소요 원재료별로 확인・계산하여 환급금을 산출하는 방법을 말한다.

수출 등에 제공한 물품은 수출신고필증에 의하여 품명・규격・수량을 확인하고 동 수출물품 등의 제조에 소요된 원재료는 소요량 증명서류에 의하여 품명・규격・수량을 확인하며, 수입시 납부 세액은 동 소요원재료의 수입신고필증 등에 의하여 산출한다.

② 기업자율관리 소요량 제도

소요량 제도란 수출물품의 생산에 소요되는 원재료의 종류와 양을 기업이 자율적으로 확인하는 제도로써, 원재료의 소요량을 계산한 서류인 소요량 계산서의 작성에 의해 환급금을 산출한다.

③ 제출서류

환급신청서, 수출신고필증, 소요량계산서, 수입신고필증(또는 이에 갈음하는 서류)

[환급특례법상 환급청구권]

환급특례법상의 환급은 수출신고수리일(또는 국내에서의 판매·공사·공급 등을 완료한 날)로부터 2년 이내에만 할 수 있다.

2) 간이정액환급

① 의의

간이정액환급제도는 환급신청일이 속하는 연도의 직전 2년간 기초원재료납세증명서 발급실적을 포함한 매년도 환급실적이 6억 원 이하인 중소기업자가 생산하는 수출물품에 대한 환급액 산출시에 정액환급율표에 의해 정해진 금액을 납부세액으로 간주하여 환급하는 제도이다.

② 제출서류

가. 일반적인 경우 : 수출신고필증

나. 자동환급업체의 경우 : 수출신고수리물품에 대하여 관세환급시스템이 자동적으로 환급신청서를 작성하여 환급금을 결정, 지급하는 업체를 말한다.
(간이정액환급율표의 적용대상 업체, 전년도 수출실적이 10만 달러 이상 업체, 직전년도 성실도, 위험도 평가결과 하위 10% 이하 업체는 제외)

③ 간이정액환급율표

HS Code	품 명	수출금액(FOB) 1만 원당 환급액
3304.99.1000	기초화장용 제품류	140원
4414.00.0000	목재의 그림틀, 사진틀	70원

[간이정액환급율표]

http://portal.unipass.go.kr → 정보제공 → 신고지원정보 → 간이정액환급율

[환급액의 산출 수출통관]

환급액 = (FOB 원화금액 × 간이정액환급율표의 해당금액) ÷ 10,000

Q 11 납부세액 증명서류에는 어떤 것들이 있는가요?

1) 수입신고필증

수입신고 수리의 증명으로 하주에게 교부되는 서류이며 수입시 납부한 세액에 대한 정보가 포함되어 있으므로, 원재료를 직접 수입한 기업에 있어서는 이에 대한 납부세액의 증명을 수입신고필증으로 할 수 있다.

2) 수입세액분할증명서, 기초원재료 납세증명서

환급신청자가 직접 세액을 납부하지 않은 경우 유통의 전 단계에서 가격에 포함되어 전가된 세액을 환급받기 위해서는 전 단계에서 수입세액분할증명서(분증) 혹은 기초원재료납세증명서(기납증)중 하나를 제공받아야 한다.

① 수입세액분할증명서(수입분증)

수입세액분할증명서(수입분증)는 수입된 원재료를 제조·가공하지 않고 원상태대로 다음 단계에 공급하는 경우에 발급되는 서류이다. 원칙적으로 공급자의 관할지 세관장이 발급하지만, 수입세액분할증명서의 발급 업무를 간소화하기 위해 물품의 공급자 또는 관세사가 자율적으로 발급할 수 있다.

② 기초원재료납세증명서(기납증)

기초원재료납세증명서(기납증)는 수입된 원재료로 생산된 물품을 다음 단계의 중간원재료 생산업체 또는 수출물품 생산업체에 공급하는 경우, 당해 수출용원재료를 수입할 때의 납부세액을 증명하는 서류이다. 원칙적으로 공급자의 관할지 세관장이 발급하지만, 기초원재료납세증명서의 발급 업무를 간소화하기 위해 물품의 공급자 또는 관세사가 자율적으로 발급할 수 있다.

□ 납부세액증명서와 개별환급 연습

① 내가 수입 → 내가 수출 → 내가 환급 : 수입신고필증 ② 내가 수입 → A에게 원상태 공급 : 수입세액분할증명서(수입분증) ③ 내가 수입 → 가공 후 A에게 공급 : 기초원재료납세증명서(기납증) ④ 내가 fiber 수입 → A에게 원상태공급(수입분증) → A가 yarn 제조 후 B에게 납품(기납증) → B가 원단 제조 후 C에게 납품(기납증) → C가 의류 제조 후 D에게 납품(기납증) → D가 수출

6 해상적하보험

Q1 해상보험이란 무엇인가요?

해상보험(marine insurance)이란 화물의 이동구간, 즉 운송구간에 있어서 항해에 관한 사고를 당할 우려가 있는 재산권을 가진 다수인이 위험의 정도에 따라 합리적인 보험료 각출을 부담하고 그 중 누군가가 사고를 당하여 손해를 입었을 때 이를 보상함으로써 경제상의 불안정을 제거 또는 경감하는 것이다.

우발적인 사고에 의해 발생하는 선박이나 적하에 대한 손해를 보험사고로 하여, 보험자는 그 손해를 보상할 것을 약속하고 보험계약자는 대가로 보험료를 지급할 것을 약속하는 손해보험의 일종이다.

우리나라의 보험회사 명이 ××생명으로 끝나는 회사는 인보험을 취급하는 보험회사이고 ××화재로 끝나는 회사는 손해보험회사이다. 인보험의 대표상품은 생명보험이고 손해보험의 대표상품은 화재보험과 해상보험이다.

Q2 해상보험의 대표적 상품에는 어떤 것들이 있는가요?

1) 적하보험

항공기나 선박에 실은 화물이 운송 중에 발생한 사고에 대하여 보상

2) 선박보험

선박 멸실 손상시 보상

3) 항공보험

항공기 멸실 손상시 보상

Q3 해상보험의 관계당사자는 누구인가요?

1) 보험자(insurer, assurer, underwriter)

보험자란 보험업을 전문으로 하는 보험계약의 당사자로서 보험계약자로부터 보험료를 받고 그 대가로 보험사고가 발생할 경우 보험금을 지급할 것을 약속한 자를 말한다. 우리나라에서는 전부 법인체인 보험회사(insurance company)로 되어있으나, 영국에서는 개인보험업자(underwriter)도 있다.

(2) 보험계약자(insurance policy holder)

보험계약자란 보험자와 보험계약을 체결하고 보험료(insurance premium)를 지급하기로 약속한 자이며 보험계약의 청약자로서 보험료 지급의무, 중요사항의 고지의무 및 위험변경 증가의 통지의무 등을 부담하는 자를 말한다.

적하보험에 있어서는 통상 무역조건에 따라 보험계약자가 결정되는데 FOB조건에서는 수입업자가 보험계약을 체결하지만 CIF와 CIP조건일 경우에는 수출업자가 보험계약자가 된다. 그러나 가격조건이 FOB조건이라도 Incoterms(2010)에 상관없이 계약서에 매도인인 수출상이 보험계약을 하기로 하였다면 그 계약은 유효한 계약이 된다.

3) 피보험자(insured, assured)

피보험자란 피보험이익(interest insured)을 갖는 자, 즉 피보험목적물이 손해를 입었을 때 보험자로부터 보험금을 지급받는 자를 말한다.

여기서 보험계약자와 피보험자는 매매계약 조건에 따라서 동일인이 될 수도 있고 다른 사람이 될 수도 있다.

Q4 해상보험 관련 용어에는 어떤 것들이 있는가요?

1) 해상보험(marine insurance)

선주가 선박을 위하여 가입하는 선체(hull)보험과 하주가 화물(cargo)을 위하여 가입하는 적하보험으로 구분할 수 있다.

2) 보험금액(insured amount or sum insured)

보험금액이란 손해 발생시에 보험자가 부담하는 보상책임의 최고 한도이며 당사자 간에 미리 약정한 금액으로써 보험계약금액이 된다. 이는 실제로 부보된 금액이며 증권에 나타난 금액을 말한다.

3) 보험금(claim amount)

보험금이란 담보위험으로 피보험자가 입은 재산상의 손해에 대해 보험자가 지급하는 보상금이다.

4) 보험료(insurance premium)

보험료란 보험계약체결시 보험자가 위험을 담보하는 대가로 보험계약자가 보험자에게 지급하는 대금이다.

담보(to cover)란 보험자가 피보험자에게 피보험목적물의 손해에 대하여 보상하기로 약속한 경제적 가치를 말하며, 이 약속이 현실적으로 이루어진 것을 보상(to pay)이라고 한다.

5) 부보(insure, effect, cover)

부보란 어떠한 상품을 보험에 붙인다는 뜻으로 일반적으로 보험계약을 체결한다는 의미이다.

Q5 적하보험의 위험과 손해는 무엇인가요?

1) 위험(perils, risk, hazard)

위험은 손해를 초래할 사고발생의 가능성을 말하는데, 해상에서 발생하는 위험은 해상위험(maritime perils), 보험자가 담보(보상)하는 위험은 담보위험(risk covered),

보험자가 담보하지 않은 위험은 부담보위험 혹은 면책위험(exclusions)이라 한다.

① 전손 : 피보험이익이 전부 멸실된 경우를 전손(Total Loss)이라고 한다.

② 분손 : 피보험이익의 일부 멸실이나 손상을 분손(Partial Loss 또는 Average)이라 하며 이는 단독해손과 공동해손으로 분류된다.

가. 단독해손

단독해손(Particular Average)이란 보험의 목적이 일부 멸실되거나 손상되어 그 손해를 피보험자가 단독으로 부담하는 손해를 말한다.

나. 공동해손

공동해손(General Average)이란 선박 및 적하 등(항해사업단체)이 공동의 위험에 처하여 이로부터 벗어나기 위하여 의도적으로 취하여진 공동해손 행위로 인하여 합리적으로 발생한 손해 또는 공동해손 행위의 직접적인 결과로 발생하는 비용 등을 이해관계자가 공동으로 부담하는 손해이다.

2) 손해(loss, damages)

손해는 위험의 발생으로 피보험목적물의 전부 혹은 일부가 멸실되거나 손상을 입은 것을 말하는데, 여기에는 전부 손실되는 전손(total loss)과 일부 손상되는 분손(partial loss)이 있다.

Q6 적하보험 구약관과 신약관의 차이점은 무엇인가요?

적하보험에서 사용되고 있는 약관은 구약관과 신약관이 있는데 두 가지를 요약하면 다음과 같다.

구약관	신약관
현재 사용하고 있는 약관은 1963년에 개정된 약관이다.	1982년 1월부터 사용하고 있으며 2009년도에 개정하였다.
ICC약관은 14개 조항으로 구성되어 있으며 그 중 5조(위험약관)만 제외하고 나머지 13개 조항은 그 내용이 동일하며 5조의 내용에 따라 A/R, W.A, F.P.A로 구분된다.	본문약관과 난외(중요)약관에 추가하여 19개 조항의 ICC약관으로 구성되어 있다. ICC약관의 담보위험과 면책위험 조항에 따라 A, B, C 조건으로 구분된다. 구약관의 애매한 부분들을 더욱 명확하게 한 것이 신약관이다.

구약관	신약관
ICC A/R : All Risks(전위험담보)	ICC (A)
ICC W.A : With Average(분손담보)	ICC (B)
ICC F.P.A : Free From Particular Average(단독해손부담보)	ICC (C)
현재 우리나라에서는 1984년부터 신구약관을 함께 사용하고 있다.	
해상적하보험에 가입하고자 하는 경우에는 반드시 기본조건 중에 하나를 선택해야만 하는데 기본 조건의 종류에는 구약관상 A/R, W.A, F.P.A의 3가지 조건이 있으며, 신약관상으로는 구약관의 A/R과 담보범위가 같은 ICC(A), W.A와 유사한 ICC(B), F.P.A와 유사한 ICC(C)의 3가지 조건이 있다. 그러나 실무적으로는 WA 3%(With Average 3%)와 WAIOP(With Average Irrespective Of Percentage)의 두 조건으로 보험을 인수하는데 WA 3%조건은 악천후, 투하, 강도 등으로 야기된 손해가 3% 이상이어야 전액 보상하여 주는 조건이고 WAIOP는 그러한 손해가 발생되었을 때 손해율과 상관없이 보상하여 주는 조건이다. 그러므로 실무적으로 보험에 가입할 수 있는 Option은 위의 7가지이고 그 중 하나를 선택한다.	
해상적하보험에 가입하여야 하는 계약 조건인 경우 ICC의 Minimum Cover는 구약관의 F.P.A 혹은 신약관의 ICC(C)조건이 된다.	

Q7 열거책임주의와 포괄책임주의란 무엇인가요?

[열거책임주의와 포괄책임주의]

구분		구약관	신약관
열거책임주의	조건	FPA, WA	ICC(B), ICC(C)
	내용	보험자가 보상하는 위험을 약관에 일일이 열거하고, 그 열거된 위험만을 담보하는 방식(열거책임주의 또는 제한책임주의라고 한다.)	
포괄책임주의	조건	A/R(All Risks)	ICC(A)
	내용	보험자가 보상하는 위험을 약관에 구체적으로 열거하지 않고 면책위험 이외의 일체의 위험 또는 사고를 보상위험으로 하는 방식(포괄책임주의 또는 일반책임주의라고 한다.)	

Q8 구약관에는 어떤 것들이 있는가요?

1) 단독해손부담보(F.P.A Clause)

단독해손부담보 조건이므로 현실전손, 추정전손, 공동해손 및 비용손해(구조료, 손해방지비용, 특별비용 등)는 보상하나 단독해손은 원칙적으로 보상하지 않는다.

그러나 본 약관에서 규정하고 있는 특정사고에 의하여 발생된 단독해손은 예외적으로 보상한다.

첫째 침몰, 좌초, 화재, 충돌 및 폭발로 발생된 분손(단독해손)

둘째 선적, 환적, 양하중의 추락으로 인한 포장당 전손

셋째 피난항에서 하역으로 인한 분손(단독해손)

2) 분손담보(W.A Clause)

분손부담보 조건(F.P.A Clause)에서 보상하여 주는 손해를 보상하여 주며 이에 추가하여 분손부담보 조건에서 보상하여 주지 않는 위험으로 야기된 분손(단독해손)을 보상하여 주는 조건이다.

실무적으로는 WA 3%조건은 악천후, 투하, 강도 등으로 야기된 손해가 3% 이상이어야 전액 보상하여 주는 조건이고 WAIOP(With Average Irrespective Of Percentage)는 그러한 손해가 발생되었을 때 손해율과 상관없이 보상하여 주는 조건이다. 그러므로 실무적으로 보험에 가입할 수 있는 Option은 모두 7가지 조건이고 그 중 하나를 선택한다.

3) 전위험담보(All Risk Clause)

전위험담보이므로 면책위험 및 보험요율서 상에서 제외되는 위험이외의 일체의 손해를 보상하여 주는 조건이며 면책위험은 다음과 같다.

① 피보험자의 고의 또는 악의적 비행

② 화물고유의 성질이나 하자로 기인된 손해

통상의 손해 또는 자연소모 및 포장의 불완전에 기인된 손해도 화물고유의 성질이나 하자로 인한 손해가 되기 때문에 보험보상이 되지 않는다.

③ 항해의 지연에 근인한 손해 또는 비용

그리고 보험요율서상 제외되는 위험이란 화물의 종류에 따라 다르나 예로서 유리제품의 파손위험과 같은 것이다.

□ 구약관에서의 담보위험과 담보손해 일람표

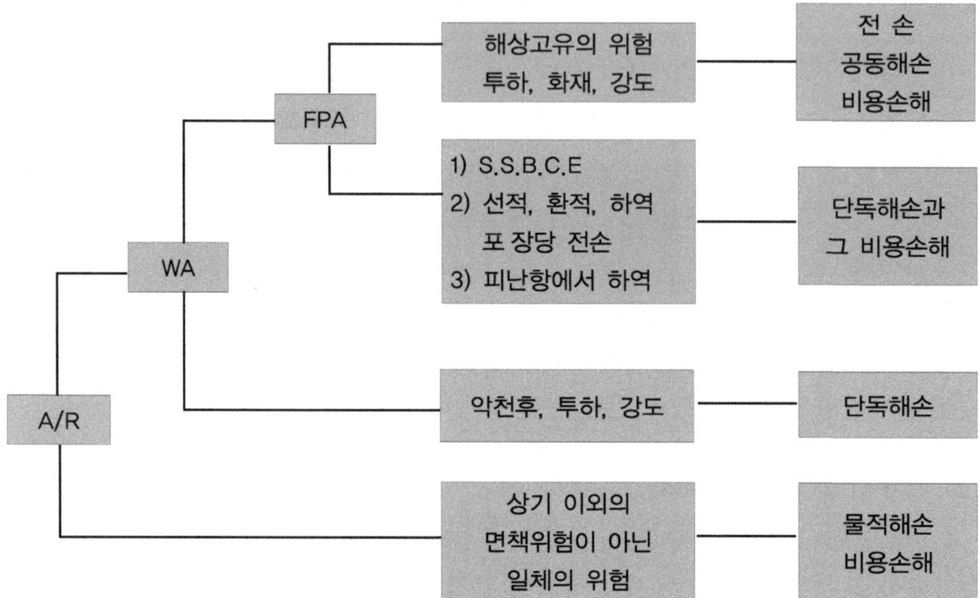

※ S : Sinking – 침몰
S : Stranding – 좌초
B : Burning – 화재
C : Collision – 충돌
E : Explosion – 폭발

[신약관에서의 담보위험과 면책위험 일람표(A/R과 비교)]

담보위험	A	B	C	A/R
다음 위험에 정당하게 기인된 보험의 목적의 멸실 또는 손상				
1. 화재 또는 폭발	○	○	○	
2. 선박 또는 부선의 좌초, 좌주, 침몰 또는 전복	○	○	○	
3. 육상운송 용구의 전복 또는 탈선	○	○	○	
4. 본선, 부선 또는 운송용구와 물 이외의 타 물체와의 충돌 또는 접촉	○	○	○	
5. 피난항에서의 화물의 하역	○	○	○	
6. 지진, 화산의 분화 또는 낙뢰	○	○	×	
다음 위험으로 인한 보험의 목적의 멸실 또는 손상				
7. 공동해손 희생 8. 투하로 인한 손해	○ ○	○ ○	○ ○	
9. 파도에 의한 갑판상의 유실	○	○	×	
10. 본선, 부선, 선창, 운송용구, 컨테이너, 리프트맨 또는 보관소에 해수, 호수 또는 하천수의 유입	○	○	×	
11. 본선, 부선에 선적 또는 하역작업 중 해수면으로 낙하하여 멸실되거나 추락하여 발생된 포장당 전손	○	○	×	
12. 상기 이외의 멸실, 손상의 일체의 위험	○	×	×	
13. 공동해손 구조비(면책위험에 의한 것은 제외)	○	○	○	
14. 쌍방과실 충돌	○	○	○	
면책위험				
1. 피보험자의 고의의 위법행위	×	×	×	×
2. 통상의 누손, 중량, 용적의 통상의 감소, 자연소모	×	×	×	×
3. 포장의 불완전이나 부적합	×	×	×	×
4. 보험목적의 고유의 하자 또는 성질	×	×	×	×
5. 지연	×	×	×	×
6. 선주, 관리자, 용선자, 운항자의 파산, 재정상의 채무 불이행	×	×	×	○
7. 선박, 부선의 불감항성, 선박, 부선, 운송용구, 컨테이너 등의 부적합	×	×	×	○
8. 원자핵분열/원자핵 융합 또는 동종의 반응 또는 방사력 또는 방사성 물질을 이용한 병기의 사용에 의한 멸실 손상 비용	×	×	×	○
9. 여하한 자의 불법행위에 의한 고의적 손상파괴	○	×	×	○
10. 해적	○	×	×	×

※ 상기에 열거된 면책위험들은 특약으로도 보상되지 않는다. 단, 전쟁(war clause)과 동맹파업(SRCC ; Strike, Riot, Civil Commotion clause)은 면책위험이나 특약에 가입하면 보상을 받을 수 있다. 특약에 가입하면 보험료가 추가된다.

①DONGBU INSURANCE CO., LTD.

21-9, CHO- DONG, CHUNG-GU, SEOUL, KOREA
C.P.O BOX658, TELEX : DBINS K24588, TEL : (02) 2262 3450, FAX : (02) 2273 6785

MARINE CARGO INSURANCE POLICY

Assured(s), etc. ②ICOM CO., LTD.	
Police No. WX98150051600	③Ref. No. INVOICE NO. IE99 1129 0324 L/C NO. 662/212/4333
④Claim, if any, payable at : MCLARENS TOPLIS, NORTH AMERICA. 195 BROADWAY, 20TH FLOOR NEW YORK, NEW YORK 10007 TEL : (212) 2672700, 1-800-472-4128 FAX : (212) 4063932, 9625360 TLX : 233158 Claim are payable in the USD CURRENCY	
	⑤Amount insured USD 98,308.37 INVOICE USD 89,371.25 × 110%
Survey should be approved by : SMITH, BELL & CO., INC SMITH BELL BUILDING 2294 PASONG TAMO EXTENSION 1231 MAKATI, METRO MANILA TEL : (2) 8167851/8 TLX : 63335 BELLAD PN FAX : (2) 8150199, 8136949 Local Vessel or Conveyance | ⑥From(interior port or place of loading) Ship or Vessel called the HANJIN SEOUL 0208W | Sailing on or about MAR. 25, 2016 ⑦at and from KOREA (BUSAN) | ⑧Transshipped at ⑨arrived at MANILA, PHILIPPINES | ⑩thence to	⑪Conditions Subject to the following Clauses as per back hereof or as attached Institute Cargo Clauses **A/R** Institute War Clauses Institute SRCC Clauses(Institute Strike Clauses for use only with New Marine Policy Form) Special Replacement Clause (applying to machinery) On Deck Clause Institute Radioactive Contamination Exclusion Clause INSTITUTE WAR CLAUSES (CARGO) INSTITUTE STRIKES, RIOTS & CIVIL COMMOTIONS CLAUSES COMPUTER MILLENNIUM CLAUSE - WITH NAMED PERIL EXTENSION CLAIMS TO BE PAYABLE IN USA IN THE CURRENCY OF THE DRAFT(S)

⑫Goods and Merchandises
LIST AS ATTACHED.
P.O. NO. 1234 (65 PERCENT COTTON, 35 PERCENT NYLON RIPSTOP 57 INCHES)
(A) FABRIC NAME : 65 PERCENT COTTON 35 PERCENT NYLON RIPSTOP
(B) QUALITY NO. KN 20RS
(C) FIBER CONTENT : PA 35% CTN 65%
(D) FABRIC WIDTH : 56/7
(F) LC NO. MD01438867
COLOR BREAKDOWN :
ARMY- 17,854YARDS
BLACK- 3,621YARDS
CHINO- 12,250YARDS

(E) TOTAL 33,725YARDS

MAR. 24, 2016 NO. OF POLICIES ISSUED TWO

[보험증권 해설]

항목	주요내용
① Insurance Co.,	보험자이며 보험회사를 의미한다.
② Assured(s)	보험계약자 혹은 피보험자를 의미한다. 증권의 명의인(피보험자)의 정식 영문명을 기입한다. CIF 수출계약의 경우에는 L/C 등으로 증권의 명의인을 특별히 지정해 오는 경우가 아닌 한 수출업자(보험계약자)를 피보험자로 하여 증권을 발행한 후 은행에 Nego시 배서로써 매수인 또는 이해당사자에게 양도를 하게 된다.
③ Ref. No.	참조번호로써 수출인 경우에는 L/C No. Invoice No.를 기입
④ Claim, if any	피보험자가 보험금 지급 받기를 희망하는 장소를 기입한다.
⑤ Amount	화물의 보험가입금액은 상업송장가액(FOB or CIF 가액)에 희망이익을 가산한 금액이지만, 신용장 등에 특별한 지정이 없으면 송장 가액의 110%로 하는 것이 관행이다.
⑥ From	내륙지에서부터 부보할 경우에는 내륙의 출발지를 기입한다.
⑦ at and from	화물 적재 외항선에서의 선적항을 기입하며, 항공기 또는 우편으로 수송할 경우에는 항공기에의 선적지 또는 우편발송지를 기입한다.
⑧ Transshipped	운송 도중 환적이 있을 경우에는 환적항(지)을 기입한다.
⑨ arrived at	양하항을 기입한다.
⑩ thence to	양하항 도착 후 다시 내륙지까지 수송할 경우의 최종도착지를 기입한다.
⑪ Conditions	계약서 및 신용장이 지시하는 조건을 기입한다.
⑫ Goods	Subject-matter insured(보험목적물) 부보대상화물의 품명, 수량, 화물상태 등을 기입하여 포장화물은 외장포장의 개수만이 아니라 내용상품의 개수도 병기한다. 해상보험은 통상 선창내 화물을 전제로 인수하기 때문에 만일 갑판적이 되는 경우에는 반드시 'on deck'을 표시한다. 또 컨테이너 적재의 경우에는 'in containers'로 표시한다.

7 무역운송

Q1 선적(shipment)이란 무엇인가요?

매매계약이 체결되어 신용장 개설 및 통지가 이루어지거나 혹은 무신용장 방식(송금결제방식, 추심결제방식)의 계약에 따라 수출업자는 계약사항에 의거하여 화물을 준비하고 선적을 이행하여야 한다. 물품을 발송하는 수단으로는 선박에 의한 해상운송, 항공기에 의한 항공운송 그리고 단일운송 계약에 의거 최소한 2개 이상의 운송수단에 의해 송하인의 문전에서 수하인의 문전까지(door to door) 운송하는 복합운송이 있다.

선적은 해상운송의 본선적재(loading on board), 항공 또는 철도운송의 발송(dispatch) 및 복합운송의 운송인의 수탁(taking in charge), 택배운송의 수령일자(date of pick up) 등을 포괄하는 개념이다.

Q2 선적(shipment)을 위하여 합의할 사항은 무엇인가요?

무역계약 체결시 계약 당사자인 매도인과 매수인은 운송에 관한 지식을 가지고 다음과 같은 내용에 대하여 합의해야 한다.

1) 선적조건

선적조건에 포함되는 내용으로 선적기일(S/D : shipping date), 선적항(POL : port of loading), 도착항(POD : port of discharge), 인도장소(place of delivery), 분할선적(partial shipment) 및 환적(T/S : transshipment) 여부 등을 정하게 된다.

2) 선적기일

선적기일은 최종 선적일(latest shipping date)을 의미하며 신용장거래에서 선적기일이 정해져 있지 않는 경우 신용장 유효기일(E/D : expiry date)을 선적일로 간주한다. 일반적으로 선적일의 입증은 본선적재선하증권(On board B/L)의 경우에는 선하증권상 본선적재일(on board date)로 그리고 선적선하증권(Shipped B/L)의 경우에는 선하증권 발행일(B/L date)로 한다. 여기에서 주의할 사항은 선적일이 공휴일인 경우 신용장의 유효기일(E/D : expiry date)처럼 연장이 인정되지 않기 때문에 선적일(S/D : Shipping)이 공휴일 이라면 이것을 감안하여 선적일 전일까지 선적을 완료하고 선하증권을 발급받아야 한다.

3) 분할선적(Partial Shipment)

약정수량을 한꺼번에 선적하지 않고 수차에 걸쳐 나누어 선적하는 것을 분할선적(分割船積)이라 하며 수입자의 판매계획, 제조일정 또는 시황에 따라 여러 차례에 걸쳐서 제품을 공급받아도 지장이 없는 경우에 선택된다. 신용장 거래에서 분할선적에 대한 금지조항이 없다면 분할선적이 허용되는 것으로 해석하며 동일 항해, 동일 선박에 의해 이루어진 여러 차례의 선적은 비록 선적일자와 선적항이 다르더라도 분할선적으로 보지 않는다(UCP 제31조 b항).

4) 환적(Transshipment)

환적(換積)은 이적(移積)이라고도 하며, UCP 600 제20조 b항에서는 신용장에 명시된 선적항으로부터 하역항으로 해상운송 도중에 한 선박으로부터 화물을 내려서 다른 선박으로 화물을 재적재하는 것을 의미하고 있다. 환적 중에 화물의 파손 및 비용추가 때문에 수입상 입장에서는 바람직하지 않은 운송방법이다. 그러나 환적이 부득이한 경우에는 매도인은 매수인에게 환적을 해야 함을 알리고 상호 환적허용에 합의하여야 한다.

UCP 600의 규정에서 신용장상 환적(transshipment)에 대한 금지의 명시가 있더라도 환적이 될 것이라거나 될 수 있다고 표시하는 선하증권은 컨테이너, 트레일러, 래시 바지(lash barge)에 선적되었다는 것이 선하증권에 의하여 증명되는 경우에는 환적은 수리될 수 있다고 규정하고 있다(UCP 제20조 b항).

신용장 상에 “Transshipment not Allowed”로 되어 있는데 선적항의 선명과 양하항의 선명이 다른 경우는 환적으로 본다.

[운송수단별 비교]

운송수단	해상운송	항공운송	복합운송
증빙서류	B/L (Bill of Lading)	AWB (Air Waybill)	Multimodal(Combined) Transport B/L
원본서류	Original	Original-1	Original
	Duplicate	Original-2	Duplicate
	Triplicate	Original-3	Triplicate
수입통관시	3부중 1개	Original-2	3부중 1개
운송인 (Carrier)	Liner	항공사대리점	
		Forwarder	Forwarder
Master	Line B/L	Master AWB	
House	Forwarder's B/L	House AWB	Forwarder's B/L

※ 복합운송 증권은 MT B/L(Multimodal Transport Bill of Lading, CT B/L(Combined Transport Bill of Lading)이라는 명칭들로 칭한다.

Q3 복합운송주선업자(Freight Forwarder)란 무엇인가요?

1) 개념

① 복합운송주선업자(포워더)는 일반적으로 운송수단을 직접 소유하지 않은 채 하주를 위하여 화물운송의 주선이나 운송행위를 수행하는 자를 말한다.

② 포워더의 공통적이고 기본적인 기능은 하주(荷主)와 운송인 사이에서 하주에게는 운송인의 역할을 수행하고 운송인에 대해서는 하주의 역할을 하는 것이다. 미국의 경우 NVOCC[55]라 하여 미국 신해운법(U.S Shipping Act)에 "하주의 대리인으로서 해당 운송인을 통해 미국으로부터 수출품 선적 또는 적하를 위한 선복예약 및 기타 방법을 취하며, 서류작성과 선적에 수반하는 관련 작업을 이행하는 자"로 되어 있다.

2) 포워더의 역할

외국과의 국제복합운송에 있어 상대방 국가의 포워더(주로 파트너 계약체결)와 제휴함으로써 전 운송구간에 걸쳐 일관운송책임을 지는 운송주체라는 것이다.

55) NVOCC : None-Vessel Operating Common Carrier(무선박운송인)

① 하주에 대한 전문적인 조언
② 운송의 수배
③ 운송관련 서류의 작성
④ 통관대행
⑤ 포장 및 창고보관
⑥ 소량화물의 혼재(Consolidation)

[Liner & Forwarder]

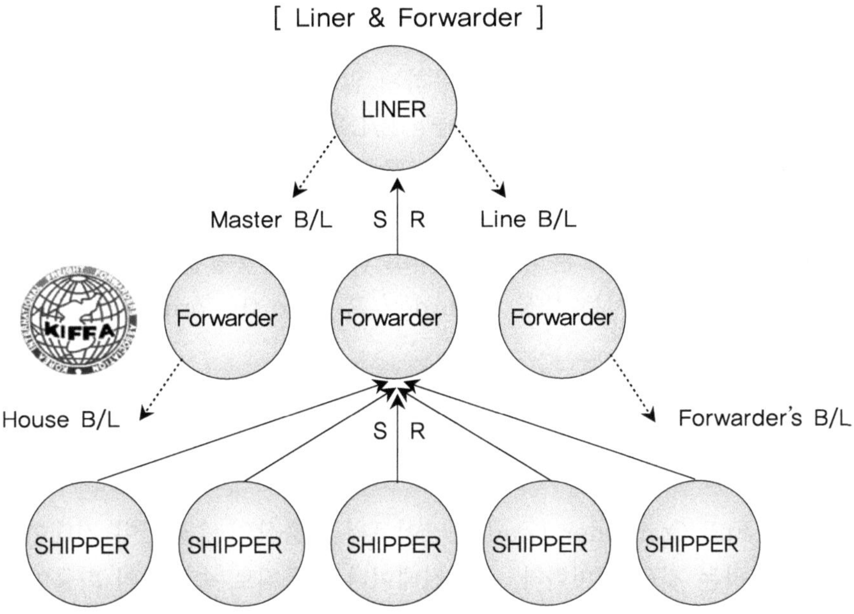

Q4 운송증빙 서류에는 어떤 것들이 있는가요?

운송관련 증빙서류에는 다음과 같은 것들이 있다.

- B/L : Bill of Lading(선하증권)56) - 해상운송
- AWB : Air Waybill(항공운송장) - 항공운송
- Multimodal Transport Document(or Bill of Lading) (복합운송증권) - 복합운송(약칭하여 MTD 혹은 MT B/L이라고 한다.)

56) 선하증권(船荷證券)을 선화증권(船貨證券)이라고도 하는데 동일한 의미이다. 최근에는 선하증권(船荷證券)으로 통일하여 부르고 있는 추세이다.

- Combined Transport Document(or Bill of Lading) (복합운송증권) - 복합운송(약칭하여 CTD 혹은 CT B/L이라고 한다.)
- Master B/L : 선박회사(Liner)가 운송주선업자(Forwarder)에게 발행하는 B/L
- House B/L : 운송주선업자(Forwarder)가 송하인에게 발행하는 B/L

Q5 운송인, 송화인, 수하인이란 무슨 의미인가요?

- Line(or Liner) : 운송수단을 소유하고 있는 운송인(운송회사)이며 Line B/L을 발급한다.
- Forwarder : 운송수단을 직접 소유하지 않고 화물운송의 주선이나 운송행위를 수행하는 자를 말한다. Forwarder's B/L을 발급한다.
- Shipper or Consignor : 수출상 즉, 물건을 보내는 송하인을 의미하며 하주(荷主) 또는 화주(貨主)라고도 한다.
- Consignee : 수하인 또는 수화인이라고 하며 무신용장결제방식에서는 수입상이 신용장 결제방식에서는 통상 'to order' 혹은 'to the order of issuing bank'가 된다.

Q6 FCL이란 무슨 의미인가요?

FCL이란 Full Container Load의 약어로써 수출상인 송화인이 컨테이너 Space를 모두 사용하는 것을 의미한다. 즉, 컨테이너를 통째로 송화인의 화물만 적재하는 것을 의미한다.

- Container Door : 컨테이너를 공장이나 창고로 직접 불러오는 것. 컨테이너를 통째로 쓸 때 FCL이라고 하는데 이때는 거의 대부분 컨테이너를 Door하게 된다. 그리고 그 컨테이너는 터미널 CY로 곧바로 입고된다.
- Container Stuffing or Vanning : 물품을 컨테이너에 채워 넣는 것
- Shoring : 화물이 컨테이너 내부에서 움직이지 않도록 각목 등으로 고정하는 작업
- Lashing : Rope 등을 이용하여 화물이 움직이지 않게 묶는 작업
- Sealing : 컨테이너를 봉인하는 것
- CY : Container Yard(컨테이너 장치장)

- CY Closing Time : CY에서 컨테이너를 마감하는 시간임(항공운송에서는 Cut Off Time이라고 한다)

Q7 LCL이란 무슨 의미인가요?

LCL이란 Less than a Container Load의 약어로써 수출상인 송화인이 컨테이너 Space를 모두를 사용할 만한 화물의 양이 되지 않을 경우에 다른 회사의 화물과 함께 하나의 컨테이너에 혼재하여 선적하는 화물을 의미한다.

- CFS : Container Freight Station - LCL화물을 모으는 곳
- Consolidation : 컨테이너 한 대를 쓰기에는 너무 작은 물품일 경우에는 타사 물품과 함께 목적지가 같은 물품끼리 혼재하게 되는데 이것을 Consolidation이라고 하고 이런 작업을 하는 곳을 CFS(Container Freight Station)라 한다. 창고에서 CFS까지는 수출상의 책임하에 옮겨지며 'Consolidation'을 실무에서는 '콘솔'이라는 약어로 부른다.
- Shipping Mark : 수입통관시 물품을 구별하기 위하여 수출용 Box 옆면에 표시하는 하인

□ 운송 관련 기타 용어

- TEU : Twenty-Feet-Equivalent Unit의 약자로서 20feet 컨테이너의 단위
- FEU : Forty-Feet-Equivalent Unit의 약자로서 40feet 컨테이너의 단위
- S/R(Shipping Request) : 선적을 위하여 예약하는 서류
- CBM(Cubic Meter) : 가로(meter) × 세로(meter) × 높이(meter)
- ETD : Estimated Time of Departure
- ETA : Estimated Time of Arrival
- D/O : Delivery Order(화물인도지시서)
- Devanning : 물품을 컨테이너로부터 끄집어 내리는 것
- ICD : Inland Container Depot(컨테이너 내륙기지)

Q8 해상운송의 절차는 어떻게 되는가요?

선적을 위해서 수출업자는 먼저 자신과 거래하는 운송회사(Forwarder)에 선적 스

케줄을 문의한 다음 알맞은 운항 스케줄을 결정하며 다음과 같은 절차에 의하여 선적을 하게 된다.

① 선적예약을 위해서는 수출업자인 송하인이 Forwarder에게 선복신청서(S/R ; Shipping Request)를 제출한다. 신용장 방식인 경우에는 차후 서류상의 불일치 사항이 없도록 신용장에서 요청하는 모든 사항을 빠짐없이 꼼꼼하게 작성하여 운송회사에 제출한다.

② 선적 주문을 받은 Forwarder는 선박회사(Liner)에 선복(ship's space)을 주문한다.

③ 선하증권을 발행하는 운송회사는 원본 B/L을 발급하기에 앞서 송하인에게 B/L내용을 확인토록 Check B/L[57]을 이메일로 송부한다. 서류의 불일치를 방지하기 위하여 송하인은 잘못된 사항이 있으면 수정해주도록 요구하여야 한다.

④ 운송회사는 제품을 본선에 적재한 다음 관세청에 EDI로 선적보고를 하고 B/L을 발급하여 송하인에게 Original B/L 3통과 은행보관용(신용장 네고용), Non-Negotiable Copy(사본)를 전달한다.

⑤ 송하인인 수출업자는 즉시 수입업자에게 선적통지(shipping advice)를 한다.

⑥ 송하인인 수출업자는 선적서류를 즉시 바이어에게 송부한다.

가. 송금결제방식 : 선적서류를 바이어에게 직접 송부

나. 추심결제방식 : 선적서류를 추심의뢰은행으로 추심의뢰

다. 신용장결제방식 : 선적서류를 매입은행에 매입(nego)의뢰

Q9 FCL과 LCL의 선적절차는 어떻게 되는가요?

1) FCL(Full Container Load cargo) 선적절차

S/R → Container Door → Stuffing → Sealing → C/Y → On Board → EDI 선적보고 → B/L 발급

2) LCL(Less than Container Load cargo) 선적절차

S/R → CFS → Consolidation → On Board → EDI 선적보고 → B/L 발급

57) Check B/L은 B/L종류가 아니고 운송사가 송하인에게 Original B/L을 발급하기 전에 B/L 사본을 이메일이나 팩스로 미리 보내어 확인토록 하는 것이다.

Q10 선하증권이란 무엇인가요?

선하증권(B/L ; Bill of Lading)은 운송인(carrier)이 하주로부터 의뢰받은 운송화물을 적재하거나 선적을 위하여 그 화물을 수취한 것을 증명하고, 이것을 도착항에서 일정 조건하에 수하인 또는 그 지시인에게 인도할 것을 약정한 유가증권이다.

1) 선하증권(B/L)의 기능

① Evidence of Contract of Carriage

Shipper와 Carrier간의 운송계약의 증빙이다.

② Title of Document

B/L은 유가증권으로써 권리증권이다.

③ Receipt of Cargo

B/L은 화물의 영수증 역할을 한다.

2) 선하증권(B/L)의 원본, 사본, 사진복사본

구분	내용
원본 (Original)	운송사가 발행하는 것이며 수입 통관 시 사용한다. 원본은 모두 3통을 발행하는데 이것을 Full Set라고 한다. 운송서류는 발행된 원본의 부수를 표시해야 한다(UCP 600 제22조). 선하증권 원본 3통은 모두가 'Original'이라고 명시될 수도 있고, 'Original', 'Duplicate', 'Triplicate' 혹은 'First Original', 'Second Original', 'Third Original' 등 유사한 표현이 표시된 선하증권은 모두 원본이다.[58] 수하인이 지시식(order)으로 기재된 원본 선하증권은 배서에 의하여 유통(negotiable)이 가능하다.
사본 (Copy)	운송사가 발행하였으나, 수입 통관시 사용할 수 없다. 물품을 찾을 수 없으며 참고용으로 수출상에게 발행하여 준다. 유통이 불가능하며 선하증권에 'Non-Negotiable Copy'라고 표시된다. 이것을 현업에서는 'NN B/L'이라고 한다.
사진복사본 (Photocopy)	원본이나 사본을 복사기에 복사한 것을 의미한다.

Q 11 기명식선하증권과 지시식선하증권은 어떻게 다른가요?

기명식선하증권(Straight B/L)이란 선하증권상에 특정한 수하인이 기입된 선하증권을 말하며 송금결제방식, 추심결제방식과 같은 무신용장 결제방식에서 사용된다.

지시식선하증권(Order B/L)이란 선하증권상에 특정한 수취인을 기재하지 않고 단순히 To Order, To Order of Shipper 또는 To the Order of xx Bank(통상 개설은행)로 기재되어 있는 것으로 이 경우 전자의 경우에는 수출업자가, 후자의 경우에는 은행이 선하증권이면에 백지배서만 하면 이 증권의 소지인이 화물에 대한 소유권을 갖도록 양도할 수 있는 선하증권이다. 지시식 선하증권은 신용장 방식의 거래에서 사용된다.

구분	기명식	지시식
영문명칭	Straight B/L	Order B/L
유통성(배서)	인정 안됨	인정됨
물품의 소유권	기명자	증권의 보유자, of 다음의 기명자
수하인 기재	수입상	To order
	특정인	To the order of xx
결제방식	송금, 추심결제방식	신용장 결제방식

[수하인(consignee)의 표시방법]

- 기명식(straight form) : 특정인을 수하인으로 기재하는 방법이며 결제방식이 송금결제방식, 추심결제방식에서 주로 사용되며 이때 수입상으로부터 별도의 요구가 없으면 수입상을 수하인으로 기재한다.
- 지시식(order form) : 수하인(consignee)에 Order라고 기재된 선하증권이며 배서(endorsement)에 의하여 소유권을 이전한다.
  가. 단순지시식 : 'to Order'로 표시되며 B/L의 보유자가 소유권이 있음.
  나. 기명지시식 : 'to the Order of ××' 등으로 표시되며 'to the Order of' 다음에 기재된 '××'의 배서에 의하여 소유권이 이전된다. 신용장 결제방식에서는 주로 'to the Order of Issuing Bank'와 같이 요구하게 되는데 이때 개설은행의 배서에 의하여 소유권이 이전된다.

58) ISBP A28

Q12 배서란 무슨 의미인가요?

배서(endorsement)란 어음이나 증권 등의 뒷면에 누구에게 양도한다는 뜻의 글과 함께 서명을 하는 것을 의미하며 배서에는 정식배서와 백지배서 두 가지로 구분한다.

[배서(endorsement)의 종류]

- 정식배서(full endorsement) : 배서의 의무자는 선하증권의 양도인이며 양도인이 자신의 명칭뿐만 아니라 양수인의 명칭까지 증서의 이면에 기재하는 방식의 배서를 의미한다(신용장 문구 예 : Endorsed in favour of IDBI BANK LTD.).
- 백지배서(blank endorsement) : 신용장에 'Endorsed in Blank' 또는 'Blank Endorsed'로 표시되어있는 경우에 환어음(Bill of Exchange), B/L 또는 보험서류에 피배서인을 지정함이 없이 양도인의 명칭만 표시하여 배서하는 방식이다. 백지배서인 경우 배서의 의무자는 최초의 양도인과 최종 양수인 두 사람으로 국한되며 중간단계에 있는 사람의 배서는 생략된다.

Q13 Clean B/L과 Foul B/L이란 무슨 의미인가요?

Clean B/L(무고장선하증권)이란 화물이나 그 포장의 하자상태를 명백히 나타내는 문언이 없는 선하증권을 말하며 무고장, 무사고, 무결함선하증권 등으로 불린다.

선하증권은 선적한 화물 및 포장의 상태가 양호한가 아니면 결함이 있는 가에 따라 Clean B/L(무고장선하증권)과 Foul B/L(고장부선하증권)로 구분된다. Clean B/L은 화물의 외관상 양호한 상태로 선적 또는 수취하였다는 것을 증명하는 선하증권으로써 아무런 결함의 표시가 없다는 것으로 일반적으로 선하증권 상에 "Shipped on Board(received) in Apparent Good Order and Condition"이라고 기재되어 있으며 Foul B/L은 운송회사가 화물을 인수할 당시 물품에 어떤 하자가 있거나 포장상태가 불량할 때 그 사실을 선하증권상에 기재한 선하증권이다.

선하증권에는 물품이나 포장상 결함이 있다는 것을 명백히 표시하는 문구가 있어서는 안 된다.[59] 예를 들어 "Packing is not Sufficient for the Sea Journey(포장이 해상운항에 충분하지 않다)"라거나 이와 유사한 취지의 선하증권상의 문구는

59) ISBP E20

포장상 결함이 있다는 것을 명백히 표시하는 문구이다.[60] 이러한 문구가 있는 선하증권은 수리거절사유가 된다.

신용장결제방식에서 고장부선하증권(Foul B/L)은 신용장에서 수리를 허용하지 않는 한 거절된다. 그러므로 수출업자는 선적 당시 화물에 대한 이상이 발견되면 즉시 이를 대체 또는 재포장하여야 하며, 선박이 곧 출항한다든지 선적기일이 임박하여 부득이 대체 또는 재포장이 곤란한 경우에는 운송회사에 파손화물보상장(L/I : Letter of Indemnity)을 제공하고 무고장선하증권을 교부받을 수 있다. 그러나 컨테이너에 실린 FCL 화물일 경우에는 운송회사가 "화물의 상태를 알지 못한다(Shipper's Load, Count and Sealing)"라는 부지조항(不知條項)이 명시된 선하증권(Unknown Clause B/L)은 은행이 수리한다.

Clean B/L	Foul B/L
A Bill of Lading is not to include a clause or clauses that expressly declare a defective condition of the goods or packaging.[61]	Clauses or notations on Bill of Lading which expressly declare a defective condition of the goods or packaging.
It is not necessary for the word "clean" to appear on a bill of lading even then credit required a bill of lading to be marked "clean on board" or "clean"[62]	만약에 신용장이 Clean B/L을 요구하는 경우, 선하증권상에 제품이나 포장상의 결함의 문구가 있다면 서류상의 하자가 된다.
선하증권 상에 제품이나 포장상의 결함 표시가 없다면 Clean B/L이라고 한다.	선하증권 상에 제품이나 포장상의 결함 표시가 있는 선하증권을 의미한다.

※ Foul B/L의 구체적인 문구 예[63]

. Contents leaking(내용물 누출)
. Packaging soiled by contents(포장이 내용물에 의해서 오염)
. Packaging broken/holed/torn/damaged(포장손상)
. Packaging contaminated(포장오염)
. Goods damaged/scratched(상품손상/긁힘)
. Goods chafed/torn/deformed(상품찰상/찢김/변형)
. Packaging badly dented(포장이 충격을 받아서 움푹 들어감)
. Packaging damaged-contents exposed(포장손상, 내용물 노출)
. Insufficient Packaging(불충분한 포장)

60) ISBP E20 a.
61) ISBP E20
62) ISBP E21

Q 14 Master B/L과 House B/L이란 무슨 의미인가요?

선박회사가 Forwarder의 혼재화물에 대해 포워더에게 1건으로 발행하는 선하증권을 Master B/L 이라고 하며 포워더가 L.C.L 화물 건건 마다 L.C.L 화물의 화주에게 개별적으로 발행하는 B/L을 House B/L이라고 한다.

Q 15 Liner's B/L과 Forwarder's B/L이란 무슨 의미인가요?

Liner's B/L[64]은 선박을 소유한 선박회사가 발행한 B/L이고 Forwarder's B/L은 운송주선인이 발행한 B/L이다.

Q 16 Surrendered B/L이란 무슨 의미인가요?

Surrender란 어떤 권리를 '포기하다'의 의미를 지니고 있다. 송하인인 수출상이 운송회사를 통해서 물품을 선적하였다면 운송회사로부터 선하증권 원본을 받을 권리를 가지게 되는데 Surrender란 이 권리를 포기한다는 의미이다. 그러므로 송하인이 운송인에게 Surrender의 의사를 표시하면 운송인(carrier)은 선하증권 원본을 발급하지 않고, 선하증권 사본(non-negotiable copy)에 「SURRENDERED」라는 Stamp를 찍은 다음 이것을 이메일 혹은 팩스 등으로 송하인에게 전달한다. 이것을 SURRENDERED B/L이라고 한다. SURRENDERED B/L이 발급되었다는 의미는 선하증권 원본이 발급되지 않았다는 의미이다.

수출지와 수입지가 근거리인 경우, 수입상이 원본 선하증권 없이도 물품을 조속하게 찾기 위해서 수입상이 수출상에게 요구하면 수출상은 운송인에게 요구하고 운송인이 SURRENDERED B/L을 발급하여 수출상에게 전달한다. 수출상은 이것을 이메일 혹은 팩스 등으로 수입상에게 인도하고 수입상은 이것으로 수입지의 운송회사에 제출한 후 D/O(Delivery Order)를 발급받아 수입통관을 하게 된다.

SURRENDERED B/L은 신용장 결제방식에서는 발생하지 않고 주로 무신용장 결제방식에서 사용한다.

---

63) 대한상공회의소, UCP600(제6차 개정 신용장통일규칙 공식번역 및 해설서), 2007, p.199.
64) 실무현장에서는 Line B/L이라고 칭한다.

Q 17 선하증권(B/L)을 분실하면 어떻게 해야 하나요?

만약 운송회사가 기 발급한 선하증권(B/L)을 분실한 경우, 수출자는 운송사에 즉시 신고하여 재발급 절차를 밟아야 한다. 이 때 수출자는 자사의 명판과 직인, 각서, 법인(개인)인감증명서 등의 필요서류를 운송사에 제출하면 운송사는 선하증권을 재발급 해 줄 수 있다. 이때 운송사가 느낌이 이상하다 싶으면 재발급 B/L의 서명을 바꾸어 수입지 파트너에게 사본을 팩스로 보낸 다음 이 서명이 들어간 원본만 받고 D/O를 발급해 주도록 한다.

[B/L FORM]

<table>
<tr><td colspan="2" rowspan="2">①Consignor/Shipper</td><td>운송인
로고</td><td colspan="2">FBL *Negotiable*
KIFFA MULTIMODAL
TRANSPORT
BILL OF LADING</td></tr>
<tr><td colspan="3">B/L NO.SSAX 9AL0159</td></tr>
<tr><td colspan="2">②Consignee</td><td colspan="3" rowspan="4">Reg No.64
③ ***SEA ROAD***
TRANS CORPORATION
SEOUL KOREA
For delivery of goods please apply to :</td></tr>
<tr><td colspan="2">④Notify Party</td></tr>
<tr><td>Pre-carriage by</td><td>⑤Place of Receipt</td></tr>
<tr><td colspan="2">⑥Vessel/Voyage No.</td></tr>
<tr><td>⑦Port of Loading</td><td>⑧Port of Discharge</td><td colspan="2">⑨Place of Delivery</td><td>⑩Final Destination</td></tr>
</table>

PARTICULARS FURNISHED BY CONSIGNOR/SHIPPER				
Container no. & Seal No. Marks and No.	No. & Kinds of Containers or Pkgs	Description of Goods	Gross Weight	Measurement

⑪SAID TO CONTAIN :

⑫ ON BOARD DATE :

ORIGINAL

<table>
<tr><td colspan="3">Total Number of Containers
or Packages(in words)</td><td>Freight Payable at
SEOUL, KOREA</td></tr>
<tr><td>Freight & Charges
AS ATTACHED</td><td>Prepaid</td><td>Collect</td><td>**Received by the carrier**, the goods specified
herein in apparent good order and condition
unless otherwise stated, to be transported to
such place as agreed, authorized or
--------</td></tr>
<tr><td>⑬Place and Date of Issue</td><td colspan="2">No. of original
B/L THREE(3)</td><td>⑭Signature
SEA ROAD TRANS CORPORATION
AS A CARRIER</td></tr>
</table>

Authorized by KIFFA 1997(210 X 297mm)

■ B/L FORM

① Consignor/Shipper

물품의 송하인/선적인을 의미한다. 여기에는 수출상의 명칭과 주소를 기재한다. 신용장 결제방식인 경우에는 Beneficiary Name and Address를 기재하면 된다.

② Consignee

물품의 수하인을 의미한다. 무신용장 방식의 경우에는 수입상 혹은 수입상이 요청하는 특정인을 기재하고 신용장 결제방식인 경우에는 Made Out 다음에 명시된 자를 기재한다.

③ 운송인(Carrier)

이곳은 운송인의 명칭이 기재된다. 선박회사가 발행하면 선박회사의 명칭이 운송주선인이 발행하면 운송주선인(forwarder)의 명칭이 기재된다.

④ Notify Party

도착통지처를 의미한다. 물품이 수입국에 도착하면 운송사가 도착통지를 하게 되는데 그 당사자의 명칭과 주소가 기재된다.

⑤ Place of Receipt

운송인이 송하인으로부터 물품을 수취한 장소를 기재한다. FCL 화물은 ×× CY라고 기재되며 LCL 화물은 ×× CFS라고 기재된다.

⑥ Vessel/Voyage no.

선명/항해번호가 기재된다. 선박회사 명칭이 기재되는 것으로 오인할 수 있으나 선박회사 명칭을 기재하지 않고 선명(항해번호)을 기재한다.

⑦ Port of Loading

수출국의 선적항이 기재된다.

⑧ Port of Discharge

수입국의 목적항이 기재된다.

⑨ Place of Delivery

물품의 인도장소기 기재된다. 이 장소가 운송회사의 책임구간이다.

⑩ Final Destination

물품의 최종목적지가 기재된다. 이 장소는 운송회사의 책임구간이 아니다. 운송회사의 책임과 상관없이 수입상이 요청 및 신용장의 지시에 따라서 명시할 뿐이다.

⑪ Said to contain(송하인이 신고하기를)

수출상이 운송인에게 상품의 명세를 신고한 대로 운송인은 상품명세를 기재한다.

⑫ ON BOARD DATE

본선적재일을 기재하며 본선적재일을 선적일로 간주한다. 선하증권 발행일과 상관없이 실제로 본선에 적재한 날짜를 기재한다. 선하증권 발행일과 동일한 날짜일 수도 있고 다른 날짜일 수도 있다.

⑬ Place of Date of Issue

선하증권의 발행일을 기재한다.

⑭ Signature

운송인의 명칭과 서명이 기재된다.

■ B/L 예시 (1)

FORWARDER'S B/L, STRAIGHT B/L, L.C.L Cargo, RECEIVED B/L

<table>
<tr><td colspan="2">Consignor/Shipper ①
ICOM CO., LTD.</td><td colspan="2">FBL Negotiable KIFFA
MULTIMODAL TRANSPORT
BILL OF LADING</td></tr>
<tr><td colspan="2"></td><td colspan="2">B/L NO.SSAX 9AL0159</td></tr>
<tr><td colspan="2">Consignee
②KALMAX GRAMENTS FTY. LTD.</td><td colspan="2" rowspan="4">Reg No.64
SEA ROAD
TRANS CORPORATION
SEOUL KOREA

For delivery of goods please apply to :</td></tr>
<tr><td colspan="2">Notify Party</td></tr>
<tr><td>Pre-carriage by</td><td>Place of Receipt
③BUSAN CFS. KOREA</td></tr>
<tr><td colspan="2">Vessel/Voyage No. SUB</td></tr>
<tr><td>Port of Loading
BUSAN, KOREA</td><td>Port of Discharge
HONG KONG</td><td>Place of Delivery
HONG KONG</td><td>Final Destination</td></tr>
<tr><td colspan="4">PARTICULARS FURNISHED BY CONSIGNOR/SHIPPER</td></tr>
</table>

Container no. & Seal No. Marks and No.	No. & Kinds of Containers or Pkgs	Description of Goods	Gross Weight	Measurement
			443.000KGS	1.270CBM
PART OF 40HC × 1 (6CTNS)		SAID TO CONTAIN: 5000 MTRS OF ART 1001 65PERCENT POLYESTER 35 PERCENT COTTON SAY : PART OF ONE (40HC × 1)CONTAINERS ONLY ④RECEIVED DATE : APR. 21. 2020 ORIGINAL		

<table>
<tr><td colspan="3">Total Number of Containers
or Packages(in words)</td><td>Freight Payable at
SEOUL, KOREA</td></tr>
<tr><td>Freight & Charges
AS ATTACHED</td><td>Prepaid</td><td>Collect</td><td>Received by the carrier, the goods specified herein in apparent good order and condition unless otherwise stated, to be transported to such place as agreed, authorized or -------</td></tr>
<tr><td>Place and Date of Issue
SEOUL, KOREA
APR. 21, 2020</td><td colspan="2">No. of original
B/L THREE(3)</td><td>Signature
SEA ROAD TRANS CORPORATION
AS A CARRIER</td></tr>
</table>

Authorized by KIFFA 1997(210 X 297mm)

■ B/L 예시 (1)

① Forwarder's B/L이다.

배를 소유하고 있지 않은 운송주선업자(forwarder)가 발행한 B/L이다.

운송주선업자(forwarder)들이 사용하는 선하증권 서식은 수취선하증권인데 선하증권 전문이 "Received by the Carrier"로 시작한다.

B/L상단의 KIFFA[65]는 FIATA에 정식가입하고 있는 우리나라의 Forwarding 업체들의 협회이다. 우리나라는 한국국제물류협회(KIFFA)로 1979년에 FIATA[66]의 정회원으로 가입하였다. 또 다른 포워더의 협회로는 통합물류협회가 있는데 이 협회의 회원사인 경우에는 KIFFA 로고를 사용하지 않고 자기 회사의 로고를 사용한다. 이런 경우 "For Delivery of Goods Please Apply to"라는 표시가 있으면 Forwarder's B/L 이고 없으면 Liner B/L이다.

② Straight B/L이다.

선하증권의 수하인 표시방법에는 특정인을 기재하는 기명식(straight)과 Order라고 기재되는 지시식(order) 두 가지가 있는데 본 선하증권은 기명식(straight) 선하증권이다.

③ L.C.L Cargo이다.

L.C.L이란 컨테이너 한대분이 안되어 다른 Cargo와 혼재하여 선적될 화물을 말하며 B/L상에 물품의 수취장소가 부산 CFS이므로 L.C.L 화물임을 알 수 있다.

LCL cargo는 운송회사가 CFS(Container Freight Station)에서 하주로부터 물품을 수취한 후 목적지가 동일한 다른 수출상의 화물과 함께 혼재(consolidation)하여 선적한다.

④ 본 선하증권은 Received B/L(수취선하증권)이다. 운송사가 수취선하증권 양식(Received B/L Form)에 단순히 물품을 수취한 후 발행한 수취선하증권이다. 만약에 이러한 선하증권 양식에 "Laden on Board : 몇 월 몇 일"과 같이 본선적재부기가 되어있다면 On Board B/L(본선적재선하증권)이라고 한다.

---

65) KIFFA는 "Korea International Freight Forwarder's Association"이며 한국국제물류협회이다.

66) FIATA는 불어로 "Federation Internationale des Associations de Transitaires et Assimiles"의 약어 이며 영문으로는 "International Federation of Freight Forwarders Associations"이다.

■ B/L 예시 (2)

FORWARDER'S B/L, ORDER B/L, L.C.L Cargo, ON BOARD B/L

<table>
<tr><td colspan="3">Consignor/Shipper
①
ICOM CO., LTD.</td><td colspan="3">KIFFA
FBL *Negotiable KIFFA*
MULTIMODAL TRANSPORT
BILL OF LADING
B/L NO.SSAX 9AL0159</td></tr>
<tr><td colspan="3">Consignee
②TO ORDER</td><td colspan="3" rowspan="4">Reg No.64
SEA ROAD
TRANS CORPORATION
SEOUL KOREA

For delivery of goods please apply to :</td></tr>
<tr><td colspan="3">Notify Party</td></tr>
<tr><td>Pre-carriage by</td><td colspan="2">Place of Receipt
③BUSAN CFS, KOREA</td></tr>
<tr><td colspan="3">Vessel/Voyage No. GLORIA 007V</td></tr>
<tr><td>Port of Loading
BUSAN, KOREA</td><td colspan="2">Port of Discharge
HONG KONG</td><td colspan="2">Place of Delivery
HONG KONG</td><td>Final Destination</td></tr>
<tr><td colspan="6">PARTICULARS FURNISHED BY CONSIGNOR/SHIPPER</td></tr>
<tr><td>Container no. & Seal No.
Marks and No.</td><td colspan="2">No. & Kinds of Containers or Pkgs</td><td>Description of Goods</td><td>Gross Weight
443.000KGS</td><td>Measurement
1.270CBM</td></tr>
<tr><td colspan="2">PART OF 40HC × 1
(6CTNS)</td><td colspan="4">SAID TO CONTAIN:
5000 MTRS OF ART 1001
65PERCENT POLYESTER 35 PERCENT COTTON
SAY : PART OF ONE (40HC × 1)CONTAINERS ONLY

④LADEN ON BOARD : OCT. 18, 2020

ORIGINAL</td></tr>
<tr><td colspan="5">Total Number of Containers
or Packages(in words)</td><td>Freight Payable at
SEOUL, KOREA</td></tr>
<tr><td>Freight & Charges
AS ATTACHED</td><td>Prepaid</td><td>Collect</td><td colspan="3">**Received by the carrier,** the goods specified herein in apparent good order and condition unless otherwise stated, to be transported to such place as agreed, authorized or -------</td></tr>
<tr><td colspan="2">Place and Date of Issue
SEOUL, KOREA
OCT. 20, 2020</td><td>No. of original
B/L THREE(3)</td><td colspan="3" rowspan="2">Signature
SEA ROAD TRANS CORPORATION
AS A CARRIER</td></tr>
<tr><td colspan="2"></td><td></td></tr>
</table>

Authorized by KIFFA 1997(210 X 297mm)

■ B/L 예시 (2)

① Forwarder's B/L이다.

배를 소유하고 있지 않은 운송주선업자(forwarder)가 발행한 B/L이다.

② Order(지시식) B/L이다.

Consignee가 TO ORDER로 명시되어 있으므로 ORDER B/L이다. ORDER B/L의 경우 두 가지가 있다.

(1) TO ORDER : 단순지시식

(2) TO THE ORDER OF ×× BANK : 기명지시식

본 선하증권은 단순지시식이다. 단순지시식은 소지인식이라고도 하며 선하증권의 소지자가 권리를 행사할 수 있다.

③ L.C.L Cargo이다.

물품의 수취장소(place of receipt)가 BUSAN CFS, KOREA로 기재되어 있으므로 L.C.L Cargo를 선적한 선하증권임을 알 수 있다.

④ ON BOARD B/L이다.

Received B/L양식에 본선적재부기(on board notation)가 있으므로 On Board B/L(본선적재선하증권)이라고 한다. On Board B/L의 경우, 발행일과 본선적재부기일이 별로도 표기되어 있는 경우 본선적재부기일(on board date)을 선적일로 간주한다.

■ B/L 예시 (3)

LINER B/L, ORDER B/L, F.C.L B/L, SHIPPED B/L

Consignor/Shipper ICOM CO., LTD	**BILL OF LADING**
Consignee ②TO THE ORDER OF UBAF BANK HONG KONG	B/L NO. HASCLPUS1770010050 ① (회사 LOGO) HEUNG A SHIPPING CO.,LTD
Notify Party	④**Shipped on board** the vessel named herein apparent good order and condition unless otherwise indicated herein, the goods, or package(s) said to contain the Goods, to be carried subject to all the terms and conditions herein. (TERMS OF BILL OF LADING CONTINUED ON BACK HEREOF)

Pre-carriage by	Place of Receipt ③BUSAN, CY
Vessel/Voyage No.	

Port of Loading	Port of Discharge	Place of Delivery	Final Destination
BUSAN, KOREA	HONG KONG	HONG KONG	

PARTICULARS FURNISHED BY CONSIGNOR/SHIPPER

Container no.	Seal no.	No. of Package	Kinds packages description of goods	Gross weight	measurement
HASU 8600565	128679	1 x 20'	③SHIPPER'S LOAD, COUNT & SEAL SAID TO CONTAIN: 2,000 ROLLS of POLY FILM **ORIGINAL**	13,500 KGS	24.000CBM

Freight and charges	Revenue tons	Rate Per	Prepaid	Collect
	*** FREIGHT PREPAID ***			

Ex Rate	Prepaid at	Payable at	Place and date of issue
	SEOUL, KOREA		SEOUL, KOREA May 09, 2016
	Total prepaid	No. of original B/L	SIGNATURE BY ------------------------------------ HEUNG A SHIPPING CO.,LTD
⑤LADEN ON BOARD THE VESSEL			

■ B/L 예시 (3)

① LINER B/L이다.

운송주선인이 아닌 선박회사에서 발행한 B/L이다. FIFFA Logo가 찍혀 있지 않으면서 "For Delivery of Goods Please Apply to" 혹은 이와 유사한 Agent Name의 표시가 없으면 Liner가 발행한 Liner B/L이다.

② Consignee가 "TO THE ORDER OF UBAF BANK HONG KONG"으로 명시되어 있으므로 ORDER B/L이며 기명지시식 선하증권이다.

③ 본 선하증권은 FCL Cargo를 선적하였다. FCL의 경우에는 화주의 공장이나 창고로 컨테이너를 직접 불러(door)와 화주가 물품을 컨테이너에 채워 넣는 작업(stuffing)을 한다. 운송회사는 컨테이너를 화주가 요청하는 장소에 보내줄 뿐 물품을 컨테이너에 적입하는 작업에 참여하지 않고 화주의 책임하에 컨테이너에 화물을 적입(stuffing)하게 된다. 그러므로 운송회사는 자신의 면책을 위하여 B/L상에 "Shipper's Load, Count & Seal"이라는 문구를 삽입하게 되고 이것은 향후 운송회사의 면책을 위한 부지조항(unknown clause)이다. 즉, 물품은 수출상이 적입(stuffing)하였고, 계산(counting)하였고 그리고 컨테이너 봉인(sealing)을 하였으므로 우리는 그와 관련하여 화물의 내용에 대해서 알지 못한다는 의미이다.

이와 같이 운송회사가 보내 준 컨테이너에 화주가 화물을 직접 Stuffing하고 컨테이너 기사는 그 화물을 컨테이너 야드(CY ; Container Yard)로 이동하여 운송인에게 인도한다. 그래서 FCL Cargo를 선적한 선하증권은 Place of Receipt에 CY라고 기재한다.

④ 오른쪽 상단의 HEUNG A SHIPPING CO., LTD. 아래를 보면 선하증권의 전문이 "Shipped on Board the Vessel---"로 시작됨을 알 수 있다. 이러한 문구로 시작되는 선하증권을 선적선하증권(Shipped B/L)이라고 한다. 선적선하증권은 ⑤처럼 별도의 본선적재부기가 없더라도 발급일을 선적일로 간주한다. 전술한 예시2)는 On board B/L(본선적재선하증권)인데 이러한 On board B/L(본선적재선하증권)도 Shipped B/L(선적선하증권)로 취급하며 이 두 가지 선하증권의 법적인 효력은 동일하다.

서식 종류	주요 내용
Shipping Request(S/R)	하주가 선적할 화물의 내역을 작성하여 운송인에게 선적주문을 하는 선복요청서이다.
Check B/L	Check B/L은 선하증권 원본(Original)을 발행하기 전에 운송회사가 화주에게 확인토록하기 위해서 발행하는 일종의 확인용 예비 선하증권 정도로 이해하면 된다. Check B/L을 확인해 준 화주는 차후 선하증권이 Check B/L과 동일하게 발행되었다면 운송사에게 선하증권이 잘못 발행되었다는 항변을 할 수 없다. ※ 선하증권 원본을 현업에서 OBL이라고 한다. Original B/L이라는 의미이다.
Non Negotiable Copy (N/N B/L)	현업에서는 N/N B/L이라고도 한다. 선하증권의 사본을 의미한다. 선하증권 사본이란 원본발행자가 발행하였으나 원본의 효력이 없는 것을 말한다. 이것은 물품을 찾을 수도 없고, 양도성도 인정되지 않으며 운송회사와 화주가 운송계약을 했다는 증빙으로 수출상이 보관하는 것이다.
Surrendered B/L	Surrendered B/L은 COPY라고 명시되며 이것은 선하증권 원본이 아니며 수하인으로 기재된 자 이외에는 어느 누구도 물품을 찾을 수 없고, 양도성도 인정되지 않는다.

Shipping Request

Booking No.:

<table>
<tr><td colspan="2">Shipper/Exporter(name and address)</td><td colspan="2" rowspan="3">Vessel On-Board Date :

Total No. of Container
<table><tr><td>20'</td><td>40'</td><td>40'HC</td><td>45'</td></tr><tr><td></td><td></td><td></td><td></td></tr></table>Freight : Prepaid( ) / Collect( )
Service Contract Number :
Cargo Type : Dry( ) / Reefer( )
OOC( ) / Dangerous( )

Reefer unit set at shipper's request
carriage temperature of ( ) C/F</td></tr>
<tr><td colspan="2">Consignee(name and address)</td></tr>
<tr><td colspan="2">Notify Party(name and address)</td></tr>
<tr><td>Vessel Voyage no.</td><td>Port of Loading</td><td colspan="2" rowspan="2">Also Notify Party(name and address)</td></tr>
<tr><td>Port of Discharge</td><td>Place of Delivery</td></tr>
<tr><td>Marks & Numbers</td><td>Kind of packages : description of goods</td><td>Gross Weight</td><td>Measurement</td></tr>
<tr><td></td><td></td><td></td><td></td></tr>
<tr><td colspan="4">* Remarks in English :</td></tr>
</table>

KS Shipping Co., Ltd.

KS TRANSPORTATION CO., LTD.

<table>
<tr><td colspan="2">Shipper
JUNGHYUN KOREA CO.,LTD.
2/F GUIL BLDG NO.337-6, JANGAN-DONG
DONGDAEMOON-GU, 36-100
SEOUL, KOREA</td><td rowspan="2">B/L NO : SITH01236X
CHECK B/L
TO : JUNGHYUN KOREA CO.,LTD.
ATTN :
FAX : 2243-3507
FM :
TEL : 82 2 3275 0013(REP.)
FAX : 82 2 3273 8877(REP.)</td></tr>
<tr><td colspan="2">Consignee
TO THE ORDER OF UNITED MIZRAHI BANK LTD
AND 'NOTIFY' APPLICANT</td></tr>
<tr><td colspan="2">Notify Address
ADLER SPORTSWEAR
P.O.BOX 922590 12923 FOOTHILL BLVD.
SYLMAR, CA. 91342 U.S.A
TEL:(818)361-6690 FAX:(818)361-9659</td><td>Final Destination
LOS ANGELES, U.S.A.</td></tr>
<tr><td colspan="2">Ocean Vessel VILLE D'ORION E431</td><td rowspan="3">For Delivery of goods please apply to :
FEDERATION EXPORTS IMPORTS INC.
TEL NO : 310-410-4646
FAX NO : 310-410-9951
ATTN : MS. MYRIM T. CLARKE</td></tr>
<tr><td>Place of Receipt
BUSAN, CY</td><td>Port of Loading
BUSAN, KOREA</td></tr>
<tr><td>Port of Discharge
LOS ANGELES</td><td>Place of Delivery
LOS ANGELES, U.S.A.</td></tr>
</table>

Marks and Numbers   Number and Kind of Packages   Description of Goods   Gross Weight   Measurement

1,322.00 KGS

PART OF 1 CNTR(S) (20'×1)
(700PCS)

0.000 CBM

"SHIPPER'S LOAD & COUNT"
SAID TO CONTAIN :
700PCS OF

-HANGING CONTAINER-   LADIES POLY SUEDE/ ACRYLIC
JACKETS
PO NO 020
STYLE NO. FX2600
CAMEL 350PCS

ECMU1205321/1846726/20FT   CHAMOIS 350PCS

* L/C NO : LC15818

ON BOARD DATE
2016-05-04

'FREIGHT COLLECT'
SAY : PART OF ONE(1)(20'×1)CONTAINER(S)ONLY.   CY/CY

Freight Amount	Freight payable at	Number of Original	Place
FREIGHT COLLECT AS ARRANGED	DESTINATION	THREE(3)	SEOUL, KOREA 2016-05-04

Shipper		B/L No.
Consignee		
Notify Party		
Pre-carrage by	Place of Receipt	
Ocean Vessel	Port of loading	

CHEIL SHIPPING CO., LTD.

COMBINED TRANSPORT

BILL OF LADING

Received by the Carrier from the shipper in apparent good order and condition unless otherwise indicated herein, the Goods or the container(s) or package(s) said to contain the cargo herein mentioned, to be carried subject to all the terms and conditions provided for on the face and back of this Bill of Lading by the vessel named herein or any substitute at the Carrier's option and/or other means of transport, from the place of receipt or the port of loading to the port of discharge or the place of delivery shown herein and there to be delivered unto order or assigns.

If required by the Carrier this Bill of Lading duly endorsed must be surrendered in exchange for the Goods or delivery order.

In accepting this Bill of Lading, the Merchants agrees to be bound by all the stipulations, exceptions, terms and conditions on the face and back hereof, whether written, typed, stamped or printed, as fully as if signed by the Merchant, and local custom or privilege to the contrary notwithstanding, and agrees that all agreements or freight engagements for and in connection with the carriage of the Goods are superseded by this Bill of Lading.

In witness whereof, the number of original bill of lading stated herein all of this tenor and date, has been signed, one of which being accomplished, the others to stand void.

Port of Discharge	Place of Delivery		Final destination	
Marks and Numbers	No. of pkgs or units	King of package description of goods	Gross weight	Measurement
		NON NEGOTIABLE COPY		
Total number of packages or units				
Freight and charges	Revenue tons	Rate Per	Prepaid	Collect
Freight payable at	Number of Original B(s)/L	Place and Date of Issue		
For delivery of goods please apply to;		CHEIL SHIPPING CO., LTD. As a Carrier *J. D. HONG*		

SURRENDERED B/L

<table>
<tr><td colspan="2">Consignor/Shipper
FUJI TECH CO., LTD
OSAKA 550-0007 JAPAN</td><td colspan="2" rowspan="5">B/L NO.
NNROSA38972
MULTIMODAL TRANSPORT BILL OF LADING
FIRST ORIGINAL
NNR NNR GLOBAL LOGISTICS
JAPAN
A DIVISION OF
Nishi Nippon Railroad Co., Ltd.

Received by the Carrier from the Shipper in apparent good order and condition unless the Goods, to be carried subject to all the terms and conditions herein.</td></tr>
<tr><td colspan="2">Consignee
ICOM CO., LTD.
SEOCHO DONG SEOCHO-GU SEOUL KOREA</td></tr>
<tr><td colspan="2">Notify Party
SAME AS ABOVE</td></tr>
<tr><td>Pre-carriage by</td><td>Place of Receipt
OSAKA CFS</td></tr>
<tr><td colspan="2">Vessel/Voyage No. PANSTAR DREAM 700V</td></tr>
<tr><td>Port of Loading
OSAKA, JAPAN</td><td>Port of Discharge
BUSAN, KOREA</td><td>Place of Delivery
BUSAN CFS</td><td>Final Destination</td></tr>
</table>

<table>
<tr><td colspan="5">PARTICULARS FURNISHED BY CONSIGNOR/SHIPPER</td></tr>
<tr><td>Container no.

ICOM CO.
BUSAN PORT
KOREA
C/NO. 1-4
MADE IN JAPAN</td><td>No. of Package
4 CTNS</td><td>Kinds packages description of goods
MICROPROCESS DEVELOPMENT SYSTEM

SURRENDERED
2008. 11. 04

FREIGHT PREPAID
INVOICE NO.139760-5153

SAY : FOUR(4) CARTONS ONLY</td><td>Gross weight
KGS
100.0</td><td>measurement
CBM
4.000

COPY</td></tr>
</table>

<table>
<tr><td>Freight and charges</td><td>Revenue tons</td><td>Rate Per</td><td>Prepaid</td><td>Collect</td></tr>
<tr><td></td><td colspan="3">*** *FREIGHT AS ARRANGED* ***</td><td></td></tr>
</table>

<table>
<tr><td>Ex Rate</td><td>Prepaid at
OSAKA, JAPAN</td><td>Payable at</td><td>Place and date of issue
OSAKA, JAPAN November/04/2020</td></tr>
<tr><td></td><td>Total prepaid</td><td>No. of original B/L</td><td rowspan="2">As carrier
Nishi Nippon Railroad Co., Ltd.

OSAKA JAPAN</td></tr>
<tr><td colspan="3">Laden on Board the Vessel Nov/04, 2020

Vessel PANSTAR DREAM 700V
Port of Loading OSAKA, JAPAN</td></tr>
</table>

Q18 컨테이너 관련 정보가 궁금합니다.

컨테이너의 규격, 외장크기, 내장크기, 중량 및 종류는 다음과 같다.

1) 규격

컨테이너는 길이를 기준으로 하여 20Feet(TEU), 40Feet(FEU), 45Feet(High Cubic) 3가지로 구분한다.

2) 컨테이너 외장크기

규격(feet)	길이	폭	높이	CBM
20′	6.1	2.4	2.6	
40′	12.2	2.4	2.6	
20′/40′ HC	6.1/12.2	2.4	2.9	
점보(45′)	13.7	2.4	2.9	

3) 컨테이너 내장크기

규격(feet)	길이	폭	높이	CBM
20′	5.89	2.34	2.38	32.80
40′	12	2.34	2.38	66.83
20′	최대 : 32.8CBM / 평균적재부피 : 25~28CBM			
40′	최대 : 66.83CBM / 평균적재부피 : 55~57CBM			

물로 채운다면 20피트는 32.80CBM, 40피트는 66.83CBM이 실리겠지만 화물은 그렇게 실리지 못한다. 그 이유는 Dead Space가 발생하기 때문이다. Dead Space란 제품 박스와 박스 사이에 생기는 빈 공간이다. 한 회사의 동일한 사이즈의 제품을 선적하는 경우에도 Dead Space가 발생하는데 만약 서로 다른 화물을 선적하는 LCL의 경우라면 FCL보다 더 많은 Dead Space가 발생할 것이다.

4) 컨테이너 중량

(철재 드라이 컨테이너 기준, 단위 : ton)

규격	공 컨테이너 중량	최대적재중량(ISO기준)	실제최대중량(국내)
20′	2.08~2.2	20.32	17.5
40′	3.88~4.05	30.48	20

5) 컨테이너 종류

- Dry Cargo Container
- Tank Container
- Flat Rack Container
- Refrigerated Container
- Open Top Container
- Live Stock Container

Q 19 컨테이너 터미널의 구조가 궁금합니다.

컨테이너 터미널은 통상 다음과 같이 구성되어 있다.

GATE Container Freight Station(CFS)	Freight Station Area
Container Yard(CY) □□□□□□□□□□ □□□□□□□□□□ □□□□□□□□□□ □□□□□□□□□□ □□□□□□□□□□ □□□□□□□□□□	Storage Yard
방금 하역했거나 적재할 컨테이너를 정렬해 두는 장소 Straddle Carrier	Marshalling Yard
Gantry Crane	Apron(30-50M)
Container ship	Pier Berth(船席) : 정박지

부산항의 컨테이너터미널(BCTOC)[67] 안에 있는 5, 6부두의 C.Y는 ON-DOCK CY 혹은 Terminal CY라 부르고 수영이나 감만 등지와 같이 부두 밖에 설치된 CY는 OFF-DOCK CY라 부른다.

Q 20 항공운송장이란 무엇인가요?

운송 관련 증빙서류로써 해상운송은 선하증권(Bill of Lading)이라고 하지만 항공

67) BCTOC : Busan Container Operation Corporation(부산항 컨테이너 부두운영공사)

운송은 항공운송장(Air Wabybill)이라고 한다. 해상운송 선하증권(Bill of Lading)의 원본은 모두 3통이 발행되며 'Original', 'Duplicate', 'Triplicate'라고 칭한다. 반면에 항공운송장은 'Original-1', 'Original-2', 'Original-3'라고 칭한다. 또한 선하증권은 원본 3중 아무거나 한 통만 있어도 물품을 찾을 수 있으나 항공운송의 경우에는 'Original-2'로만 물품을 찾을 수 있다. 그러므로 진정한 원본은 'Original-2'를 의미한다.

선하증권의 원본이 'Negotiable' 즉, 유통성이 있다면 항공운송장은 원본이라도 유통성이 없다. 항공운송장의 원본 위쪽을 보면 'Not-Negotiable'이라고 기재되어 있다. 운송기간이 짧기 때문에 유통성을 인정하지 않고 있다.

항공화물은 해상운송에 비해서 안전도와 신속성이 있고 운송과정에 화물에 대한 손상발생 가능성이 낮고 긴급을 요하는 물품의 운송에 적합하다. 그러나 해상운송에 비해서 훨씬 높은 운송료를 부담해야 하는 단점이 있다.

Q21 항공운송의 절차와 특징은 무엇인가요?

항공운송의 절차 및 특징은 다음과 같다.

1) 항공화물 수출운송 절차

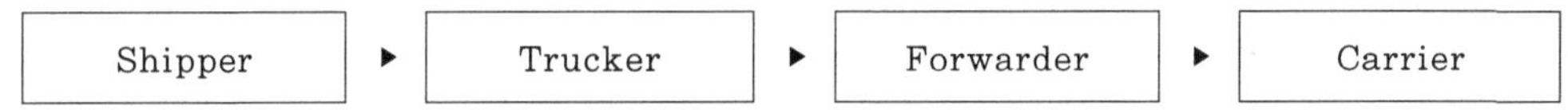

① 수출자가 Forwarder에게 예약(booking)을 한다.
② 관할 세관에 수출신고를 하고 수출신고필증을 교부 받는다.
③ 화물을 창고에 입고한 후 항공운송장(Air Waybill)을 발급 받는다.
④ 화물의 내용에 따라 적절한 라벨(label)을 붙인다.(위험물, 생동물 취급에 관한 제반규정은 ICAO/IATA[68]가 제정한 규정에 따라야 한다.)
⑤ 탑재가 결정된 화물은 적하목록에 기재하고 작성된 적하목록의 세관제출용을 세관에 제출하여 화물의 반출허가를 받는다.
⑥ 화물장치장에서 탑재할 화물을 픽업하여 행선지별로 컨테이너, 팔레트 등에 적재한다.

68) ICAO(International Civil Aviation Organization, 국제민간항공기구), IATA(International Air Transport Association, 국제항공운송협회)

⑦ 항공기에 탑재하여 출항한다.

2) 항공화물 수입운송 절차

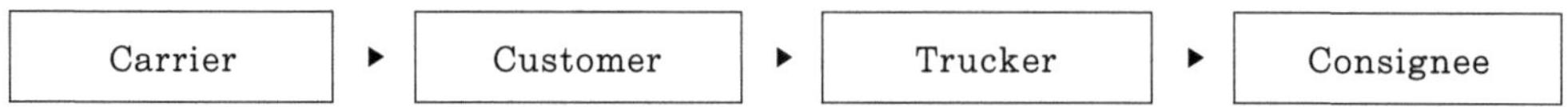

① 항공기에서 내려진 화물을 분류장에 운반되어 서류와 함께 점검하고 분류한다.

② 서울도착화물은 인천세관, 김포세관, 서울세관, 남서울세관 화물로 분류한다.

③ 도착화물은 항공사가 보관하지 않고 단지 탑재명세서에 의거, 화물의 대조확인 및 파손유무를 점검한 후 보세창고에 보관되며 관련서류는 항공사가 보관한다. 인천 및 김포세관을 제외한 기타 세관으로 운송되는 화물은 세관의 감독하에 보세운송면허를 득한 업자에 의해 운반된다.

④ 자가보세장치장을 가진 수하인은 김포공항 도착 즉시 현장에서 인수할 수 있도록 되어 있으며, 항공운송장의 분류, 정리가 끝나면 수하인(consignee)에게 전화나 우편으로 도착 통지를 한다.

⑤ 수입통관 업무는 수하인 또는 수하인으로부터 지정받은 통관업자가 행하며, 항공사로부터 항공운송장을 인수 받은 수하인 또는 통관업자는 수입신고서를 세관에 제출하고 수입허가를 득하여 통관, 인수하면 모든 절차가 끝나게 된다.

Q22 항공운송의 이용방법은 어떻게 되는가?

항공운송의 이용방법은 다음과 같다.

① 포장 : 운송사가 하주에게 항공운임을 청구할 때 무거운 화물은 실제중량(actual weight)으로 가볍고 부피가 많은 화물은 용적중량(volume)으로 청구하므로 Dead Space를 최소화하여 비용을 절감하는 포장방법이 강구되어야 한다.

② 품명에 의한 운송 제한 : 생동물, 무기류, 시체, 기계류, 부패성화물 등은 품명에 의하여 운송 제한된다. 화물의 정확한 명칭 및 화물에 수반되는 필요서류를 명시하는 것은 송하인의 책임사항이다.

③ 총중량 : 접수 시 화물의 중량은 정확히 계량되어야 하며, 중량 측정은 항공사 또는 대리점 직원의 감독 하에 이루어진다.

④ 착지불(collect)금지 : 송하인은 운임지불이 송하인에 의해 선불(prepaid) 또는

수하인에 의해 착지불(collect)될 것인지를 지정하여야 한다. 최종 인도항공사가 착지불 화물 취급을 동의 않는 경우, 착지불 화물로 접수가 불가한 품목(시체, 생동물, 부패성화물, 개인용 또는 사용된 이사품)은 착지불 지급이 금지되어 있다.

⑤ 운송신고가격(declared value for carriage) : 송하인은 운송신고가격 란에 화물의 가격 또는 NVD(No Value Declared)를 꼭 기입하여야 한다. 이 내용은 화물에 적용되는 종가요금을 계산하기 위한 것이며 AWB당 항공사별 특정 가격을 초과하면 수송 전 항공사와 협의하여야 한다.

⑥ 세관신고가격 : 세관신고가격 란에 신고된 금액에 따라 관세가 부과된다. 수입국의 규정에 세관신고가격의 기입이 의무적이 아닐 경우에는 NCD(No Customs Declared)로 기재하여도 무방하다.

Q23 항공운송장의 기능은 무엇인가요?

항공운송은 총 3통의 원본이 발급되는데 그 명칭은 Original-1, Origina-2, Original-3이며 각각 서로 다른 기능이 있으며 주요 내용은 다음과 같다.

원본	주요 내용
Original(원본)	항공운송장은 원본이 모두 3통이다. 선하증권과 마찬가지로 운송사는 원본을 3통 발급하지만 선하증권은 원본 3통의 효력이 동일한 반면 항공운송장은 3통의 기능 및 효력이 각각 다음과 같이 다르다.
Original-1 (for carrier)	운송회사 보관용이다. 항공운송회사가 발행하고 자신이 보관한다.
Original-2 (for consignee)	수하인용으로 항공기에 물품과 함께 수입지로 이동되어 운송회사의 파트너인 수입지 항공대리점이 보관한다. 결국 물품을 수입통관 하기 위해서는 "Original-2(for consignee)"가 필요하므로 진정한 의미의 원본은 이것을 의미한다. 만약 신용장의 요구서류 중 "Full Set of Air Waybill"이라고 명시되었더라도 "Original-2(for consignee)" 밖에 제시할 수 없다. 그러므로 항공운송을 요구하는 신용장을 개설하는 경우 개설은행은 신용장의 요구서류 조항에 "Full Set of Air Waybill" 대신에 "Original-2 (for consignee) of Air Waybill"이라고 명시해야 한다. 또한 개설은행은 항공운송장 3sets를 제시하지 않았다는 서류상의 불일치를 주장해서는 안 된다.
Original-3 (for shipper)	송화인용으로 수출상이 네고용 혹은 운송증빙용으로 사용한다.

①Shipper's Name Address	②Shipper's Account Number	③Not Negotiable ④**Air Waybill**
TOKYO ELECTRIC CO., LTD TOKYO BLDG 1-7-8.SHIMIYA, SHIMIYA-KU TOKYO 320-2828,JAPAN		Issued by NISSIN CORPORATION TOKYO, JAPAN
⑤Consignee's Name and Address	⑥Consignee's Account Number	Copies 1.2 and 3 of this Air Waybill are originals and have the same Validity
INDUSTRIAL BANK OF KOREA		
⑦Issuing Carrier's Name and City NISSIN CORPORATION NO.5 SANBAN, SHIMIYA-KU, TOKYO 102-8435. JAPAN		⑧Accounting Information FREIGHT COLLECT ROUTING ORDER SHIPMENT
⑨Airport of Departure TOKYO		

⑩To SEL	By First NH		⑪Currency JPY		
Airport of Destination KIMO AIRPORT	Requested Flight/Date NH-171-04		Amount of Insurance		

⑫Handling Information
NOTIFY:
ICOM CO., LTD Room no.202 #1551-9, SOCHO DONG, SOCHO-KU, SEOUL KOREA

No.of Pieces	Gross Weight	Rate Class	Chargeable Weight	Rate/Charge	Total	Nature and Quantity of Goods (Dimensions or Volume)
4	⑬36.3K		⑭73.0	⑮160	11,680	P/O NO : 990430-02 ICX055BL-B CXD2400R ICX054RL-P L/C NO.M04T2905ES101 INV.NO.K-4636/2
MARKS: M04T2905ES10 1 J.E.B.I LIMPO AIRPORT MADE IN JAPAN C/NO.1-4		DIMS : 69 × 45 × 34 65 × 51 × 21 63 × 46 × 45 VOL : 72.7KGS				
4	36.3K				11,680	

Prepaid	Weight Charge	Collect	Other Charges
Valuation Charge			
Tax			
Total other Charges Due agent			Shipper certifies that the particulars on the face here of are correct And agrees THE CONDITIONS ON THE REVERSE HEREOF TOKYO ELECTRIC CO., LTD. Signature of Shipper or his agent
Total other Charges Due Carrier			
Total Prepaid	Total Collect		⑯NISSIN CORPORATION 03 JUN.99 TOKYO. JAPAN SHIMIZU
11,680			
			⑰H.A.W.B.NO.: NUS-AR428373

⑱ORIGINAL-2(FOR CONSIGNEE)

[Air Waybill(항공운송장) 해설]

항목	주요 내용
Air Waybill	항공화물운송장은 발행하는 항공대리점마다 서식이 조금씩 다르다. 그러나 필수기재 사항은 동일하게 기재된다.
① Shipper's name	송화인의 성명, 주소, 도시, 국명이 기입되며 전화번호도 함께 기입해 두는 것이 좋다.
② Shipper's account	AWB를 발행하는 운송사의 임의로 사용된다.
③ Not negotiable	양도불능이라는 의미이다. 타인에게 양도할 수 없다.
④ Air Waybill	항공화물운송장의 정식명칭이다.
⑤ Consignee's name	수하인의 성명, 주소, 도시, 국명, 전화번호 등을 기입한다.
⑥ Account number	AWB를 발행하는 운송사의 임의로 사용된다.
⑦ Issuing carrier's	AWB 발행 항공대리점의 이름 및 도시명을 기재한다.
⑧ Accounting	특별히 회계처리에 관한 내용을 기재한다.
⑨ Airport of dep.	출항지 공항을 기재한다.
⑩ To	도착지 공항을 기재한다.
⑪ Currency	AWB 발행국 화폐단위 Code를 기입하며 AWB에 나타난 모든 금액은 본란에 표시되는 화폐단위와 일치하는 것이어야 한다. (단, "Collect Charges to Destination Currency"란에 표시되는 금액은 제외)
⑫ Handling info.	AWB의 다른 란에 표시할 수 없는 사항들을 나타내기 위해 사용된다.
⑬ Gross weight	실제 총중량이다.
⑭ Chargeable weight	실제 중량보다 많은 경우에는 운임에 적용되는 Volume Weight이다. (운임 = 73kg × 160엔 = 11,680엔)
⑮ Rate/Charge	KG당 160엔을 운임에 적용한다.
⑯ NISSIN CORP	항공운송장을 발행한 항공운송대리점이다.
⑰ H.A.W.B	House Air Waybill 번호이다.
⑱ Original-2	항공운송장의 용도를 표시한다. 이것은 수하인용 원본으로써 수입통관시 필요하다.

Shipper's Name and Address	Shipper's Account Number	Not Negotiable **Air Waybill** Issued by	SEA-ROAD TRANS CORPORATION 7TH FL. PAIKNAM BLDG., 188-3, ULCHIRO 1-GA CHUNG-KU SEOUL, KOREA
MEDISON CO. LTD. 689-3 YEOKSAM DONG, KANGNAM KU SEOUL, KOREA		Copies 1, 2 and 3 of this Air Waybill are originals and have the same validity.	
Consignee's Name and Address	Consignee's Account Number	It is agreed that goods described herein are accepted in apparent good order and condition(except an noted) for carriage SUBJECT TO THE CONDITIONS OF CONTRACT ON THE REVERSE HEREOF. ALL GOODS MAY BE CARRIED BY ANY OTHER MEANS INCLUDING ROAD OR ANY OTHER CARRIER UNLESS SPECIFIC CONTRARY INSTRUCTIONS ARE GIVEN HEREON BY THE SHIPPER. AND SHIPPER AGREES THAT THE SHIPMENT MAY BE CARRIED VIA INTERMEDIATE STOPPING PLACES WHICH THE CARRIER DEEMS APPROPRIATE. THE SHIPPER'S ATTENTION IS DRAWN TO THE NOTICE CONCERNING CARRIER'S LIMITATION OF LIABILITY. Shipper may increase such limitation of liability by declaring a higher value for carriage and paying a supplemental charge if required.	
MEDISON(S) PTE LTD. 16 RAFFLES QUAY #20-60 HONG LEONG BUILDING SINGAPORE 048581 TEL : 65-227-7568 NOTIFY : SAME AS ABOVE			
Issuing Carrier's Agent Name and City SEA-ROAD TRANS CORPORATION		Accounting Information	
Agent's IATA Code 99-9 7509/001 4	Account No.		
Airport of Departure(Addr. of First Carrier)and Requested Routing KIMPO AIRPORT, KOREA			

To	By First Carrier	ROUTING AND DESTINATION	to	by	to	by	Currency	CHGS Code	WT/VAL PPD	WT/VAL COLL CC	Other PPD	Other COLL CC	Declared Value for Carriage	Declared Value for Customs
SIN	KE						USD						N.V.D.	

Airport of Destination	KE355	Flight/Date	Amount of Insurance	INSURANCE-If carrier offers insurance, and such insurance is requested in accordance with the conditions thereof indicate amount to be insured in figures in box marked "Amount of Insurance"
SINGAPORE AIRPORT			NIL	

Handling Information
ENCL : INVOICE

SCI

No. of Pieces RCP	Gross Weight	kg lb	Rate Class / Commodity Item No.	Chargeable Weight	Rate / Charge	Total	Nature and Quantity of Goods (incl. Dimensions or Volume)
1	2.0K			2.0K		AS ARRANGED	1 PSC OF DIAGNOSTIC ULTRASOUND SCANNER PB-77C30/30ED INV NO. : MEX99-165 CONTRACT NO. : SC-SING-990415-01 "FREIGHT COLLECT"

Prepaid	Weight Charge / Collect	Other Charges
	AS ARRANGED	
Valuation Charge		
Tax		CHA 12.00 / APA 12.00
Total Other Charges Due Agent		Shipper certifies that the particulars on the face hereof are correct and that insofar as any part of the consignment contains dangerous goods, such part is properly described by name and is in proper condition for carriage by air according to the applicable Dangerous Goods Regulations.
	24.00	
Total Other Charges Due Carrier		AS AGENT FOR THE CARRIER, KOREAN AIR signature of shipper or his Agent
Total Prepaid	Total Collect	SEA-ROAD TRANS CORPORATION
Currency Conversion Rates	CC Charges in Dest. Currency	APR.26, 2016 SEL HS LEE/O. MGR **Executed on(date) at(place) Signature of Issuing Carrier or its Agent**
For Carrier's Use only at Destination	Charges at Destination	Total Collect Charges / SSA X050 502

ORIGINAL-3(FOR SHIPPER)

Q24 선하증권과 항공운송장의 차이점은 무엇인가요?

해상운송에서의 선하증권과 항공운송에서의 항공운송장은 다음과 같은 차이점이 있다.

선하증권(Bill of Lading)	항공운송장(Air Waybill)
B/L(Bill of Lading) 원본(Original)은 모두 3통인데 이것을 FULL SET라 하며 현업에서는 전통이라고 한다. 원본3통 모두를 Original이라고 표기할 수도 있고 Original(제1원본), Duplicate(제2원본), Triplicate(제3원본) 등으로 표기할 수도 있는데 수입통관을 하는 데는 원본 3통 중 아무 것으로나 한 통만 있으면 그것을 수입지의 운송인[69]에게 제시한 후 D/O를 받아 물품을 찾을 수 있다. 결국 원본 3통 모두는 용도가 동일하다.	AWB(Air Waybill)은 항공대리점(혹은 포워더)이 모두 3통을 발급하는데 각각 용도가 서로 다르며 해상운송과는 큰 차이가 있다. Original은 모두 3통이며 Original-1(for carrier)은 항공 대리점이 보관하고 Original-2(for consignee)는 물품과 함께 항공기에 실려 수입지의 항공사 대리점에 인도되며 Original-3(for shipper)은 수출상에게 인도되며 수출상은 이것을 보관 하거나 신용장결제방식의 경우 네고(nego)를 하게 된다. 수입통관시 물품을 찾는데 필요한 것은 Original-2이기 때문에 엄격한 의미에서 이것만을 Original이라고 하기도 한다.
명칭 : 해상선하증권	명칭 : 항공운송장
지시식 선하증권은 유가증권이며 유통성이 인정됨	단순한 화물운송증거 서류이며 비유통성으로 유가증권이 아니다. 항공운송장의 오른쪽 상단을 보면 'Not Negotiable'이라고 기재되어 있는 것을 볼 수 있다. 이것은 양도가 불가능하다는 의미이다.
수하인을 기명식 혹은 지시식으로 기재하며 지시식의 경우, 배서나 교부에 의해서 수하인의 권리가 양도 가능하나 기명식 선하증권은 선하증권의 배서나 교부에 의하여 권리의 양도가 불가능하므로 만약 권리의 양도를 희망하는 경우 양도인과 양수인이 계약을 체결하여 선하증권을 양도하여야 한다.	단순한 기명식으로 양도될 수 없으며 신용장방식의 경우에는 통상 은행을 Consignee로 명시하게 되며 이때 항공대리점은 은행의 수입항공화물 인도승낙서를 은행으로부터 수취한 후 수입상에게 Original-2(for Consignee)를 인도한다. 그 이유는 화물인도승낙서를 은행으로부터 받기 이전에는 물품의 소유권이 은행에 있기 때문이다. 은행이 Consignee를 은행자신으로 명기한 이유는 담보권 확보 자원이다.

69) 수출국 운송인의 파트너

Q25 해상운임과 항공운임에는 어떤 것들이 있나요?

1) 해상운임

해상운임은 크게 FCL과 LCL로 구분하는데 FCL은 20피트, 40피트 컨테이너별로 그리고 지역별로 운임이 정해져 있는 반면, LCL은 CBM당 운임이 적용된다. FCL 운임이 LCL 운임에 비하여 상대적으로 비싼 요율이 적용된다.

FCL과 LCL 해상운임의 예이며 실제운임과는 다를 수 있다.

구 분	O/F	BAF	THC	CFS	W/F	D/C	Total
20′FCL	1,550.00	77.00	86.90	0	4.67	7.82	1,726.39
LCL/CBM	99.00	0	0	8.52	0.16	7.82	115.50

- 20피트 컨테이너가 28CBM 가량 실을 수 있으므로 LCL 요율을 FCL로 환산하여 보면 28×115.50=US3,234.00이므로 LCL이 FCL에 비하여 2배 가까이 비싸다는 것을 알 수 있다. 그러나 항로에 따라 약간의 차이는 있다.
- O/F : Ocean Freight(해상운임) 순수한 기본운임이다.
- BAF : Bunker Adjustment Factor(유류할증료)
- THC : Terminal Handling Charge(터미널화물처리비)
  화물이 CY에 입고된 순간부터 선측까지, 반대로 본선의 선측에서 CY의 게이트를 통과하기까지 화물의 이동에 따르는 비용을 말한다.
- CFS : Container Freight Station(CFS Charge)
  선사가 컨테이너 한 개의 분량이 못되는 소량화물을 운송하는 경우 선적지 및 도착지의 CFS에서 화물의 혼적 또는 분류작업을 하게 되는데 이때 발생하는 비용을 CFS Charge라 한다.
- W/F : Wharfage(부두사용료)
- D/C : Document handling Charge(서류발급비)
  선사가 선하증권과 화물인도지시서(D/O)의 발급시 소요되는 행정비용을 보전하기 위한 요금이다.
  –Freight Prepaid(선불 운임)
  –Freight Collect(후불 운임)

◆ 컨테이너의 Demurrage Charge & Detention Charge의 차이점
1. Demurrage Charge : 화주가 운송회사에서 제공된 허용기간(free time)을 초과하여 컨테이너를 CY에서 반출해 가지 않을 경우 운송회사에 지불해야 하는 비용
2. Detention Charge : 화주가 컨테이너 또는 트레일러를 대여받은 후 Free Time내에 반환을 못할 경우 벌과금으로 운송회사에 지불해야 하는 비용

2) 항공운임

항공운임은 크게 실제중량에 의한 방법(by actual weight)과 용적중량에 의한 방법이 있는데 대부분의 경우 용적중량(by volume weight)에 의하여 운임이 결정된다. 실 중량이 40kgs이라 하더라도 용적으로 환산한 중량이 80kgs라면 운임은 80kgs가 적용한다. 만약 쇠를 선적하였을 경우 용적은 작은데 무게가 많이 나가는 경우라면 실제중량이 적용될 것이고 솜처럼 무게는 적지만 용적이 크다면 이 경우는 용적중량이 적용된다.

아래 운임표는 특정지역의 항공요율이며 실제운임과는 다를 수 있다.

[항공운임]

(단위 : 원/KG)

M(4KGS)	12,000
+45KGS	8,200
+100KGS	6,300
+300KGS	5,400
+500KGS	4,900
+1,000KGS	4,400

* M은 최소요율(minimum)을 의미하며 4kgs미만은 4kgs요금을 받는다.
* 중량이 많을수록 요율이 내려감을 알 수 있음.

해설

예를 들어 실제중량이 30kgs인 화물이 10Boxes이고 이 화물 1Box의 길이가 가로, 세로, 높이 각각 45cm×45cm×160cm이라면 실제중량은 300kgs(30kgs×10Boxes)이고 CBM은 3.24CBM [(0.45m × 0.45m × 1.6m) × 10Boxes]이 된다. 이 화물의 항공운임을 실제중량 대로 적용한다면 300kgs의 운임이 된다. 그러나 항공운송의 경우는 실 중량과 용적중량 중 큰 쪽을 적용하기 때문에 용적중량으로 환산하여 보아야 한다.

▶ 용적중량으로 환산하는 방법은 두 가지가 있다.

① CBM × 167kgs

3.24CBM × 167kgs = 541.08kgs

② [Box의 가로 × 세로 × 높이(in cm)] ÷ 6,000

[3,240,000(45 × 45 × 160) × 10Boxes] ÷ 6,000 = 540kgs

▶ 항공화물의 용적중량 환산시 1 CBM을 기준으로 167kgs로 본다.

▶ 상기 두 가지 방법 모두 거의 같은 결과가 나왔다.
결론적으로 실중량은 300kgs라 하더라도 항공운임은 541kgs가 적용된다.

▶ 항공운임은 1kg 단위로 적용한다.

8 신용장 매입(NEGO)실무

Q1 매입이란 무슨 의미인가요?

매입이란 서류를 사는 행위이다. 매입은행이 수익자가 제시하는 선적서류를 사 주는 행위이다. 현업에서는 네고(nego)라고 하는데 이것은 Negotiation의 약어이다. 수익자가 신용장이 요구하는 서류를 작성하여 지정은행에 제시하면 지정은행[70]이 그 서류를 할인가격으로 사는 행위를 말한다. 그리고 사주는 은행을 매입은행(negotiating bank)이라고 한다. 네고를 매입이라고 하는 이유는 사는 행위를 하는 은행 입장에서 부르기 때문이다. 수익자는 팔지만 은행이 그 서류를 사주기 때문이다.

매입을 할 때에는 이득이 있어야 한다. 수익자 측면에서의 이득이란 신용장 개설은행으로부터 신용장 대금을 지급 받을 때까지 기다리지 않고 매입은행에 서류를 제시하는 즉시 대금을 선지급 받을 수 있다는 점이다. 매입은행의 측면에서는 환가료라는 이자수익이 있기 때문이다. 양 당사자의 이해관계가 맞아 떨어져 매입이라는 행위가 일어나게 된다.

Q2 신용장 선적서류 작성은 어떻게 해야 하나요?

네고서류 작성시 유의할 사항은 신용장을 철저히 검토하여 신용장 그 자체가 가장

70) 자유매입신용장의 경우에는 매입하는 모든 은행이 지정은행이 될 수 있다.

우선적으로 해석된다는 사실이다. 서류 작성은 신용장만을 기준으로 작성하여야 한다.

UCP 600의 14조 a항에서 "지정은행, 확인은행 및 개설은행은 서류가 문면상(on their face) 일치하는 제시(신용장의 제조건, UCP 600, ISBP 745의 적용 가능한 규정에 따른 제시)를 구성하는 일치성을 결정하기 위하여 서류만을 기초로 하여(on the basis of the documents alone) 심사하여야 한다."라고 규정하고 있다. 그러므로 수출상은 서류 작성시 신용장의 조건만을 기초로 하여 서류자체의 자료간의 상충, 기타 모든 서류 상호간의 상충 또는 신용장의 제조건과의 상충이 있는 서류를 작성하여서는 안 된다.

대금결제 방식 중 수출상·수입상 모두에게 가장 합리적인 결제방법이라고 하는 신용장 결제방식도 여러 가지 한계성으로 인하여 완벽한 대금결제 방식이 되지 못하기 때문에 수익자는 무엇보다도 먼저 서류는 완벽하게 작성하여야 한다.

Q3 Clean Nego와 하자 Nego란 무슨 의미인가요?

매입은행이 서류 심사를 할 때는 둘 중 하나로 귀결된다. Clean Nego 아니면 하자 Nego 둘 중의 하나이다. 신용장 조건과 일치하는 서류를 작성하였다면 Clean Nego가 되겠지만 한 가지 서류라도 하자사항이 발견된다면 하자네고를 해야 한다. 서류작성을 아무리 완벽하게 하여도 한 가지를 잘 지키지 못하면 Nego서류에 심각한 하자가 된다. 그것이 바로 선적기일(S/D : Shipping Date)이다. 선적기일을 지키지 못하여서 운송서류(transport document)가 선적기일(S/D : Shipping Date) 이후에 발행된다면 아무리 다른 서류를 완벽하게 작성하였다 하더라도 신용장의 조건과 불일치한 제시가 된다. 그러므로 수익자는 수입상과 매매계약 체결시 지키지 못할 선적기일은 약속하지 않아야 한다.

Q4 ISBP는 어떻게 탄생되었는지요?

국제상업회의소(ICC) 은행위원회는 2002년 10월 30일 새로 제정된 'International Standard Banking Practice'(ISBP ; 국제표준은행관행)를 승인하였고 2013년 4월 17일 세 번째 개정판인 'ISBP 745'를 승인하였다. ISBP는 신용장통일규칙을 개정하는 것이 아니라 신용장통일규칙을 어떻게 실무에 적용하여야 하는지를 설명하는 것이다.

UCP가 제정된 이후 국제상업회의소 은행위원회에는 많은 질문이 들어 왔고 이에 따른 'opinion'이 발표되고 수많은 교육사례가 발표되었다. 그러나 여전히 서류를 작성하고 심사하는데 기준이 되는 국제표준은행관행이 어떤 것인가에 대한 의문이 남아 있었다. 이러한 이유 때문에 2000년 5월 은행위원회 회의에서 ISBP를 제정하는 임무를 맡을 'Task Force'가 구성되어 ISBP가 제정되게 된 것이다. ISBP는 새로운 관행을 만들거나 UCP를 개정하는 것이 아니라 기존 관행의 의미와 이것을 실무에 어떻게 적용할 것이냐를 결정하는 것이다. 결국 ISBP는 신용장 서류심사에 관한 지침서라고 볼 수 있다. 수익자는 UCP 600 및 ISBP 745를 잘 학습하여 일치하는 서류를 작성하려는 노력을 기우려야 한다.

Q5 매입·지급·인수·상환이란 무슨 의미인가요?

신용장 거래에서 매입(negotiation), 지급(payment), 인수(acceptance), 상환(reimbursement)이란 다음과 같다.

[매입 · 지급 · 인수 · 상환의 의미 비교]

매입 (Negotiation)	매입이란 수출지의 지정은행이 수출상이 제시하는 서류를 최종지급인(drawee)으로부터 대금의 지급이 이루어지기 전에 할인가격(신용장금액에서 이자, 수수료 등을 공제한 금액)으로 사는 행위를 말한다. 여기에서 할인가격으로 공제하는 금액을 환가료라고 한다. 원칙적으로 환어음을 사는데 일람지급 어음과 연지급 어음 모두를 살 수 있다. 그러나 UCP에서는 환어음이 없이 서류만을 매입할 수도 있다고 규정하고 있다.[71] 매입을 한 당사자는 최종지급이 이루어지지 않는 경우에는 그 어음의 발행인 또는 배서인들에게 미리 주었던 매입대전을 돌려달라고 할 권리를 갖고 있는데 이를 상환청구권(recourse right)이라고 한다.
지급 (Payment)	지급이란 대금을 주는 최종적인 행위이다. 신용장의 조건과 일치하는 서류를 제공해 주는 대가로 대금을 주는 행위가 지급이다. 지급은 개설은행 또는 개설은행이 신용장에서 권한(authorization)을 준 다른 은행이 할 수도 있다. 지급을 이행한 은행은 그 대금을 다시 돌려 달라고 요구하는 상환청구권(recourse right)을 행사할 수 없다. 지급에는 일람지급과 연지급이 있는데 일람지급으로 사용이 가능한 신용장인 경우, 개설은행이나 지정은행은 서류의 제시가 있으면 즉시 지급하지만 연지급인 경우에는 서류의 제시에 대하여 연지급확약을 한 후 만기에 대금을 지급한다.

인수 (Acceptance)	인수란 만기일에 반드시 지급하기로 하는 약속이다. 인수은행은 제시된 어음에 대하여 어음 지급일자(만기일)를 확정하고 그 기일에 어음 발행인 등에게 지급하겠다는 약속이다. 개설은행 또는 개설은행이 수권을 준 다른 은행은 조건과 일치하는 서류가 첨부된 연지급환어음을 인수하였다가 만기일에 지급한다.
상환 (Reimbursement)	상환이란 수출지 또는 제3국에 소재하는 개설은행의 예치환거래 은행이 개설은행의 요청과 지시에 의하여 일람불 또는 기한부 신용장의 대금을 지급하는 것을 말한다.

Q6 SWIFT란 무슨 의미인가요?

SWIFT는 "Society for Worldwide Interbank Financial Telecommunication (국제은행간 자금결제 통신망)"의 약자로써 외국환은행의 국제간 자금결제업무를 수행하기 위해 조직한 국제은행간 데이터통신 시스템을 말한다.

이 제도에 가입하면 국제은행간의 자금대체 지시 송달을 신속·정확하게 처리할 수 있고 안전성을 높일 수 있으며, 외국은행과 이루어지는 외환거래, 대출 및 예치금거래, 외국의 거래은행에 있는 계정잔액 및 대차내역을 쉽게 확인할 수 있다. 이와 함께 송금 및 추심업무와 신용장 개설, 화환어음 통지업무도 신속하게 처리되는 이점이 있다.

1973년 구미 15개국의 239개 금융기관이 공동으로 설립하여 벨지움 브리쉘에 본부를 두고 있으며 우리나라는 1992년 3월부터 SWIFT system을 설치·운용하고 있다.

UCP에서 신용장을 개설하는 전신을 'telecommunication'이라고 표현하고 있는데, 여기에는 Cable, Fax, SWIFT 및 각 은행이 자신들의 본·지점간에 전용으로 사용하고 있는 각종 전자식 통신장치를 망라하는 의미이다.

최근에는 통신수단의 발달로 인하여 대부분의 신용장이 전신으로 개설되고 그 중에서도 SWIFT에 의한 개설이 가장 많이 사용되고 있다.

Q7 SWIFT 관련 Message Type(M/T)이란 무엇인가요?

은행간에 신용장을 개설하여 송신할 때 Message Type(MT)란에 어떠한 내용인지

71) UCP 600 제2조

를 명시하도록 되어 있는데 예를 들어 Message Type란에 700이라는 숫자가 표시되어 있다면 그 SWIFT전문은 화환신용장을 개설한 신용장 전문임을 알 수 있다.

SWIFT에 가입한 금융기관들 끼리 신용장과 관련하여 사용되는 Message Type들은 다음과 같다.

MT 700	화환신용장 개설 개설된 화환신용장의 조건들을 표시한 형식이다.
MT 701	화환신용장의 조건변경
MT 705	화환신용장 개설의 사전통지문 완전한 신용장을 보내기 이전에 사전 정보사항으로 보내는 신용장의 사전 통지문 형식이다.
MT 707	화환신용장 조건변경의 통지문 화환신용장의 조건변경사항을 통지하는 형식이다.
MT 710	신용장을 다른 은행으로 통지하는 형식이다.
MT 720	신용장의 양도형식이다.
MT 730	신용장의 수신확인형식이다.
MT 732	하자 있는 서류를 접수한 은행의 하자인수통보이다.
MT 734	하자 있는 서류를 접수한 은행의 인수거절통보이다.
MT 740	개설은행이 상환은행으로 보내는 상환수권 전신문

Q8 BIC란 무슨 의미인가요?

금융기관을 코드화하여 자동화 처리를 위해 SWIFT가 국제표준화기구에서 명시한 Coding System을 바탕으로 Member, Sub-member, Participant들에게 고유의 Code를 부여하고 있는데 이를 BIC(Business Identifier Code)라 한다.

BIC 부여방법은 SWIFT 가입회원이 자체 환경에 따라 1개 또는 여러 개의 BIC부여신청을 하면 SWIFT 본부에서 이를 수리함으로써 부여되며, 연 4회 발간되는 BIC Directory에 실려 모든 가입자에게 알려지게 된다. 신청하는 BIC는 다른 회원의 BIC와 중복되지 않아야 하며 Coding System에 따라 만든 것이어야 한다.

1) BIC의 구성

BIC는 8자리 또는 Branch Code를 사용할 때는 11자리로 구성되는데 구조는 아래와 같다.

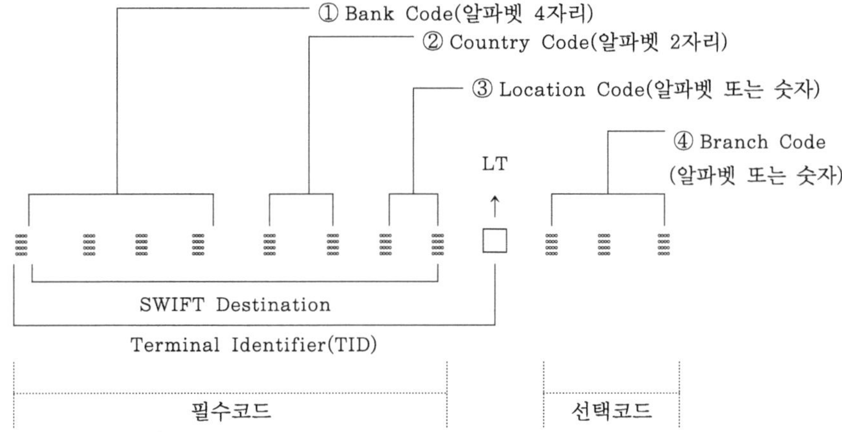

주) ③, ④ 및 LT Code의 숫자 사용시는 0과 1은 사용불가
LT : 주로 A가 사용되는데 앞 8자리 코드가 SWIFT에 등록되어 사용되고 있다는 의미이다.

2) BIC의 예시[72)]

부 서	Bank	Country	Location	Branch
서울지점	HSBC	KR	SE	–
뉴욕지점		US	33	–
시카코지점		US	44	–
LA지점		US	6L	–
동경지점		JP	JT	–
오사카지점		JP	JS	–
런던지점		GB	2L	–
싱가포르지점		SG	SG	–
홍콩본점		HK	HH	–
프랑크프루트지점		DE	FF	–

※ 미국을 비롯하여 도시가 많은 국가의 경우에는 Location 코드에 숫자가 사용된다.
(예 : 뉴욕 - 33, 시카코 - 44)

72) HSBC은행의 예

□ SWIFT 신용장

HSBC BANK

6th Floor Kyobo Building, 1.1-Ka, Chong-ro, Chongo-Ku, Seoul, Korea
Telephone : 3700-9630/6, Facsimile : 722-6547

EXPORT DEPARTMENT
NEW DC ADVICE

PLEASE QUOTE OUR REFERENCE NO.
MGK248186 -00

ICOM CO., LTD.
SEOUL KOREA
TEL 598-1206

A6302-603-15194

TEL/FAX NO. 598-1209

DEAR SIR

DOCUMENTARY CREDIT NO.	MGK248186
FOR	USD28,240.35
ISSUED BY	HSBC BANK HONG KONG

WE ADVISE RECEIVED THE ATTACHED DOCUMENTARY CREDIT. PLEASE CHECK THE TERMS AND CONDITIONS OF THIS CREDIT IMMEDIATELY AND NOTE THAT WE ARE UNABLE TO MAKE ANY CHANGES WITHOUT THE ISSUING BANK'S AUTHORITY. ACCORDINGLY, SHOULD ANY OF ITS TERMS/CONDITIONS BE UNACCEPTABLE PLEASE CONTACT THE OPENER DIRECTLY WITH A VIEW TO OBTAINING A SUITABLE AMENDMENT WITHOUT DELAY TO BE ADVISED TO US. YOU ARE NOT ENTITLED TO RELY ON ANY COMMUNICATIONS OR ANY DISCUSSIONS AT ANY TIME WITH US, THE ISSUING BANK OR THE OPENER AS IN ANY WAY AMENDING THIS CREDIT, SAVE TO THE EXTENT THAT THE CREDIT HAS BEEN AMENDED IN WRITING UNDER AN ADVICE SIGNED BY OUR AUTHORIZED SIGNATORIES.

THIS ADVICE IS SUBJECT TO UNIFORM CUSTOMS AND PRACTICE FOR DOCUMENTARY CREDITS (2007 REVISION) INTERNATIONAL CHAMBER OF COMMERCE PUBLICATION NO. 600.

THIS ADVICE CONSTITUTES A DOCUMENTARY CREDIT ISSUED BY THE ABOVE BANK AND SHOULD PRESENTED WITH DOCUMENT/DRAFTS FOR NEGOTIATION /PAYMENT/ACCEPTANCE.

THIS IS A SYSTEM GENERATED ADVICE AND THEREFORE NO SIGNATURE IS REQUIRED.

```
                    ***   FIRST   ***
       ***   AUTH.  CORRECT WITH CURRENT KEY   ***

**  FIN UAK                          {1 : F21HSBCKRSEAXXX1078463827}
**  {4:{177 : Date and Time(YYMMDDHHMM) : 20160320  1845}
**    {451 : acceptance/rejection :             0}
**-------------------------------------------------------------
**  {1 : FIN MESSAGE/Session/OSN     F01 HSBCKRSEAXXX  1078 463827}
**  {2 : Output Message Type         700 issue of a documentary credit
**       Input Time/MIR              1743 20160320HSBCHKHHAHKH9838295090
**       Received from               HSBCHKHHAHKH
                                     HSBC BANK HONG KONG
                                     (all hk offices and head office)
**      Output Date/time             20160320 1843
**      Priority/Delivery/Obsol.  Normal}
**  MUR : 079059650                  {3:{108:079059650}}
**-------------------------------------------------------------
**  {4:
** :27  sequence of total:
         1/1
** :40A  form of documentary credit:
         IRREVOCABLE
** :20   documentary credit no.:
         MGK248186
** :31C  date of issue: 20160320
** :40E  applicable Rules: UCP LATEST VERSION
** :31D  date and place of expiry:
         20160422KOREA
** :50   applicant:
         KALMAX GARMENTS FTY. LTD.
         BLOCK C, 10F., DONTEX BLDG.,
         10-3 SHEUNS HEI ST., SANPOKONG
         KOWLOON, HONG KONG
** :59   beneficiary:
         ICOM CO., LTD.
         ROOM202 HONGIL B/D, 1551-9, SOCHO-DONG
         SOCHO-KU, SEOUL,
         KOREA
** :32B  currency code amount:
**       currency code             :USD   US DOLLAR
**       amount : #28,240.35#
** :39A  pct credit amount tolerance:
         03/03
** :41D  available with/by-name. address:
         HSBC BANK SEOUL, KOREA
         BY NEGOTIATION
```

```
** :42C drafts at :
        DRAFTS TO BE DRAWN AT SIGHT FOR
        FULL INVOICE VALUE
** :42D drawee name and address:
        HSBC BANK HONG KONG
        MONGKOK OFFICE
** :43P partial shipments : **ALLOWED**
** :43T transshipment : **PROHIBITED**
** :44E Port of Loading/Airport of Departure:
        ANY PORT IN KOREA
** :44F Port of Discharge:
        HONG KONG
** :44C Latest date of ship: 2016-04-15
** :45A descr goods and/or services:
      + 9,573 YARDS 40 PERCENT NYLON 60 PERCENT COTTON  FABRIC
              WIDTH : 56 INCHES
              ITEM NO : IE-1003
              FINISH : PD. WR. W/S
              AT USD 2.95 PER YD CIF HONG KONG
              COLOUR ASSORTMENT:
              COLOUR        QTY(YDS)     SHIPMENT LATEST
           ------------------------------------------
              BLACK           6,277          15APR2014
              STONE           2,150          15APR2014
              NAVY            1,146          15APR2014
** :46A documents required
      + SIGNED COMMERCIAL INVOICE IN TRIPLICATE
      + SIGNED PACKING LIST IN TRIPLICATE
      + FULL SET ORIGINAL CLEAN 'ON BOARD' MARINE BILL
        OF LADING MADE OUT TO ORDER, ENDORSED IN BLANK
        MARKED 'FREIGHT PREPAID', NOTIFY APPLICANT WITH FULL
        ADDRESS AND MENTIONING THIS DC NO.
      + MARINE INSURANCE POLICY OR CERTIFICATE IN NEGOTIABLE
        FORM, ENDORSED IN BLANK FOR FULL CIF VALUE PLUS 10 PERCENT COVERING
        INSTITUTE CARGO CLAUSES (A) INCLUDING FROM WAREHOUSE TO WAREHOUSE,
        INSTITUTE WAR CLAUSES (CARGO) AND INSTITUTE STRIKES CLAUSES(CARGO),
        AND SHOWING CLAIMS PAYABLE AT DESTI- NATION IN THE CURRENCY OF THIS
        DOCUMENTARY CREDIT
      + COPY OF APPLICANT'S FAX TO BENEFICIARY CERTIFYING THAT SHIPMENT
        SAMPLES HAVE BEEN APPROVED BEFORE SHIPMENT
      + COPY OF BENEFICIARY'S FAX SHIPMENT ADVICE TO APPLICANT (FAX NO.
        852-3452-3223) DATED ON OR BEFORE SHIPMENT ADVISING NAME OF THE
        CARRYING VESSEL, SHIPMENT DATE, NUMBER OF CARTONS, QUANTITY AND
        VALUE OF THE GOODS TO BE SHIPPED AND NAME OF THE SHIPPING COMPANY'S
        AGENT IN HONG KONG
```

+ BENEFICIARY'S SIGNED CERTIFICATE CERTIFYING THAT ONE SET OF NON-NEGOTIABLE SHIPPING DOCUMENTS INCLUDING SIGNED COMMERCIAL INVOICE, SIGNED PACKING LIST AND MARINE BILL OF LADING HAS BEEN FAXED TO APPLICANT (FAX NO. 852-3452-3223) ON OR BEFORE SHIPMENT
+ INSPECTION CERTIFICATE ISSUED AND SIGNED BY TEXTILE LIMITED

** :47A additional conditions:
+ DOCUMENTS TO BE PRESENTED WITHIN 7 DAYS AFTER THE DATE OF SHIPMENT BUT WITHIN THE VALIDITY OF THIS CREDIT
DOCUMENTS MUST BE PRESENTED TO US THROUGH YOUR BANKER.
+ 3PERCENT MORE OR LESS IN QUANTITY AND AMOUNT FOR EACH COLOUR ALLOWED
+ IN CASE OF DC OVERDRAWN AND IF SUCH DISCREPANCY IS ACCEPTED BY APPLICANT. THEN A DC OVERDRAWN COMMISSION AT 1/4 PERCENT ON OVERDRAWN AMOUNT(MINIMUM HKD450.00 OR EQUIVALENT) WILL BE DEDUCTED FROM PROCEEDS
+ AT THE TIME OF NEGOTIATION. THE NEGOTIATING BANK WILL PAY YOU THE AMOUNT OF THE DRAFT LESS REIMBURSING BANK'S CHARGES
+ A USD 50.00 FEE PLUS ALL RELATIVE CABLE CHARGES WILL BE DEDUCTED FROM THE REIMBURSEMENT CLAIM FOR EACH PRESENTATION OF DISCREPANT DOCUMENT UNDER THIS DOCUMENTARY CREDIT. NOTWITHSTANDING ANY INSTRUCTIONS TO THE CONTRARY. THIS CHARGE SHALL BE FOR THE ACCOUNT OF THE BENEFICIARY

** :71B charges:
ALL BANKING CHARGES OUTSIDE HONG KONG. INCLUDING ADVISING AND NEGOTIATION COMMISSION, ARE FOR THE ACCOUNT OF BENE-FICIARY

** :49 confirmation instructions:
WITHOUT

** :78 instructions to pay/acc/neg bk:
DOCUMENTS MUST BE DESPATCHED BY REGISTERED AIRMAIL IN ONE COVER TO OUR MONGKOK OFFICE, 673 NATHAN ROAD, KOWLOON, HONG KONG. ON RECEIPT OF DOCUMENTS CONFORMING TO THE TERMS OF THIS CREDIT, WE UNDERTAKE TO REIMBURSE YOU IN THE CURRENCY OF THIS CREDIT AS PER YOUR INSTRUCTIONS LESS REIMBURSEMENT FEES AND PAYMENT CABLE CHARGES(PLS PROVIDE REIMBURSEMENT BANK'S ABA NO AND YOUR CHIPS UID NO)
NEGOTIATING BANK'S DISCOUNT AND/OR INTEREST, IF ANY, PRIOR TO REIMBURSEMENT BY US ARE FOR BENEFICIARY'S A/C

** :72 sender to receiver information:
PLS. CONTACT BENEFICIARY AT TEL. NO. 598-1206 IMMEDIATELY UPON RECEIPT OF THIS CREDIT

{5:{MAC:13B4493A} Authentication Result
{CHK:F55F958409A5} Checksum Trailer}

*End

1. 첫 페이지는 신용장 통지은행의 통지안내문이며 이것은 신용장 본문이 아니다(UCP 600 : 2007년 개정 신용장 통일규칙). 표지 제일 윗부분의 HSBC 서울지점이 통지은행이다.
2. 두 번째 페이지는 신용장 본문이다. 이 신용장은 SWIFT 신용장이며 통지은행에 의하여 외견상 진정성이 판별된 신용장이다. AUTH.는 AUTHENTICATED라는 의미이며 AUTH CORRECT WITH CURRENT KEY는 이 신용장은 진위 여부가 확인된 신용장이라는 의미이다.
3. Output Message Type : 700 Issue of a documentary credit
   700은 MT(Message Type)라는 것으로 700은 SWIFT에 의하여 화환신용장이 개설되었다는 화환신용장 개설을 의미한다(SWIFT 신용장 관련 표준형식 참조).
4. Received from : HSBCHKHHAHKH
   HSBC BANK HONG KONG(all hk offices and head office)
   Received from 다음에 기재된 은행이 개설은행이다.

조항별 해설

27 sequence of total : 전문의 총 쪽수 중에서 몇 번째 쪽인지를 표시한다.
(예) 1/1 : 총 1쪽으로 구성된 전신문의 1쪽이다.

40A form of documentary credit : 신용장의 종류를 표시한다.
신용장은 취소불능(irrevocable)이라는 표시가 없더라도 취소가 불가능하다(UCP 600 제3조).
'Transferable'이라는 용어가 명시된 경우에는 양도가능신용장이고 이런 단어가 없는 경우에는 양도불능신용장이다. 본 신용장은 이러한 문구가 명시되어 있지 않으므로 제2의 다른 수익자에게 양도할 수 없다.
(예) irrevocable : 취소불능신용장
revocable : 취소가능신용장
irrevocable transferable : 취소불능 및 양도가능신용장

20 documentary credit number : 개설은행이 부여하는 신용장번호를 표시한다.

31C date of issue : 개설은행이 개설일자로 간주하는 일자를 표시한다.
아무런 표시가 없는 경우 이 전문이 발송된 일자를 개설일자로 간주한다.

40E applicable rules : 신용장의 적용규칙을 표시한다.
[예] UCP LATEST VERSION : 현행 UCP를 적용함
EUCP LATEST VERSION : 현행 eUCP를 적용함.
UCPURR LATEST VERSION : 현행 UCP와 URR 적용
EUCPURR LATEST VERSION : eUCP와 URR 적용.
ISP LATEST VERSION : 현행 ISP를 적용함.
OTHR : 기타 규칙을 적용함.

31D date and place of expiry : 서류가 제시되어야 하는 마지막 일자와 장소를 표시한다.
신용장의 유효기일 장소는 대부분 수출국이 되나 수입국이 되는 경우도 있으므로 수입국까지의 서류도착 기일을 잘 감안하여 미리 매입 의뢰해야 한다.

50 applicant : 신용장 개설의뢰인이다.
59 beneficiary : 수익자를 의미하며 수출상과 동일한 의미이다.
32B currency code amount : 신용장의 통화 및 금액을 표시한다.
39A pct credit amount tolerance : 03/03 신용장 금액의 과부족 편차를 표시한다.

수량과 금액이 3% 범위 내에서 과부족이 허용된다. 3% 덜 선적하여도 되고 3% 더 선적하여도 된다는 의미이다.

환어음 발행에 있어서는 원칙적으로 신용장 금액을 초과할 수 없으나 신용장의 Special Instruction의 내용에 따라서 초과 발행할 수 도 있다.

본 신용장은 Applicant가 Accept하는 조건으로 초과 발행할 수 있도록 허용하고 있다. UCP 제30조는 과부족 허용범위를 다음과 같이 명시하였다.

신용장 금액 또는 신용장에서 표시된 수량 또는 단가와 관련하여 사용된 'About' 또는 'Approximately'라는 단어는, 그것이 언급하는 금액, 수량 또는 단가에 관하여 10%를 초과하지 않는 범위 내에서 많거나 적은 편차를 허용하는 것으로 해석된다.

만일 신용장이 수량을 포장단위 또는 개별단위의 특정 숫자로 기재하지 않고 청구금액의 총액이 신용장의 금액을 초과하지 않는 경우에는, 물품의 수량에서 5%를 초과하지 않는 범위 내의 많거나 적은 편차는 허용된다.

39B maximum credit amount(본 신용장에서는 생략) : 'Up to', 'Maximum' 또는 'Not Exceeding' 중에서 한 문언을 사용하여 신용장 금액을 표시한다.
41D available with/by name and address : 'With' 다음에는 신용장을 사용할 수 있는 은행명을, 'By' 다음에는 신용장의 사용방법을 표시한다.

신용장의 이용방법에는 모두 4가지가 있으며, 지급(payment), 연지급(deferred payment), 매입(negotiation), 인수(acceptance)중 한 가지를 여기에 명시한다.

지급(Payment)이란?

지급은행으로 지정된 은행이 서류와 상환으로 대금을 일람 후 즉시 지급한다.

연지급(Deferred Payment)이란?

연지급은행으로 지정된 은행이 서류와 상환으로 연지급확약서를 발행한 후 만기에 대금을 지급한다.

매입(Negotiation)이란?

매입제한신용장의 경우 매입은행으로 지정된 은행이, 자유매입신용장의 경우에는 어떤 은행이든지 서류를 매입할 수 있다. 매입이란 사는 행위를 말한다. 즉, 최종 지급인으로부터 대금의 지급이 이루어지기 전에 매입은행이 선적서류를 사는 행위이다.

환어음을 매입할 때에는 기한부 어음과 일람불 어음을 모두 살 수 있다. 그러나 UCP에서는 환어음이 없이 서류만을 매입할 수도 있다고 규정하고 있다. 당연한 이야기이지만 은행이나 투자자들이 환어음을 살 때는 이윤을 남기기 위해서 산다. 그러므로 어음의 액면가에서 이자 및 수수료를 공제하고 산다.

매입을 한 당사자는 최종지급이 이루어지지 않는 경우 그 어음의 발행인 그리고/ 또는 배서인들에게 미리 주었던 매입대전을 돌려달라고 할 권리를 갖고 있는데 이를 상환청구권이라 한다.

매입을 Negotiation or Purchase라고 하는데 신용장거래에서는 Negotiation으로 통일하여 부르고 있다.

인수(Acceptance)란?

인수는 만기일에 반드시 지급하기로 하는 약속이다. 환어음을 인수한 인수인은 제품에 하자가 있더라도 그 어음의 만기일에 대금을 지급을 하여야 한다.

41D의 Available with/by name and address에서 매입(negotiation) 신용장의 경우 아래와 같이 둘 중 하나로 기재된다.

(1) Any bank by negotiation
 - Freely Negotiable Credit(자유매입신용장)
(2) ×× bank by negotiation
 - Negotiation Restricted Credit(매입제한신용장)

41D Available with/by name, address
<u>HSBC BANK SEOUL, KOREA</u>
BY <u>NEGOTIATION</u>

위의 경우는 HSBC SEOUL지점에서 매입하도록 매입이 제한된 매입제한신용장이다. 수출상은 매입이 제한된 은행으로 곧 바로 가서 매입을 의뢰할 수도 있고 자신의 거래은행에서 매입을 시키고 1차 매입은행이 매입이 제한된 은행으로 2차 매입을 의뢰할 수도 있다. 이것을 재매입(renego)이라고 한다.
만약에 ANY BANK BY NEGOTIATION이라고 되어있다면 아무 은행에서나 매입이 가능하며 이를 자유매입신용장이라고 한다.

42C drafts at : 화환어음의 기간을 표시한다.
Draft는 환어음을 의미하며 Bill of Exchange와 동일한 의미이다.
Draft to be drawn at sight for full invoice value
환어음(draft)을 at sight(일람불)조건으로 발행하라는 의미이다.

(1) Sight (2) Usance (3) Mixed

* At sight : 즉시 지급
* Usance : (1) at ×× days after sight(일람 후 정기출급)
(2) at ×× days after B/L date(확정일자 후 정기출급)

At sight(일람불)란 : 매입은행이 환어음과 선적서류를 개설은행으로 송부하면 개설은행은 서류상의 하자(불일치)가 없는 한 서류 접수 다음날로부터 늦어도 제5영업일 이내에 대금을 지급(payment)하는 조건이다.

Usance(기한부)란 : 매입은행이 환어음과 선적서류를 개설은행으로 송부하면 개설은행은 서류상의 하자(불일치)가 없는 한 서류 접수 다음날로부터 늦어도 제5영업일 이내에 서류를 인수(acceptance)하고 만기가 도래하면 그 만기일에 매입은행으로 대금을 지급한다. 인수란 만기가 도래하면 대금을 지급하겠다는 개설은행의 약속 또는 의사표시이다.

42D drawee name and address : 화환어음의 지급인을 표시한다.
화환어음의 지급인은 개설은행이 되며 개설은행이 수권을 준 다른 은행이 될 수도 있다. 그러나 개설의뢰인은 Drawee가 될 수 없다.
42M mixed payment details : 혼합지급으로 사용이 가능한 경우 그것들의 결정에 필요한 지급일자, 금액 그리고/또는 방법을 표시한다(본 신용장에서는 없으며 선대신용장에서 볼 수 있음).
42P deferred payment details : 연지급으로 사용이 가능한 경우 그것의 결정에 필요한 지급일자 또는 결정방법을 표시한다(본 신용장에는 생략).
43P partial shipments : 분할선적이 허용되는지 여부를 표시한다.
Allowed(or permitted)는 허용된다는 의미이며 신용장에서 명시적으로 허용하거나 아무런 표시가 없는 때에는 분할선적이 허용된다.
※ 분할선적 금지의 경우 : Not Allowed or not Permitted로 명시한다.

43T transshipment : 환적이 허용되는지 여부를 표시한다.
환적(transshipment)이란 신용장에 명시된 선적항으로부터 양륙항까지 해상운송의 도중에 한 선박에서 다른 선박으로 상품을 다시 적재하는 것을 의미한다.
환적을 허용하는 경우에는 'Allowed' or 'Permitted'로 명시하고 허용치 않는 경우에는 'Not Allowed' or 'Not Permitted'로 명시한다.
환적이 될 것이라거나 될 수 있다고 표시하는 선하증권은, 물품이 컨테이너, 트레일러, 래시 바지에 선적되었다는 것이 선하증권에 의하여 증명되는 경우에는 비록 신용장이 환적을 금지하더라도 수리될 수 있다.
44E port of loading/airport of departure : 선적항 또는 출발공항을 표시한다.
44F port of discharge/airport of destination : 하역항 또는 목적공항을 표시한다.

SWIFT Field 44를 A, E, F, B로 세분화하여 각 운송서류의 종류별로 다른 Field를 사용하도록 하였다. 이전까지는 운송서류의 종류와 관계없이 하나의 Field를 사용하여, 요구하는 운송서류의 종류로서는 표시할 수 없는 운송구간을 기재하는 경우가 있었음. 예를 들어, Marine Bill of Lading을 요구하면서,

44A: (Loading on Board/Dispatch/Taking in Charge at/from...) Daegu, Korea
44B: (For Transportation to...) Beijing, China와 같이 기재하여 분쟁을 만드는 경우가 종종 있었다.
44A: Place of Taking in Charge/Dispatch from.../Place of Receipt
운송서류에 표시되어야 하는 (복합운송서류의 경우) 수탁지, (도로, 철도, 내륙수로 운송서류, 또는 택배, 속배서비스서류의 경우) 수취지, 발송지 또는 선적지를 표시함.
44E: Port of Loading/ Airport of Departure
운송서류에 표시되어야 하는 선적항 또는 출발공항을 표시함.
44F: Port of Discharge/ Airport of Destination
운송서류에 표시되어야 하는 양륙항 또는 목적공항을 표시함.

44B: Place of Final Destination/ For Transportation to.../ Place of Delivery운송서류에 표시되어야 하는 최종 목적지 또는 인도장소를 표시한다.

44C latest date of shipment : 최종 선적일자를 표시한다.

45A description of goods and/or services : 상품 그리고/또는 Standby L/C인 경우, 용역의 명세를 표시한다. 신용장을 수취한 후 계약 체결한 내용과 상이하다면 즉시 조건 변경을 요청하여야 한다.

46A documents required : 수출상이 제시해야 할 서류에 관한 사항이다.

(1) Original(원본)

(2) Copy(사본) : original 서류 발행자가 발행하였으나 원본의 효력이 없는 것 (예 : 선하증권의 Non-Negotiable Copy = N/N B/L)

(3) Photocopy(사진복사본) : 원본이나 사본을 복사기에 복사한 것

* 신용장에서 별도의 언급이 없이 단순히 Copy를 요구하였다면 Photocopy도 서류의 불일치가 되지 않는다.

* ISBP A29 d

(1) Invoice, One Invoice, Invoice 1 Copy 혹은 Invoice - 1 copy : 송장 원본 1부를 요구하는 것으로 해석

(2) Invoice in 4 Copies 혹은 Invoice in 4 fold : 최소 원본 1부와 나머지는 사본의 제시로 해석

(3) Photocopy of Invoice 혹은 Copy of Invoice : 사진 복사본이나 사본 1부 또는 만약 금지되지 않았다면 송장 원본 1부의 제시로 해석

(4) Photocopy of a Signed Invoice : 외관상 서명된 송장 원본의 사진복사본 또는 사본 1부 또는 만약 금지되지 않았다면 서명된 원본 송장 1부의 제시로 해석

+ SIGNED COMMERCIAL INVOICE IN TRIPLICATE

In Triplicate란 상업송장 3통(triplicate)을 첨부하라는 의미이다.

UCP에 의하면 상업송장은 수익자가 발행한 것으로 보여야 하며, 개설의뢰인 앞으로 발행되어야 한다. Signed라는 언급이 없다면 서명될 필요는 없다. 그러나 본 신용장처럼 신용장 조항에 'Signed'라고 명시되어 있으면 서명을 하여야 한다.

원본에 대한 언급이 없이 복수의 서류를 요구하는 경우 1통은 반드시 원본(original) 상업송장을 제시하여야 하며 나머지 2통은 사본을 제시하여도 무방하다. 또한 3통 모두를 원본으로 제시하여도 된다. 만약에 "Signed Original Commercial Invoice in Triplicate"라고 명시되었다면 사본 제출은 안 되며 반드시 서명된 원본만 3통을 제시하여야 한다.

신용장에서 요구하는 서류의 수량을 나타낼 때는 통상 '3통으로 구성된(triplicate)', '3겹으로 된(3 folds)' 또는 '2부로 구성된(2 copies)'과 같은 방법으로 요구한다. 이러한 경우 그 숫자만큼의 부수 중에서 1통의 원본을 요구하고 나머지는 사본을 요구하는 것으로 해석한다. 그러나 "3통의 원본과 4통의 사본을 요구한다"는 식으로 명확히 요구하는 경우 그 지시에 따라야 한다.

■ 서류의 제시통수 표기방법

통수	영문표기방법	통수	영문표기방법
2	DUPLICATE	6	SEXTUPLICATE
3	TRIPLICATE	7	SEPTUPLICATE
4	QUADRUPLICATE	8	OCTUPLICATE
5	QUINTUPLICATE		

+ PACKING LIST IN TRIPLICATE

"포장명세서 3통을 제시하시오."라는 의미이다.

+ FULL SET ORIGINAL CLEAN "ON BOARD" MARINE BILLS OF LADING MADE OUT TO ORDER, ENDORSED IN BLANK. MARKED "FREIGHT PREPAID" NOTIFY APPLICANT WITH FULL ADDRESS AND MENTIONING THIS DC NO.

※ FULL SET : 선박회사로부터 발급되는 B/L은 원본(original)이 모두 3통(original, duplicate, triplicate)이다. 이 3통은 독립적으로 효력을 발휘하므로 이 중에서 한 부만 있어도 수입지에서 물품을 찾을 수 있다. Full Set란 이 3통 모두를 다 제출하라는 의미이다. 만약에 2/3라고 명시되었다면 2통만 제출하라는 의미이며 이때 보통 1통은 바이어에게 DHL 등 Courier Service로 직접 보낸 후 영수증을 첨부하라고 명시한다.

※ CLEAN : 무고장을 뜻하며 선적한 제품 자체 및 그 포장에 별다른 하자가 없어서 B/L의 Remark란에 특별히 하자에 관한 사항을 명시하지 않은 B/L을 말한다. 이와는 반대로 Remark란에 어떤 하자 사항에 관한 언급이 있다면 Foul B/L이라고 한다. 그러나 현실적으로 선박회사는 Foul B/L을 거의 발급하지 않는다. 만약에 제품에 하자나 포장에 하자가 있다면 다시 돌려보내는 것이 관례이다.

컨테이너 운송에는 수출상이 컨테이너를 통째로 혼자 쓰는 경우 FCL이라고 하고 여러 수출상의 물품을 컨테이너에 혼합하는 화물을 LCL이라고 한다.

LCL의 경우 부산항의 CFS로 물건을 트럭으로 운반하여 운송회사가 제품의 상태를 확인한 후 컨테이너에 채워 넣으므로(stuffing) 제품 상태를 직접 알 수 있으나 FCL일 경우에는 통상 컨테이너를 공장이나 창고로 불러(door) 수출상이 직접 물품을 컨테이너에 채워 넣기 때문에 운송회사는 화물의 상태를 알지 못하고 보지도 않는 상태에서 B/L을 발급하게 된다. 이때 선박회사는 자신의 면책을 위하여 B/L상에 "SHIPPER'S LOAD AND COUNT"란 부지조항(unknown clause)을 첨부하게 된다.

"SHIPPER'S LOAD AND COUNT"란 선적인이 적재하고 계량하였다는 뜻으로 운송회사인 나는 확인할 수 없는 상태로 화물을 선적하였다는 의미이다.

※ ON BOARD : 물품이 본선에 적재되었음을 증명하는 B/L을 뜻하는 것으로써 B/L형식이 Shipped B/L(선적선하증권)이라면 그 자체로 본선적재를 증명하고 있는 것이지만 Received B/L(수취선하증권)인 경우는 별도의 본선적재부기(on board notation)가 있어야 한다.

※ MARINE BILLS OF LADING : 해상운송 B/L을 의미하며 대양을 항해하는 선박에 의한 선적과 관련하여 발생한다. Marine 대신에 'Ocean'이라는 용어를 사용하기도 하며 항공기에 의한 항공운송인 경우에는 AWB(Air Waybill)이라고 한다.

※ "MADE OUT"이란 "기재하세요"라는 의미이다. 그러므로 "MADE OUT TO ORDER"란 선하증권의 수하인을 'TO ORDER'로 명시하라는 의미이다. B/L의 Consignee란에 'TO ORDER'라고만 기재하면 된다. 항공운송을 요구하는 "MADE OUT" 대신 "CONSIGNED TO"라고 기재되는 경우도 있다.

※ ENDORSED IN BLANK : B/L에 피배서인을 지정함이 없이 배서하라는 의미이므로 누구누구 앞으로라는 피배서인 없이 자신(수출상)의 배서만 하면 된다. B/L, 환어음, 보험서류 등에는 함부로 사인방을 찍지 말고 전문가인 자신의 주거래은행의 외환계 직원의 도움을 받도록 하자. 수출업체가 B/L배면에 자신의 배서를 할 때에는 사인방을 찍는다.

※ MARKED FREIGHT PREPAID(or COLLECT) : 가격조건에 따라 FOB계열은 운임이 후불이라는 뜻의 'COLLECT'로, CFR, CIF, CPT, CIP는 '운임지급필'을 나타내는 'PREPAID'로 표시한다. FREIGHT PREPAID란 결국 운임을 선지급하고 선지급을 하였다는 표시를 B/L상에 나타내라는 의미이며 운임의 선지급을 나타내는 용어로 'Freight Prepayable'이나 'To be Prepaid'를 사용해서는 안 된다.

※ NOTIFY APPLICANT WITH FULL ADDRESS : Notify란 본선이 목적항에 도착하면 운송회사에서 화물을 찾을 사람에게 도착 사실을 통지하게 되는데 이 통지처를 Notify라고 하며 Notify Party에 Applicant와 그 주소를 기재하라는 의미이다. 그러므로 Notify란에 Applicant의 상호와 주소를 함께 명시하면 된다.

※ MENTIONING THIS DC NO. : Mentioning이란 '언급하시오'라는 의미로써 신용장에 Marked, Indicating, Showing 등의 단어로 명시되기도 한다. D.C란 Documentary Credit란 의미이며 결국 화환신용장을 의미한다. 그러므로 D.C NO.란 신용장의 번호이고 B/L상에 신용장 번호를 명시하라는 뜻이다. 선박회사는 B/L발급시 해당란이 없으면 여백이 이용하여 신용장에서 요구하는 모든 사항을 명기하게 된다.

+ MARINE INSURANCE POLICY OR CERTIFICATE IN NEGOTIABLE FORM. ENDORSED IN BLANK FOR FULL CIF VALUE PLUS 10 PERSENT COVERING INSTITUTE CARGO CLAUSES (A) INCLUDING FROM WAREHOUSE TO WAREHOUSE, INSTITUTE WAR CLAUSES(CARGO) AND INSTITUTE STRIKES CLAUSES(CARGO), AND SHOWING CLAIMS PAYABLE AT DESTINATION IN THE CURRENCY OF THIS DOCUMENTARY CREDIT.

양도가능한 적하보험증권 혹은 적하보험증명서를 제시하시오.

양수인을 기재함이 없이 배서하고, CIF 금액에 10%를 추가하여 적하보험에 가입하시오. 신약관 (A)로 보험을 가입하고 수출상의 창고에서 수입상의 창고까지 커버하는 보험에 가입하고 전쟁과 파업을 보상하는 특약에 가입하고 이 신용장의 통화로 목적지에서 지불될 수 있도록 적하보험에 가입하는 보험증권이나 보험증명서를 제시하시오.

적하보험 회사에 적하보험을 가입한다.

47A additional conditions : 추가조건을 표시한다.
71B charges : 수수료가 수익자측의 부담인 경우에 한하여 표시한다.
명시가 없는 경우 매입수수료와 양도수수료를 제외한 모든 수수료는 개설의뢰인의 부담으로 간주한다.
48 period for presentation : 선적 후 서류가 지급, 인수 또는 매입을 위하여 제시되어야 하는 제한기간을 표시한다(본 신용장은 Field 47A additional conditions에 표시하고 있음).
"DOCUMENTS TO BE PRESENTED WITHIN 7 DAYS AFTER THE DATE OF SHIPMENT BUT WITHIN THE VALIDITY OF THIS CREDIT.
DOCUMENTS MUST BE PRESENTED TO US THROUGH YOUR BANKER."
49 confirmation instructions : 수신은행(receiving bank)앞 확인에 대한 지시사항이다.
* CONFIRM : 수신은행에게 신용장의 확인을 요청한다.
* MAY ADD : 수신은행에게 신용장의 확인을 허용한다.
* WITHOUT : 수신은행에게 신용장의 확인을 요청하지 않는다.
53a reimbursing bank : 개설은행에 의하여 상환을 이행하도록 수권 받은 상환 은행명을 표시한다(본 신용장은 상환방식이 아니므로 생략).
78 instructions to the paying/accepting/negotiating bank : 지급은행, 인수은행 또는 매입은행을 위한 지시사항을 기술한다.
57a advise through bank : 수익자에게 통지하기 위하여 경유해야 하는 은행명을 표시한다(본 신용장에서는 생략).
72 sender to receiver information : 필요한 경우 발신은행이 수신은행에게 제공하는 정보사항을 기술한다.

Q9 선적서류에는 어떤 것들이 있는지요?

1) 서류의 종류

신용장거래에서 "선적서류(shipping documents)"는 환어음, 전송보고서(teletransmission reports) 그리고 서류의 발송을 증빙하는 특송영수증(courier receipt), 우편영수증(postal receipt) 및 우편증명서(certificates of posting)를 제외한 신용장에서 요구하는 모든 서류를 의미한다.[73)]

73) ISBP A19 a. "shipping documents" – all documents required by the credit, except drafts, teletransmission reports and courier receipts, postal receipts or certificate of posting evidencing the sending of documents.

신용장에서 "Third Party Documents Acceptable"이라 함은 환어음을 제외하고 신용장이나 UCP600에서 발행인이 명기되지 않은 모든 서류는 수익자 이외의 기명된 자연인이나 실체에 의하여 발행될 수 있음을 의미한다. 만약 운송서류나 기타 서류에 수익자가 아닌 '선적인'이 나타날 수 있다는 것이 개설은행의 의도하는 것이라면, 이는 이미 신용장통일규칙 14조 (k)항에서 허용되므로 이 문구는 필요 없다.[74)]

신용장거래에서의 서류에는 기본서류(basic documents)와 기타서류(other documents)가 있고, 기본서류에는 운송 관련 서류(transport documents), 보험서류(insurance documents) 그리고 상업송장이 있다. 기타서류는 기본서류를 제외한 모든 서류를 가리킨다.

[서류(documents)]

► 선적서류(shipping documents)

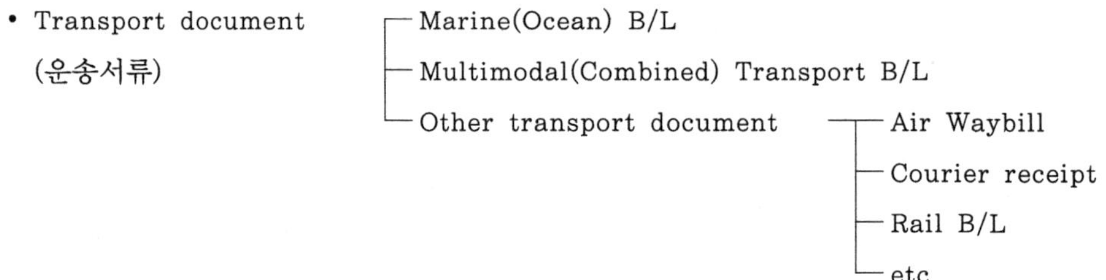

- Commercial Invoice
- Insurance document
- 기타서류(Other documents)
  - Certificate of Origin
  - Packing List
  - Inspection Certificate
  - Beneficiary's Certificate
  - etc

► 환어음(Draft = Bill of Exchange)

74) ISBP A19 c. "third party documents acceptable" – all documents for which the credit or UCP600 do not indicate an issuer, except drafts, may be issued by a named person or entity other than the beneficiary.

[네고서류]

1) 상업송장 서식 예

COMMERCIAL INVOICE

<table>
<tr><td colspan="2">1) Shipper/Exporter
ICOM CO., LTD.
ROOM202 HONGIL B/D,1551-9,SOCHO-DONG
SOCHO-KU, SEOUL, KOREA</td><td>8) No. & Date of Invoice
IE10-3009 MAR.30,2016
9) No. & Date of L/C
MGK248186 MAR.20,2016</td></tr>
<tr><td colspan="2">2) For Account & Risk of Messrs
KALMAX GARMENTS FTY.LTD.
BLOCK C, 10F., DONTEX BLDG.,
10-3 SHEUNS HEI ST., SANPOKONG
KOWLOON, HONG KONG</td><td>10) L/C issuing Bank
HBSC BANK HONG KONG
11) Remarks
* CONSIGNEE : TO ORDER
* FREIGHT PREPAID</td></tr>
<tr><td colspan="2">3) Notify Party
THE SAME AS ABOVE</td><td></td></tr>
<tr><td>4) Port of Loading
BUSAN, KOREA</td><td>5) Final Destination
HONG KONG</td><td></td></tr>
<tr><td>6) Carrier
MARCON 804</td><td>7) Sailing on/or about
APR.10,2016</td><td></td></tr>
</table>

12) Marks and Numbers of PKGS 13) Description of Goods 14) Quantity/Unit 15) Unit price 16) Amount

CIF HONG KONG in USD/YARD

40 PERCENT NYLON 60PERCENT COTTON WOVEN FABRIC
WIDTH : 56 INCHES

Marks and Numbers	Description of Goods
KALMAX	ITEM NO : IE-1003
ITEM : IE-1003	FINISH : PD.WR.W/S
COL :	COLOUR ASSORTMENT:
QTY :	COLOUR QTY(YDS)
C/NO. : 1-24	BLACK 6,376 YDS
	STONE 2,215 YDS
	NAVY 1,184 YDS

9,755 YDS U$2.95 US$28,836.25

/ /

Signed by ______________________

(1-1) 기재요령

1) Shipper/Exporter - SWIFT신용장 59의 Beneficiary(수출상)의 회사명 및 주소를 그대로 기재한다.
2) For account & risk of Messrs - "비용과 위험으로"라는 의미로써 상업송장은 개설의뢰인 앞으로 발행한다. 그러므로 SWIFT신용장 50의 Applicant를 기재하면 된다.
3) Notify party - 46A의 B/L 관련 지시사항 다음에 명시된다.
   Notify Applicant with Full Address
   Notify는 Applicant(개설의뢰인)를 기재하고 주소를 명시하라는 뜻이므로 이 경우는
   "For Account & Risk of Messrs"와 동일하므로 Applicant명과 주소를 명시하여도 되고 "The Same As Above"(상기와 동일함)라고 명기하여도 된다.
4) Port of Loading - SWIFT신용장의 44E에 표시된 선적항을 기재한다. 신용장이 선적항을 지리적 구역(geographical area)이나 범위(range)로 제시하는 경우(예 : Korea or Any Asian Port)에 선적항은 반드시 실제 항구명을 기재해야 한다.
5) Port of Discharge - SWIFT신용장의 44F에 표시된 하역항을 기재한다. 신용장상이 하역항을 실제항구명이 아닌 지리적 구역(geographical area) 이나 범위(range)로 제시하는 경우(예 : USA or Any USA Port)에 하역항은 반드시 실제 항구명을 기재해야 한다.
6) Carrier - 운송회사에 문의하여 선박명을 명기하고 B/L을 받아 본 후 한 번 더 확인하는 것이 안전하다. B/L을 받기 전에 알려준 선명과 B/L상에 선명이 다를 수 있다.
   이런 경우, 미리 작성해 놓은 상업송장을 확인하지 않고 매입을 하면 매입은행에서 하자를 잡으므로 필히 재확인이 필요하다.
7) Sailing date - 선박이나 항공기가 출발하는 일자를 기재하며 통상 운송서류의 적재일자와 일치시킨다.
8) No. & Date of Invoice - 수출상이 자신이 관리하기 편한 일련번호를 부여하고 날짜를 기재한다.
9) No. & Date of L/C - 신용장의 번호 및 개설일자를 기재한다.
10) L/C issuing bank - 신용장 개설은행을 기재한다.

11) Remarks - 기타 참조사항을 기재하는 난인데 신용장에서 별도로 요구하는 사항을 기재한다. 통상 Consignee나 Freight Prepaid 등의 문구를 기재한다.

12) Shipping mark - 신용장상에 명시되어있을 경우에는 신용장과 동일하게 기재하고 명시되지 않았다면 수입상이 요구한대로 실 제품 박스와 동일하게 기재한다.

13) Description of goods - 품질, 규격 등 해당상품에 대한 정확한 명세를 기재하되 신용장상의 상품 명세와 일치시켜야 한다. SWIFT신용장의 45A에 명시된 내용을 그대로 기재하면 된다. 송장의 상품, 서비스 또는 의무이행 명세는 신용장의 명세와 일치하여야 한다. 그러나 거울에 비치는 것과 같이 완전히 똑같아야 할 필요는 없다. 예를 들어, 송장 물품 기재가 여러 곳에 나누어 표시되더라도 이것을 합쳤을 때 신용장의 물품기재와 일치하면 수리될 수 있다 (ISBP E6 g).

14) Quantity - 상품의 수량을 기재한다.

15) Unit price - 상품의 단가를 기재한다.

16) Amount - 단위당 단가를 수량과 곱한 총금액을 기재한다. 그러나 신용장 조건에 따라 제반비용을 첨가할 수 있고 할인이 있으면 이를 차감하여 기재할 수도 있다. 원칙적으로 상업송장의 금액은 신용장의 금액을 초과할 수 없다. 그러나 부득이 초과하는 경우 환어음의 금액을 신용장 금액까지만 작성하고 이를 매입은행이 매입하였다면 개설은행은 그 환어음의 금액에 대한 지급책임을 진다.

(1-2) 송장의 정의(Definition of invoice)[75]

송장(Invoice)은 사용목적에 따라 상용송장과 공용송장으로 크게 나눌 수 있다.

1) 상용송장

① 상업송장(Commercial Invoice)

상업송장(Commercial Invoice)이란 수출상이 수입상 앞으로 상품의 명세와 단가, 금액을 기재하여 송부하는 상품의 명세서이고 대금청구서이다. 제품을 선적한 수출상이 선적된 화물의 명세를 기재하는 양식이다.

· 신용장거래에서 수익자가 작성한다.
· 개설의뢰인 앞으로 작성한다.
· 수량, 단가와 금액이 기재되는 가격 계산서이다.
· 액면금액이 신용장 금액을 초과하지 않도록 작성한다.

75) 대한상공회의소, ISBP 공식번역 및 해설서, 2007.12.05., pp.88-90.

- 신용장이 요구하는 다른 서류와 상호 모순이 있어서는 안 된다.
- 여러 통의 상업송장을 요구할 경우 원본 1부에 나머지는 사본으로 충당해도 된다.

② 견적송장(Proforma Invoice)

견적송장은 Proforma Invoice라고 하며 거래조건의 견적시 사용하는 송장이다.

2) 공용송장(Official Invoice)

① 세관송장(Customs Invoice)

세관송장은 수입지 세관이 수입화물에 대한 과세가격의 기준 결정, 덤핑유무의 확인, 쿼터관리, 수입통계의 목적으로 일부국가에서 이를 요구하기도 한다.

② 영사송장(Consular Invoice)

영사송장은 수출국에 소재하고 있는 수입국 정부 영사관에서 발급하는 것으로 수입시 외화도피 및 관세포탈 등을 방지하기 위해 요구한다.

(1-3) 상업송장(Commercial Invoice) 작성시 유의점[76]

① 추가적 정의 없이 송장(invoice)을 요구하는 신용장에서는 어떤 종류의 송장(commercial invoice, customs invoice, consular invoice)이 제시되더라도 충족된다.

② 송장의 상품, 서비스 또는 의무이행 명세는 신용장의 명세와 일치하여야 한다. 거울에 비치는 것과 같이 완전히 똑 같아야 할 필요는 없다. 송장 물품 기재가 여러 곳에 나누어 표시되더라도 이것을 합쳤을 때 신용장의 물품 기재와 일치하면 수리될 수 있다.

③ 신용장에서 분할선적을 금지하지 않는 경우, 신용장에 명시된 것과 같은 상품명세 전부를 나타내고 그 다음에 실제로 선적된 것을 기재한 송장도 수리할 수 있다.

④ 송장에는 신용장에서 요구된 모든 가격할인 또는 공제를 반드시 표시하여야 한다. 송장은 신용장에 기재되지 않은 선지급, 가격할인 등을 대상으로 하는 공제를 나타낼 수 있다.

⑤ 신용장에서 요구되지 않는다면, 송장은 서명이나 날짜 표시의 필요가 없다.

⑥ 송장에는 다음 사항을 나타내서는 안 된다.

- 초과선적(단, UCP 600 30조 (b)항은 예외)
- 무료라고 기재되었더라도, 신용장에서 요구되지 않은 상품(견본, 광고용품 등을 포함한다)

---

76) ISBP 57조~66조

2) 포장명세서 서식 예

PACKING LIST

<table>
<tr><td colspan="2">1) Shipper/Exporter
ICOM CO.,LTD.
ROOM202 HONGIL B/D, 1551-9,
SOCHO-DONG, SOCHO-KU, SEOUL
KOREA</td><td>8) No. & Date of Invoice
IE98-3009 MAR.30,2016</td></tr>
<tr><td colspan="2">2) For Account & Risk of Messrs
KALMAX GARMENTS FTY.LTD.
BLOCK C, 10F., DONTEX BLDG.,
10-3 SHEUNS HEI ST.,SANPOKONG
KOWLOON, HONG KONG</td><td rowspan="4">9) Remarks

* L/C NO. : MGK248186</td></tr>
<tr><td colspan="2">3) Notify Party
THE SAME AS ABOVE</td></tr>
<tr><td>4) Port of Loading
BUSAN, KOREA</td><td>5) Final Destination
HONG KONG</td></tr>
<tr><td>6) Carrier
MARCON 804</td><td>7) Sailing on/or about
APR.10,2016</td></tr>
</table>

10) Marks and Number of Pkgs	11) Description of Goods	12) Quantity	13) Net-weight	14) Gross-weight	15) Measu
KALMAX ITEM : IE-1003 COL : QTY : C/NO. : 1-24	40 PERCENT NYLON 60PERCENT COTTON WOVEN FABRIC WIDTH : 56 INCHES ITEM NO : IE-1003 FINISH : PD.WR.W/S COLOUR ASSORTMENT: COLOUR QTY(YDS) BLACK 6,376 YDS STONE 2,215 YDS NAVY 1,184 YDS	9,755 YDS	2,170 KGS	2,387 KGS	6.689 CBM

Signed by ______________________

(2-1) 기재요령

1)~12) – 상업송장의 기재내용과 동일함.

13) Net weight – 상품의 순중량을 기재한다.

14) Gross weight – 상품의 순중량에 외부포장재료(또는 용기)의 중량을 포함한 총량으로 선하증권의 중량과 일치해야 한다.

15) Measurement(용적) – 선적물품의 용적, 즉 부피를 나타내며 이 용적의 계산단위는 CBM(Cubic Meter)을 사용한다. CBM은 가로, 세로, 높이를 곱하여 미터로 표시하며 1CBM은 가로, 세로, 높이가 각각 1×1×1 Meter를 의미한다.

16) Signed by – 포장명세서 작성자가 서명란에 서명한다.
통상 대표이사의 사인방을 찍는다.

(2-2) 포장명세서(packing list)

포장명세서는 상업송장을 보완하는 서류로 상업송장 내용 중에서 가격과 관련된 내용 대신에 상품의 포장과 관련된 내용을 구체적으로 기재하여 운송, 통관상의 편의를 제공하기 위한 역할을 한다. 만약 수입상이 Neutral Packing List를 요구할 때에는 Shipper/Exporter란과 서명란은 공백으로 해서 작성하면 된다.

3) 선하증권 서식 예

Consignor/Shipper ICOM CO.,LTD. ROOM202 HONGIL B/D, 1551-9, SOCHO-DONG SOCHO-KU, SEOUL, KOREA		FBL KR M71 DSCLHKP80409191 KIFFA NEGOTIABLE FIATA MULTIMODAL TRANSPORT ICC BILL OF LADING
Consignee TO ORDER		DONGSUE SHIPPING CO., LTD TEL: FAX: SEOUL, KOREA
Notify Party KALMAX GARMENTS FTY. LTD. BLOCK C, 10F., DONTEX BLDG., 10-3 SHEUNS HEI ST.,SANPOKONG KOWLOON. HONG KONG		
Place of Receipt BUSAN CFS		
Ocean vessel MARCON 804	Port of loading BUSAN, KOREA	Received by the Carrier from the Shipper in apparent good order and condition unless otherwise indicated herein, the Goods, or package(s) said to contain --
Port of discharge HONG KONG	Place of delivery HONG KONG	

Marks and number Number and kind of packages Description of goods Gross weight Measurement
2,387.000 KGS 6.689CBM

24CTNS

SAID TO CONTAIN:
9,755 YDS OF

40 PERCENT NYLON 60PERCENT COTTON WOVEN FABRIC
WIDTH: 56 INCHES
ITEM NO: IE-1003
FINISH: PD. WR. W/S

KALMAX
ITEM: IE-1003
COL:
QTY:
C/NO.: 1-24

D/C NO.: MGK248186

FREIGHT PREPAID
SAY: TWENTY-FOUR(24) CARTONS ONLY

LADEN ON BOARD : APR. 10, 2016

ORIGINAL

According to the declaration of the consignor

Declaration of interest of the Consignor in timely delivery	Declared value for ad valorem rate According to the declaration of the consignor

Freight amount OCEAN FREIGHT PREPAID AS ARRANGED	Freight payable at SEOUL, KOREA	Place and date of issue SEOUL, KOREA APR. 10, 2016
Cargo Insurance through the	No.of original FBL THREE(3)	Stamp and signature DONGSUE SHIPPING CO.,LTD.
For delivery of goods please apply to: DONGSUE SHIPPING COMPANY LTD. TEL: 2-815-2973 ATTN: MR.KENNETH LAW		AS A CARRIER S. H. Kim

(3-1) 발급 및 확인요령

선하증권은 운송회사(선박회사 혹은 forwarder)에서 작성한다. 수출상이 S/R (Shipping Request)를 운송회사에 제시하면 운송회사는 그것을 근거로 B/L을 발급한다. 운송회사는 자신이 원본 B/L을 발급하기 전에 선하증권을 작성하여 수출상에게 팩스나 이메일로 보내 확인하도록 하는데 이것을 'CHECK B/L'이라고 한다. CHECK B/L은 선하증권 원본을 발행하기 전에 확인해 본다는 의미이지 선하증권의 종류는 아니다.

1) Consignor/Shipper - SWIFT신용장의 59 Beneficiary 즉, 수출상의 회사명과 주소를 신용장 그대로 기재한다.
2) Consignee - SWIFT신용장의 46A의 선하증권 관련 내용의 지시대로 작성한다.
   ① 46A : FULL SET-MADE OUT TO ORDER
   Consignee : TO ORDER
   ② 46A : FULL SET-MADE OUT TO THE ORDER OF CITI BANK
   Consignee : TO THE ORDER OF CITI BANK
   ③ 46A : FULL SET-MADE OUT TO THE ORDER OF KOZESINY, LTD.
   Consignee : TO THE ORDER OF KOZESINY, LTD.
3) Notify party - SWIFT신용장의 46A의 선하증권 관련 내용의 지시대로 작성한다.
4) Place of receipt - 송하인으로부터 운송인이 화물을 수취하는 장소로 'Busan CY', 'Busan CFS' 등으로 기재한다.
5) Port of Loading - SWIFT신용장의 44E에 표시된 선적항을 기재한다. 신용장이 선적항을 지리적 구역(geographical area)이나 범위(range)로 제시하는 경우(예 : Any Asian Port)에 선적항은 반드시 실제 항구명을 기재해야 한다.
6) Port of Discharge - SWIFT신용장의 44F에 표시된 하역항을 기재한다. 신용장상이 하역항을 실제항구명이 아닌 지리적 구역(geographical area) 이나 범위(range)로 제시하는 경우(예 : Any USA Port)에 하역항은 반드시 실제 항구명을 기재해야 한다.
7) Port(or Place) of delivery - 운송사의 책임은 Port(or Place) of delivery까지이다.
8) Final destination - 화물의 최종 목적지이다.
9) Ocean vessel - 선박명과 항차(voyage no.)를 기재한다.

10) Marks and number - 수출용 box에 인쇄된 Shipping Mark를 기재하고 기타 Container No., Seal No.를 기재한다.
11) Description of goods - 상업송장이나 포장명세서의 상품 명세를 기재한다. FCL Cargo의 경우는 운송인이 면책을 위하여 통상 운송인의 부지문언(Unknown clause)을 기재한다.
12) Net weight & Gross weight - 운송회사는 수출상이 Packing List 혹은 S/R에 기재한 Weight와 일치하게 B/L에 기재한다.
13) Measurement - 포장명세서와 일치하는 용적을 기재한다.
14) 운임이 선불(prepaid)인지 후불(collect)인지의 여부를 기재한다.
15) On board date - 적재일을 명시하며 별도의 서명이 없어도 하자가 아니다.
16) 발행인 - 발행인이 기명하고 서명을 한다. 발행인의 주체에 따라서 아래와 같이 달리 표시한다.
    ① 운송인이 발행하는 경우
    운송인이 서명하고 'As Carrier'라고 명시함.
    ② 운송인을 대리하는 기명대리인이 발행하는 경우
    그 대리인이 서명하고 'As Agent for the Carrier, ABC Shipping Co., Ltd.'라고 명시함.
    ③ 선적된 선박의 선장이 발행하는 경우
    기명된 회사가 운송인이라는 표시를 앞면에 하고 있는 B/L서식을 사용하고 서명의 밑에 'As Master'라고 명시함.
    ④ 운송중개인(forwarder)이 발행하는 경우
    운송주선인이 서명하고 'As a Carrier' 혹은 'As Agent for the Carrier, ABC Shipping Co., Ltd.'라고 명시함.

(3-2) 선하증권 기재내용

B/L양식에 기재된 Port of Loading, Port of Discharge, Place of Delivery, Final destination의 의미.

만약 B/L에 다음과 같이 명시되어있다면

- Port of Loading : BUSAN, KOREA
- Port of Discharge : Long Beach port LA, USA
- Place of delivery : EL-Paso, USA

· Final destination : Mexico

① 운송사의 책임은 Place of Delivery까지이다.

② Port of Discharge와 Place of Delivery가 모두 Long Beach Port LA라면 운송인의 책임은 양륙항에서 끝나지만 Place of delivery가 Port of Discharge와 다른 지역이기 때문에 운송사는 복합운송방식에 의하여 LA까지는 해상편으로 LA에서 EL-Paso 까지는 내륙운송으로 자신의 운송책임 의무를 이행한다.

③ Final Destination은 운송인의 운송 책임과는 상관없이 바이어가 요청하는 경우 혹은 신용장에 명시된 경우에 한하여 B/L상에 명시하며 Place of Delivery 구간부터 Final Destination까지는 바이어의 책임으로 운송한다.

4) 환어음 서식 예

환어음 견본

(1) (2) (3)
NO. 123456 **BILL OF EXCHANGE** MAR. 30, 2016 SEOUL, KOREA
(4)
FOR US $28,836.25
(5)
AT ×××× SIGHT OF **FIRST BILL OF EXCHANGE** (SECOND OF THE SAME TENOR AND DATE BEING UNPAID) PAY TO (6) KOREA EXCHANGE BANK OR ORDER THE SUM OF
(7)
SAY US TWENTY EIGHT THOUSAND EIGHT HUNDRED THIRTY SIX DOLLARS TWENTY FIVE CENT ONLY
(8)
VALUE RECEIVED AND CHARGE THE SAME TO ACCOUNT OF Kalmax Garments FTY.LTD
(9)
DRAWN UNDER HSBC BANK HONG KONG
(10) L/C NO. MGK248186 (11) DATED 2016/03/20
(12) TO HBSC BANK HONG KONG MONGKOK OFFICE

(13) ICOM CO., LTD

(1)어음번호 (2)발행일 (3)발행지 (4)금액 (5)지급만기일 (6)수취인 (7)문자금액
(8)개설의뢰인 (9)개설은행 (10)신용장번호 (11)신용장발행일자 (12)지급인과 지급지
(13)발행인의 기명날인

환 어 음

(똑같은 기한 및 일자의 제2어음에 대하여 지급이 이루어지지 않은 경우) 이 제1어음에 대하여 일람출급으로 한국외환은행 또는 그 지시인에게 일금을 지급하시오.
대가 수취하였으며 어음금액을 Kalmax Garments FTY. LTD.에 청구하십시오.
이 어음은 HSBC 은행 2016년 3월 20일자 신용장 번호 MGK248186에 의거하여 발행되었음.

HSBC 은행 몽콕 지점

아이콤 주식회사
대표이사 김 성 훈

NO. ____________ **BILL OF EXCHANGE** Date : Seoul, Korea

FOR

AT ________SIGHT OF THIS **FIRST BILL OF EXCHANGE** (SECOND OF THE SAME TENOR AND DATE BEING UNPAID) PAY TO KOREA EXCHANGE BANK OR ORDER THE SUM OF

VALUE RECEIVED AND CHARGE THE SAME TO ACCOUNT OF ____________

DRAWN UNDER ________________________________

L/C NO.________________ DATED ________________

TO ________________

____

____

____

NO. ____________ **BILL OF EXCHANGE** Date : Seoul, Korea

FOR

AT ________SIGHT OF THIS **SECOND BILL OF EXCHANGE** (FIRST OF THE SAME TENOR AND DATE BEING UNPAID) PAY TO KOREA EXCHANGE BANK OR ORDER THE SUM OF

VALUE RECEIVED AND CHARGE THE SAME TO ACCOUNT OF____________

DRAWN UNDER ________________________________

L/C NO. ________________ DATED ________________

TO ________________

____

____

____

※ 환어음은 위와 같이 수출상(beneficiary)이 두 장을 발급하여 매입은행에 매입시키면 매입은행은 개설은행으로 송부하고 개설은행은 한 부에 대하여 지급을 이행하고 한 부가 지급되면 나머지 한 부는 지급되지 않는다.

Sight **어음 발행의 예**

NO. 123456 **BILL OF EXCHANGE** MAR. 30, 2016 SEOUL, KOREA

FOR US $28,836.25

AT ×××× SIGHT OF **FIRST BILL OF EXCHANGE** (SECOND OF THE SAME TENOR AND DATE BEING UNPAID) PAY TO (6) KOREA EXCHANGE BANK OR ORDER THE SUM OF SAY US TWENTY EIGHT THOUSAND EIGHT HUNDRED THIRTY SIX DOLLARS TWENTY FIVE CENT ONLY

VALUE RECEIVED AND CHARGE THE SAME TO ACCOUNT OF Kalmax Garments FTY.LTD

DRAWN UNDER HSBC BANK HONG KONG

L/C NO. MGK248186 DATED 2016/03/20

TO HBSC BANK HONG KONG MONGKOK OFFICE

ICOM CO., LTD.

Usance **어음 발행의 예**(90days**의 경우**)

NO. 123456 **BILL OF EXCHANGE** MAR. 30, 2016 SEOUL, KOREA

FOR US $28,836.25

AT 90days after SIGHT OF **FIRST BILL OF EXCHANGE** (SECOND OF THE SAME TENOR AND DATE BEING UNPAID) PAY TO (6) KOREA EXCHANGE BANK OR ORDER THE SUM OF

SAY US TWENTY EIGHT THOUSAND EIGHT HUNDRED THIRTY SIX DOLLARS TWENTY FIVE CENT ONLY

VALUE RECEIVED AND CHARGE THE SAME TO ACCOUNT OF Kalmax Garments FTY.LTD

DRAWN UNDER HSBC BANK HONG KONG

L/C NO. MGK248186 DATED 2016/03/20

TO HBSC BANK HONG KONG MONGKOK OFFICE

ICOM CO., LTD.

(4-1) 기재요령

(1) 어음번호 - 특별한 뜻이 없으며 후일 참조용으로 기재한다.

(2), (3) 발행일 및 발행지 - 환어음의 발행일은 통상 Nego일 또는 그 이전일자로 작성하며 유효기일 이내여야 한다. 또한 환어음의 효력은 행위지의 법률에 의해 처리되므로 발행지를 필히 표시하여야 한다.

(4) 금액 - 상업송장의 금액과 일치되어야 한다.

(5) 지급기일의 표시

- At sight(일람출급)
- At (날짜) days after sight(일람 후 정기출급)
- At (날짜) days after B/L date(확정일자 후 정기출급)

(6) 대금수취인 - 환어음의 지급을 받는 자로서 발행인이 될 수도 있고 발행인이 지정하는 제3자가 될 수도 있다. 신용장 거래시 통상 매입은행이 기재된다.

(7) 문자금액 - 어음금액을 문자로 표시하며 만약 아라비아 숫자와 다를 경우에는 문자금액이 우선하며 통화의 종류는 완전하게 기재되어야 한다(Say 통화표시 금액).

(8) 개설의뢰인 - Account of 다음에는 개설의뢰인을 기재한다.

(9) 개설은행 - 신용장의 개설은행명을 기재하며 D/A나 D/P의 거래시에는 수입상인 바이어를 지급인으로 기재한다.

(10) 신용장번호 - 신용장 번호를 기재하며 D/A나 D/P의 거래시에는 관련 계약서 번호를 기재한다.

(11) 신용장 개설일자 - 신용장 개설일자를 기재한다.

(12) 지급인과 지급지 - 신용장 거래시 지급인(drawee)은 신용장상에 명시되는데 개설은행 혹은 개설은행이 지정하는 제3의 은행이 될 수 있다. 지급지의 경우 신용장에 별도의 명시가 없는 한 도시명의 표시만으로도 충분하다.

(13) 발행인의 기명날인 - 발행인은 신용장상의 수익자 또는 양도받은 경우에는 양수인이 되며, 기명날인을 한다.

※ 환어음 작성시 유의사항은 아래와 같다.

- 가능한 한 정정하지 말아야 하며, 특히 금액란에 정정한 흔적이 있으면 환어음 자체가 무효가 된다.
- 통화표시는 반드시 US$, Stg와 같이 명확히 해야 한다.

- 은행명 기재시 'The'를 사용하고 있는 경우 이를 생략해서는 안 된다.
- 이자에 관한 문언의 표시를 신용장에서 요구하고 있으면 신용장의 기재사항을 그대로 표시해야 한다.
- 어음금액이 송장상의 금액과 일치하고 신용장상의 표시금액을 초과하지 않아야 한다.
- 환어음은 반드시 SWIFT신용장의 경우 42D란에 명시된 'Drawee'를 기입하여야 하며, 어떠한 경우에도 개설의뢰인 앞으로 발행한 환어음은 인정되지 않는다. 'Drawee'는 통상 개설은행, 확인은행 또는 제3의 은행이 지급은행이 된다.

5) 보험증권 서식 예

DONGBU INSURANCE CO., LTD.

MARINE CARGO INSURANCE POLICY

Assured(s), etc. ICOM CO., LTD.

Police No. WX98150051600

Ref. No.
INVOICE NO. IE98-3009
L/C NO. MGK248186 MAR. 20, 2016

Claim, if any, payable at : MCLARENS TOPLIS
HONG KONG.

TEL :
FAX :
Claim are payable in the USD CURRENCY

Amount insured USD *********31,719.87
INVOICE USD *********28,836.25 ×
110.0000%

Survey should be approved by : SMITH, BELL & CO., INC
SMITH BELL BUILDING 2294 PASONG TAMO
EXTENSION 1231 MAKATI, HONG KONG
TEL :
FAX :

Local Vessel or Conveyance

From(interior port or place of loading)

Ship or Vessel called the
MARCON 804

Sailing on or about
APR. 10, 2016

at and from
KOREA (BUSAN)

Transshipped at

arrived at
HONG KONG

thence to

Conditions Subject to the following Clauses as per back hereof or as attached
Institute Cargo Clauses A
Institute War Clauses
Institute SRCC Clauses(Institute Strike Clauses for use only with New Marine Policy Form)
Special Replacement Clause (applying to machinery)
On Deck Clause
Institute Radioactive Contamination Exclusion Clause
INSTITUTE WAR CLAUSES (CARGO)
INSTITUTE STRIKES, RIOTS &
CIVIL COMMOTIONS CLAUSES

CLAIMS TO BE PAYABLE IN HONG KONG
IN THE CURRENCY OF THE
DRAFT(S) .

Goods and Merchandises
LIST AS ATTACHED.
40 PERCENT NYLON 60 PERCENT COTTON WOVEN FABRIC
WIDTH : 56 INCHES
ITEM NO : IE-1003
FINISH : PD. WR. W/S
COLOR ASSORTMENT :

COLOUR	QTY(YDS)
BLACK	6,376 YDS
STONE	2,215 YDS
NAVY	1,184 YDS

TOTAL 9,755YDS

MAR. 30, 2016 NO. OF POLICIES ISSUED TWO

(1) 보험증권(Insurance policy)

- 은행은 원칙적으로 운송서류에 표시된 날짜보다 더 늦게 발급된 보험서류는 수리를 거절한다.
- 신용장상의 표시통화와 동일한 화폐가 아니면 수리를 거절한다.
- 최저보험금액이 CIF 또는 CIP금액에서 10% 이상을 증액한 조건으로 부보되어 있어야 하며 만일 CIF 또는 CIP금액을 산정하기 어려운 경우에는 신용장 매입금액(어음금액)과 상업송장 표시금액 중 더 큰 것을 기준으로 삼아야 한다.
- 보상의 대상이 되는 사고의 범위를 확실하고 명백하게 신용장상에 규정하여야 하며 "통상의 위험(usual risks)", "관례적 위험(customary risks)" 등으로 막연한 표현을 쓰지 말아야 한다.

Q10 수출·입 거래시 환율은 어떻게 적용하는지요?

환율(foreign exchange rate)이란 자국화와 외화의 교환비율로써 외국환이라는 상품에 대한 자국화의 가격을 말한다. 필연적으로 한나라의 통화는 국내에서만 통용력을 갖는 것이 원칙이나 외국에서 구매력을 나타내기 위하여 외국내에서 통용력을 가지고 있는 외화와의 교환이 필요하게 된다. 이 외국화와의 교환비율을 환율이라 한다. 영국파운드화(GBP), 유로화(EUR), 호주달러(AUD), 뉴질랜드달러(NZD)를 제외한 모든 통화는 미화를 기준으로 자국통화로 환율을 고시하지만 영국파운드화(GBP), 유로화(EUR), 호주달러(AUD), 뉴질랜드달러(NZD)는 자국통화를 기준으로 미화로 고시한다. 우리나라는 미화 1달러당 원화로 환율을 고시한다.

신용장 네고(nego)시 적용 환율은 전신환매입율(송금 파실 때)이며 수출기업의 거래량이나 신용도에 따라서 우대환율을 적용할 수 있다.

[외국환은행대고객매매율(미화 : 원화)]

구 분	환율	산출근거	환율
매도율 (Offer rate) 은행이 파는 환율 고객이 사는 환율	현찰 사실 때 (현찰매도율) Cash Selling Rate	M + (M × 1.75%)	1,017.50 (+1.75%)
	여행자수표 사실 때 (여행자수표 매도율) T/C Selling rate	M + (M × 1.2%)	1,012.00 (+1.2%)
	송금 보내실 때 (전신환매도율) T/T Selling Rate	M + (M × 1.0%)	1,010.00 (+1.0%)
은행간 환율	대고객 매매기준율(M)	전일 외환시장 가중평균치(1차 고시)	1,000.00
매입율 (Bid rate) 은행이 사는 환율 고객이 파는 환율	송금 받으실 때 (전신환매입율) T/T Buying Rate	M − (M × 1.0%)	990 (−1.0%)
	외화수표 파실 때 (외화수표매입율) Check Buying Rate	M − (M × 1.03%)	989.70 (−1.03%)
	현찰 파실 때 (현찰매입율) Cash Buying Rate	M − (M × 1.75%)	982.50 (−1.75%)

- M : 대고객매매기준율이 미화 1달러당 1,000원이라는 가정 하에 작성하였음.
- M : 대고객매매기준율은 전일의 서울외환시장에서의 원/달러 가중평균치가 1차 고시되며 그 이후에는 서울 외환시장의 호가에 따라 은행이 자율적으로 변경 고시한다.
- 1차 고시 이후의 환율은 은행마다 약간의 차이가 있고 무역업체의 신용도 및 거래규모 등을 감안하여 차등 적용한다. 그리고 통화마다 적용하는 Spread(외환매매차익)가 서로 다르다.
- 달러를 사고(buying) 파는(selling) 기준은 은행이므로 매도율이라는 의미는 은행이 달러를 팔고(selling) 고객이 달러를 산다(buying)는 의미이다.

1) 현찰매도율

현찰매도율은 은행이 달러 현찰을 팔 때 적용하는 환율이며 고객입장에서는 달러 현찰을 사는 환율이다. 과거에는 “현찰매도율”이라고 고시하였지만 요즘에는 고객의 이해를 돕기 위해서 “현찰 사실 때”라고 고시한다.

2) 여행자수표매도율

여행자수표매도율은 은행이 여행자 수표를 팔 때 적용하는 환율이며 고객입장에서는 여행자수표를 사는 환율이다. 과거에는 “여행자수표매도율”이라고 고시하였지만 요즘에는 고객의 이해를 돕기 위해서 “여행자수표 사실 때”라고 고시한다.

3) 전신환매도율

전신환매도율은 은행이 해외로 송금하는 고객에게 적용하는 환율이며 고객의 입장에서는 전신환을 사는 환율이다. 우리나라 수입상이 외국의 수출상에게 송금(remittance)을 할 때 혹은 신용장 대금을 결제할 때 적용하는 환율이다. 과거에는 “전신환매도율”이라고 고시하였지만 요즘에는 고객의 이해를 돕기 위해서 “송금 보내실 때”라고 고시한다.

4) 전신환매입율

전신환매입율은 은행이 해외로부터 송금되어온(혹은 신용장 네고의 경우, 향후 송금되어 올) 전신환을 사는 환율이며 고객의 입장에서는 전신환을 파는 환율이다. 수입상이 달러를 송금해왔을 경우 혹은 수출신용장을 Nego할 때 적용하는 환율이다. 과거에는 “전신환매입율”이라고 고시하였지만 요즘에는 고객의 이해를 돕기 위해서 “송금 받으실 때”라고 고시한다.

5) 외화수표매입율

외화수표매입율은 은행이 외화수표를 살 때 적용하는 환율이며 고객의 입장에서는 외화수표를 파는 환율이다. 과거에는 “외화수표매입율”이라고 고시하였지만 요즘에는 고객의 이해를 돕기 위해서 “외화수표 파실 때”라고 고시한다.

6) 현찰매입율

현찰매입율은 은행이 달러 현찰을 살 때 적용하는 환율이며 고객의 입장에서는 달러 현찰을 파는 환율이다. 과거에는 "현찰매입율"이라고 고시하였지만 요즘에는 고객의 이해를 돕기 위해서 "현찰 파실 때"라고 고시한다.

Q11 외국환 거래시 수수료에는 어떤 것들이 있는지요?

외국환 수수료는 외국환은행이 자율적으로 결정하며 주요 수수료는 아래와 같다.

1) 외환매매차익(Spread)

외환매매차익(spread)이란 수출상이 선적을 완료하고 매입은행에 서류의 매입을 의뢰하면 매입은행은 신용장에 표시된 통화와 자국화폐와의 환율을 적용하여 자국화폐로 환산(convert)한 후 수출상에게 수출대전을 선지급 하게 된다. 이때 신용장 표시 외화와 원화와의 환산시 은행의 규정에 따라 대고객매매기준율과 전신환매입율과의 차익을 은행이 수익으로 취하게 되는데 이를 외환매매차익이라고 한다. 은행의 입장에서는 당연히 취하는 수익으로써 수수료라고 칭하지 않고 있으나 수출기업의 입장에서 보면 은행에 지급하는 비용이므로 수수료로 볼 수 있다.

2) 환가료(Periodic Interest)

환가료(Periodic Interest)란 일종의 이자 명목으로써 수출상이 매입은행에 선적서류의 매입을 의뢰하면 매입은행은 개설은행(혹은 인수, 확인은행)에 서류를 송부하여 수출대전을 청구한다. 매입은행이 선지급한 날과 수출대전이 입금된 날과의 자금청구기간 동안의 이자가 환가료이다[77]. 현재 환가료 적용기간(mail date : 우편일수)은 sight의 경우 8일을 적용하며 재매입(re-nego)의 경우는 추심 일수만큼 그리고 usance의 경우에는 8일에 usance기간이 추가된다.

환가료를 적용할 때 서류에 하자가 없는 clean nego인 경우와 서류에 하자가 있는 하자 nego시의 환가료 적용 요율이 다르다. 하자네고의 경우에는 clean nego의 환가료율보다 1.5%가 가산된다.

---

77) 환가료는 매입이자로 불리는 것이 타당하다고 생각된다. 그러나 오랜 관행상 환가료라고 사용되고 있다.

3) 대체료

네고시 또는 수입대금결제시에 은행에 돌아가는 수익의 가장 큰 부분은 통화의 상이로 인한 외환매매차익 및 환가료 명목의 선이자 징구이다. 그러나 만일 무역업체가 당장 원화에 대한 수요가 없고 거래은행에 외화계좌를 보유하고 있다면, 수출의 경우에는 매입은행에게 네고 금액을 외화로 외화계좌에 입금할 것을 요구할 수 있다. 수입의 경우에도 수입상이 자신의 외화계좌에서 결제금액을 인출하라고 개설은행에 요구하게 된다. 이렇게 되면 은행은 전신환매입율(또는 전신환매도율)의 적용으로 기대되는 이익이 크게 감소하는 결과를 초래하게 된다.

대체료란 이와 같이 외국환거래에서 원화의 매매가 수반되지 아니하고 동종의 외국통화로 대체되는 경우에 은행의 기대 외환매매이익 상실에 따른 보전조로 징구하는 수수료이다. 대체료 산출공식은 “외화금액 × 0.1% × 대고객매매기준율”이다.

4) 지연이자(delay charge)

매입은행과 개설은행이 징수하는 수수료인데 두 가지로 구분할 수 있다.

첫째, 매입은행이 수출상에게 청구할 경우

매입은행이 선적서류를 개설은행으로 발송하였으나 개설은행으로부터의 대금지급이 우편기일(환가료 일수)이 넘을 때가지 입금되지 않았을 때 수출상에게 청구한다. 이 경우는 하자 nego로 인하여 입금이 지연되었을 경우 그 기간만큼 매입은행이 수출상에게 청구하게 된다.

둘째, 신용장 개설은행이 수입상에게 청구할 경우

개설은행에 서류가 도착한 날로부터 5영업일까지 수입상이 그 대금을 지급하지 못하면 6영업일째 되는 날 개설은행이 우선 대납처리하고 그 이후 대금 완납시까지의 기간에 대한 이자를 수입상에게 부과한다.

5) 송금수수료

해외 송금시 징수하는 수수료이며 금액에 따라 차등 적용되며 외국환은행이 자율적으로 결정한다.

6) 추심수수료

D/A, D/P의 환어음 추심 및 수표(cheque)추심의 경우 징수하는 수수료이다. 외

국환은행이 자율적으로 결정하며 통상 금액에 따라 차등 적용된다.

7) 미입금 수수료(less charge)

외국환 거래는 거래 형태에 따라 다수의 외국은행이 개입될 수가 있는데 개입은행은 거래시마다 소액의 수수료를 징구하는데 이런 경우의 수수료를 less charge라 한다.

8) 신용장 개설수수료(issuing commission)

외국환은행이 수입상의 요청에 의하여 수입신용장을 개설할 때 징수하는 기간 개념의 'Term Charge'수수료이다. 신용장 개설기간이 장기간인 경우 수수료 부담이 크기 때문에 통상 개설의뢰인은 그 기간을 단축하여 신용장을 개설하며 선적 직전에 신용장이 개설되는 경우는 이런 이유 때문이다.

9) 전신료, 우편료(cable, mail charge)

전신료는 일종의 통신비로써 Cable, SWIFT 등으로 교신하는데 드는 비용이며 우편료는 서류 발송 비용이다.

Q12 개설은행의 하자통보시 어떻게 처리해야 하는지요?

제시된 서류가 신용장과 불일치로 인하여 개설은행으로부터 하자통보가 오는 경우 다음과 같은 방법으로 처리할 수 있다.

1) Waiver 요청

개설은행으로부터 하자통보를 받은 경우, 수익자인 수출상은 가장 먼저 개설의뢰인과 접촉하여 개설의뢰인에게 Waiver를 요청한다. Waiver란 권리포기라는 의미로써 선적서류에 불일치가 있는 경우 개설은행은 대금을 지급하지 않을 권리가 있다. Waiver란 개설의뢰인이 개설은행에게 선적서류의 하자에도 불구하고 신용장 대금을 지급하겠다는 의사표시이다. 즉, 하자 있는 서류에 대해서 개설은행이 대금을 지급하지 않을 권리를 행사하지 말고 대금을 지급해 달라고 하는 것이다. 개설의뢰인이 수출상의 Waiver요청을 받고 개설은행에게 Waiver의 의사표시를 하면 개설은행은 개설의뢰인으로부터 대금을 결제 받은 후 신용장 대금을 수출국의 지정은행으로 지급한다. Waiver는 개설은행이 자신의 판단으로 할 수 없으며 개설의뢰인의 요청이 있는 경우에만 해야 한다.

2) 가격협상

Wavier가 잘 받아들어지지 않는 경우 수익자는 개설의뢰인과 가격인하 협상을 하는 방법이다. 가격을 조금 인하해 주는 조건으로 서류의 불일치를 수용해 달라는 의미이다. 가끔씩 사소한 서류의 불일치를 이유로 가격인하 협상을 유도하는 악덕 개설의뢰인들도 흔히 볼 수 있다. 이런 경우에는 개설은행의 하자통보가 UCP나 ISBP상의 확실한 서류상의 하자인지의 여부를 확인한 후 개설의뢰인과 협상에 임해야 한다. 무작정 가격을 인하해 주는 수익자의 행동은 바람직하지 못하며 무역인의 자세가 아니라고 생각한다.

3) 제3자 재판매

Waiver 요청과 가격협상이 원활히 이루어지지 않는 경우에는 수익자는 개설의뢰인과의 협상을 포기하고 제3자 판매를 추진하는 방법이다.

4) 반송

위에서 언급한 3가지의 방법이 원활하게 이루어지지 않는 경우에는 수익자는 수출대금 영수 및 판매를 포기하고 물품을 반송해 오는 방법이다. 결국 수익자는 개설의뢰인 혹은 제3자에게 선적서류의 불일치 때문에 자신의 물품을 판매하지 못했다는 의미이다. 개설은행의 하자 통보 시 해결방법 중 가장 최악의 경우라고 볼 수 있다.

9 수입실무

Q1 수입 전에 검토해야 할 사항은 무엇인가요?

수입을 하고자 하는 경우 먼저 아래 사항을 검토해 보아야 한다.

① 제1단계 : 수입물품에 대한 규제여부 및 국내시장조사
② 제2단계 : 해외물품 공급처 파악
③ 제3단계 : 국내 수요처 확보(판매가능 여부 파악)
④ 제4단계 : 수입형태 결정(직접 수입, offer sale)
⑤ 제5단계 : 수입원가계산
⑥ 제6단계 : 수입계약조건 협상 및 수입계약 체결
⑦ 제7단계 : 신용장개설
⑧ 제8단계 : 국내 거래처 점검 및 국내영업

[수입절차 흐름도]

① 수입상품선정 → ② 사전 원가계산 → ③ 납품처 선정 및 계약체결 → ④ 해외 수출상과 계약체결 → ⑤ 수입추천 또는 사전허가(수출입 공고 및 통합공고에서의 수입이 제한되는 품목) → ⑥ 수입승인(수출입 공고 및 통합공고에서의 수입이 제한되는 품목) → ⑦ 수입신용장 개설(신용장 결제방식인 경우) → ⑧ 운송서류 수취와 대금결제 → ⑨ 수입통관 → ⑩ 거래처 납품 → ⑪ 납품업체 대금회수

Q2 수입 신용장 업무 절차가 궁금합니다.

1) 수입신용장 개설 절차

- 수입상이 수출상과 신용장 방식으로 거래하기로 매매계약서 체결
- 수입상은 개설의뢰인(applicant)으로서 자신의 주거래은행과 신용장 개설에 관한 외환거래 약정을 체결
- 수입상은 수출상으로부터 입수한 Offer Sheet 혹은 Proforma Invoice를 첨부하여 신용장개설신청서를 작성한 후 개설은행에 제출
- 개설은행은 자신과 환거래 계약을 맺은 수출국의 통지은행으로 신용장을 개설

2) 개설은행의 서류 접수

- 매입은행으로부터 서류를 접수한 개설은행은 서류를 심사하여 서류의 수리 또는 거절을 결정하고, 서류를 제출한 당사자에게 결정내용을 통보하기 위하여 서류 접수일 다음 날을 기산일로 하여 5영업일을 초과하지 않는 범위 내에서 상당한 시간을 가진다.
- 만약 개설은행이 서류의 하자를 발견하면 이 하자를 클레임과 연결시킬지의 여부를 수입상과 협의하는 것이 통상의 관례이다.
- 수입상이 하자에 대하여 Accept하지 않을 경우 개설은행은 서류를 보내온 은행으로 불일치통보(Notice of Discrepancies)에 의거하여 하자 통보를 할 수 있다.
- 수입상이 하자에 대하여 accept하는 경우 수입상은 개설은행에 신용장 대금을 결제하고 개설은행은 매입은행으로 대금을 지급한다.

3) 수입상의 대금결제

- 수입상은 서류에 하자가 없는 한 개설은행에 신용장 대금을 결제하고 서류를 인도 받는다.
- 일람불신용장인 경우 수입상이 서류 도착일로부터 3영업일 이내에 대금을 결제하면 신용장 금액만 지급하게 되나, 그 이후 4영업일째 되는 날 이후에 결제할 경우에는 도착일부터 실제로 결제하는 날까지의 지연이자도 함께 지급하여야 한다.
- 서류도착일로부터 5영업일이 될 때까지 대금결제를 못하면 6영업일째 되는 날 은행이 대지급처리를 하게 되고 대지급이 발생하면 그때부터 상환일까지의 이자율은 연체 금리로 변하게 된다.
- 수입신용장 대금결제의 환율은 전신환매도율이다.

Application for irrevocable Documentary Credit

TO : Korea Bank (Reopen구분 : 1차발행( ), 2차발행( ) ① Date :

※ ② Advising bank : HSBC Bank, New York, USA (BIC : HSBCUS33)

※ ②-1 Credit no. :

③ Applicant :

④ Beneficiary :

⑤ Amount : 통화 금액 (Tolerance : /)

⑥ Expiry Date : in the Beneficiary country ( ) At the counters of ourselves ( )

⑦ Latest date of shipment :

⑧ Tenor of Draft At sight ( ), Usance days

(Usance L/C only : Banker's ( ) Shipper's ( ) days

⑨ For 100% of the invoice value

☐ After sight
☐ From B/L date
☐ Other

Documents Required(46A)

⑩ ( ) Full set of clean on board ocean bills of lading made out to the order of KOREA BANK marked "Freight ( )" and notify Accountee ( ), Other ( ) :

⑪ ( ) Insurance Policy or Certificate in duplicate endorsed in blank for 110% of the invoice value, stipulating that claims are payable in the currency of the draft and also indicating a claim setting agent in Korea. Insurance must include : the Institute Cargo Clause : ICC(A) with ICC War and SRCC clause.

⑫ ( ) Signed Commercial Invoice in ( ) folds

⑬ ( ) Packing List in ( ) folds

⑭ ( ) Certificate of Origin in ( ) Original and ( ) copies

⑮ ( ) Inspection Certificate in ( ) folds issued by

⑯ ( ) Other Documents (if any)

⑰ Description of goods and/or services (45A) HS Code : ⑱ Price term :

Commodity Description	Quantity	Unit Price	Amount

⑲ Shipment from : Shipment to :

⑳ Partial Shipment : ( ) Allow ( ) Prohibited

㉑ Transshipment : ( ) Allow ( ) Prohibited

㉒ Confirmation : ( ) / Confirmation charges : ( ) Beneficiary ( ) Applicant

㉓ Transfer : ( ) Allowed(Transferring Bank :)

㉔ Documents must be presented within ( )days after the date of shipment of B/L or transportation documents.

Additional Conditions(47A)

㉕ ( ) All banking charges including reimbursement charges outside Korea are for account of ( ) Beneficiary ( ) Applicant

( ) ( )% More or Less in quantity and amount to be acceptable

( ) Other conditions :

Except so far as otherwise expressly stated, This DC is subject to the UCP (2007 Revision) ICC Pub no.600) 위와 같이 신용장 발행을 신청함에 있어서 따로 제출한 외환약정서의 해당조항을 따를 것을 확약하며 아울러 위 수입물품에 관한 모든 권리를 귀행에 양도하겠습니다.	
승인신청번호 :	신청인 :

[신용장 개설신청서 작성요령]

항목	작성요령
① Date	신용장 개설은행에 신청한 당일 날을 기재한다.
② Advising bank	가급적 수출상이 요청하는 은행을 기재한다.
②-1 Credit no.	개설은행이 임의로 부여한다.
③ Applicant	개설의뢰인(수입상)의 상호와 주소를 정확히 기재한다.
④ Beneficiary	수출상의 상호와 주소 또는 전화번호까지 정확하게 기재
⑤ Amount	신용장 한도금액을 표시하며 이 금액 이상으로 환어음을 발행할 수 없다.
⑥ Expiry Date	신용장의 유효기일을 의미하며 통상적으로 선적일로부터 약7일 ~ 15일 가량이 주어진다.
⑦ Latest date of	선적기일은 계약서상의 선적일을 기재한다.
⑧ Tenor of draft	환어음의 지급기한을 기재한다. * At sight인 경우 : O표를 한다. * Usance인 경우 : 수출상과 합의한 외상기간을 기재한다. * Usance인 경우 : After Sight, From B/L Date, Other 3가지 중에서 한 가지를 선택한다.
⑨ For 100% of the	환어음의 발행금액은 보통 Invoice 금액과 일치하여 for 100% Invoice Value로 표기하는 것이 원칙이다. 그러나 T/T 등과 혼합결제 방식인 경우에는 for 80% of Invoice Value와 같이 Invoice 금액의 일정율에 대해 어음을 발행토록 하는 경우도 있다.
⑩ Full set of clean	운임을 수출상이 선지급하면 Freight (Prepaid) 운임을 수입상이 지급하면 Freight (Collect) 도착통지처(notify)를 기재한다. 수입상이면 Accountee, 다른 업체면 Other에 표시
⑪ Insurance Policy	가격조건이 CIF, CIP인 경우에 요구사항을 기재한다.
⑫ Commercial Invoice	수출상이 제시할 상업송장의 통수를 기재한다.
⑬ Packing List	수출상이 제시할 포장명세서의 통수를 기재한다.
⑭ Certificate of	수출상이 제시할 원산지증명서의 통수를 기재한다.
⑮ Inspection	수출상이 제시할 검사증명서의 통수와 발급자를 기재한다.

항목	작성요령
⑯ Other documents	추가적인 조건을 요구할 경우에는 기타서류로 기재한다.
⑰ Description	계약서상 약정한 물품의 내용, 수량, 단가, 금액을 기재한다.
⑱ Price term	FOB, CFR, CIF 등으로 기재한다.
⑲ Shipment from to	선적항(지)와 도착항(지)를 기재한다.
⑳ Partial Shipment	분할선적 허용 여부를 표시한다.
㉑ Transshipment	환적의 허용 여부를 표시한다.
㉒ Confirmation	수출상과 확인신용장 개설의 합의가 있을 때 표시한다.
㉓ Transfer	수출상과 양도가능신용장 개설의 합의가 있을 때 표시한다.
㉔ Documents	서류제시기간을 기재한다.
㉕ Additional	부가조건은 기존 신용장의 형식에 없는 내용들을 추가로 기재하는 조건이다.

Q3 수입통관이란 무엇인가요?

수입통관(customs clearance)이란 수입하고자 하는 자가 우리나라에 수입될 물품을 선적한 선박 또는 항공기가 (① 출항하기 전 ② 입항하기 전 ③ 입항 후 물품이 보세구역에 도착하기 전 ④ 보세구역에 장치한 후)에 선택하여 세관장에게 수입신고하고, 세관장은 수입신고가 관세법 및 기타 법령에 따라 적법하고 정당하게 이루어진 경우에 이를 신고수리하고 신고인에게 수입신고필증을 교부하여 수입물품이 반출될 수 있도록 하는 일련의 과정을 말한다.

화물의 국가간 이동은 나라마다 여러 가지 규제를 가하고 있는 것이며 이러한 규제는 세관이라는 관문을 통하여 실현하고 있다. 우리나라도 국제수지의 균형과 국민경제의 발전을 위하여 대외무역법 등 각종 법령에 무역에 관한 규제사항을 두고 있으며 이러한 규제내용을 실제로 확인, 집행하는 제도가 통관제도이다. 통관이 화물의 이동, 즉 수출입에 관한 국가의 규제사항을 서류 및 현품과 대조·확인하는 것이라면, 통관절차란 이러한 확인절차를 의미한다.

Q4 수입신고인은 누구인가요?

1) 관세사

관세사법에 따라 타인으로부터 통관의 위임을 받아 수입신고를 할 수 있도록 자격을 부여받은 자로서 개업형태에 따라 관세법인, 통관취급법인, 합동관세사, 개인관세사로 구분된다.

2) 수입하주

수입하주도 일정한 요건을 갖추면 자기가 수입한 물품에 한하여 직접 수입신고를 할 수 있다. 관세법상 수입하주는 다음에 해당하는 사람을 포함한다.

① 물품의 수입을 위탁받아 수입업자가 대행 수입한 물품인 때에는 그 물품의 수입을 위탁한 자
② 수입을 위탁받아 수입업체가 대행수입한 물품이 아닌 때에는 송품장(송품장이 없을 때에는 선하증권 또는 항공화물운송장)에 기재된 수하인
③ 수입신고 전에 양도한 때에는 그 양수인
④ 조달물품은 실수요부처의 장 또는 실수요자
⑤ 송품장상의 수하인이 부도 등으로 직접 통관하기 곤란한 경우에는 적법절차를 거쳐 수입물품의 양수인이 된 은행
⑥ 법원의 임의경매절차에 의하여 경락받은 물품은 그 물품의 경락자

Q5 수입신고 절차는 어떻게 되는가요?

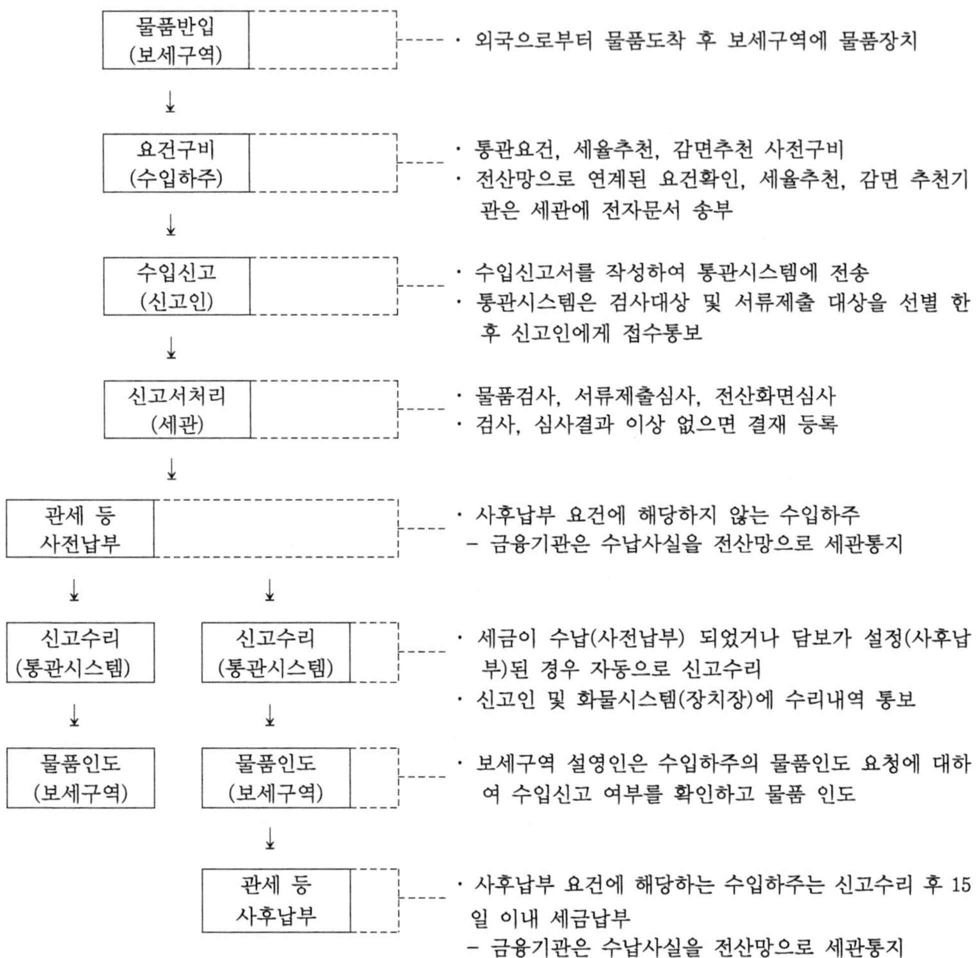

Q6 해상운송 수입통관 절차는 어떻게 되는가요?

1) 해상운송시 통관절차

수입 통관시 하주는 수입통관 절차를 모두 다 완벽하게 이해할 필요까지는 없다 하더라도 해상운송 B/L과 항공운송장(AWB)이 어떻게 다르게 세관에서 사용되어지는 정도는 알아야 한다.

신용장방식일 경우 해상운송 B/L원본 3부는 은행을 통해서 수입상에게 전달되고 수입상은 원본 1부를 운송회사에 제출하고 D/O(Delivery Order)를 발급 받는다. D/O는 운송회사가 운임 후불인 경우 운임 및 입항료, 기타 수수료 등을 받은 후 B/L원본을 회수하고 하주에게 발급하여 주는 '화물인도지시서(Delivery Order)' 이다.

2) 해상운송 수입흐름도

수입신용장 개설 → 선적서류 도착 → 개설은행에 신용장 대금결제 → 은행으로부터 B/L원본 입수 → B/L원본 1부 운송회사 제출 → 운송회사로부터 D/O입수 → 수입신고 → 관세납부 → 세관의 신고수리 → (관세 사후납부) → D/O(Delivery Order)제출 → 물품인수

Q7 수입화물선취보증서란 무엇인가요?

수입화물선취보증서(L/G : Letter of shipping Guarantee)란 선적서류가 개설은행에 내도하기 전에 수입상이 화물을 신속하게 인도 받기 위하여 개설은행에 수입화물선취보증 신청서를 제출하면 개설은행은 필요조치를 취한 다음 운송회사 앞으로 선하증권(B/L) 원본 대신 수입화물선취보증서를 제출하고 수입화물을 인도받는 제도이다.

1) 발생경위

우리나라와 가까운 중국, 일본, 홍콩 등으로부터 운송되는 화물은 지역에 따라 차이가 있으나 1~4일 정도가 소요된다. 반면에 수출국의 매입은행으로부터 송부된 서류가 개설은행에 도착하기까지는 서류발송 수단에 따라서 차이가 있지만 빠르면 3일에서 7일까지 소요된다. 만약에 이때 물품은 수입지에 이미 도착되어 있는데 개설은행에 서류가 도착되지 않아서 통관을 할 수 없는 상황이라면 하루가 급한 수입상으로서는 은행으로부터 L/G를 발급 받아 화물을 우선 인도 받고 개설은행은 추후 B/L원본을 운송회사에 제출하여 자신이 발급한 L/G를 되찾게 된다. 이것을 수입화물선취보증제도라고 한다.

수입화물선취보증서를 발급한 은행은 "원본선하증권이 제시되지 않았다는 하자"를 제외하고는 다른 하자를 이유로 서류를 거절할 수 없다.

2) 주요 내용

L/G는 개설은행이 운송회사 앞으로 발행하는 지급보증서 또는 각서의 일종으로써 다음과 같은 내용이 기재되어 있다.

- B/L원본이 도착하면 즉시 운송회사에 제출하겠다는 약속문언
- 화물의 인도로 인하여 발생되는 모든 책임을 은행이 지겠다는 약속문언
- 화물인도에 따른 일체의 비용(운임, 창고료, 양륙비 등)을 화물인도시 지급하겠다는 문언

수입화물선취보증 신청서
(Application For Letter of Guarantee)

담 당	책임자

한국외환은행 앞 신청일자 :

		L/C번호
선박회사명		신용장(계약서)번호
송하인		선하증권번호
상업송장금액		선 박 명 항해번호
선적항		도착항
화물표시 및 번호 N/M	포장수	상품명세

본인은 위 신용장 등에 의한 관계 선적서류가 귀행에 도착하기 전에 수입화물을 인도받기 위해 수입화물선취보증을 신청하며 본인이 따로 제출한 수입화물선취보증서(LETTER OF GUARANTEE)에 귀행이 서명함에 있어 다음 사항을 따를 것을 확약합니다.

1. 귀행이 수입화물선취보증서에 서명함으로서 발생하는 위험과 책임 및 비용은 모두 본인이 부담하겠습니다.
2. 본인은 위 수입화물에 대하여는 귀행에 소유권이 있음을 확인하며 귀행이 수입화물선취보증서에 따른 보증채무를 이행하여야 할 것이 예상될 경우 또는 본인에 대하여 은행여신거래 기본약관 제7조 제1항-제4항 각호의 사유가 발생한 경우에는 귀행이 청구를 받는 즉시 위 수입화물을 귀행에 인도하겠으며 수입화물의 인도가 불가능한 경우에는 위 수입화물에 상당하는 대금으로 상환하겠습니다.
3. 본인은 위 수입화물에 관한 관계선적서류를 제3자에게 담보로 제공하지 않았음을 확인하며, 또한 귀행의 서면동의 없이 이를 담보로 제공하지 않겠습니다.
4. 본인은 위 수입화물에 관한 관계 선적서류가 도착할 때에는 신용장조건과의 불일치 등 어떠한 흠에도 불구하고 이 서류를 반드시 인수하겠습니다.

년 월 일

신청인
주 소

수입화물선취보증서

수신 :	L/C 번호 :
(선박회사명)	발행일자 :
선명/항차번호 :	송장금액 :
선적항 :	화물명세 :
양하항(또는 인도장소) :	
선하증권번호 :	
발행일 :	포장갯수 :
송화인 :	하인 및 번호 :
수하인 :	인수예정자 :

귀사가 상기 선적화물에 관한 선하증권을 발행하였고 상기화물이 상기 양하항(또는 인도장소)에 도착하였기에, 우리는 선하증권 원본을 제시함이 없이 상기 당사자에게 상기화물을 인도해 줄 것을 귀사에게 요청합니다.

귀사가 상기와 같이 당사의 요청에 따를 경우 우리는 아래와 같이 합의합니다.

1. 귀사와 귀사가 지정한 고용인, 대리점 모두는 당사의 요청에 의하여 화물을 인도함으로써 발생할지도 모를 채무, 손실, 손해 또는 비용에 대하여 면책한다. 다만, 은행은 운송계약과 관련하여 발생하는 채무, 운임, 체선료, 기타 비용은 책임을지지 않는다.
2. 상기화물의 선하증권 원본을 입수하는 대로 귀사에게 전달하겠으며, 이때 당사의 책임은 종료된다.
3. 본 보증서상 하기 서명자 각각 모두가 단독 및 연대책임이 있으며, 귀사가 하기 서명자 중 어떤 사람에게 먼저 소송을 제기하였을 때 해당인(피고인)이 당사이든 아니든 책임이 있든 없든 그것은 조건부가 아니다.
4. 이 보증서의 준거법 및 관할법원은 한국법 및 한국법원으로 한다.

선하증권 소지인이 분쟁 또는 소송을 제기하는 경우에는 가능한 빨리 은행에 통보
하여야 한다.

년 월 일

화주	은행
(서명)	(서명)

D/O 양식 예

DELIVERY ORDER

SHIPPER :
INTERFIRE AUDIO INC
U.S.A

H/BL No. : SSAXK99429
Customer Report No. : TF104775

CONSIGNEE :
ICOM CO., LTD

VSL NAME & VOY. : HD NATIO
DATE OF ARRIVAL : FEB. 01, 2016

NOTIFY PARTY :
ICOM CO., LTD.
ROOM NO.202 HONGIL B/D
1551-9, SEOCHO-DONG,
SEOCHO-GU, SEOUL, KOREA

W/HOUSE :

MARKS ;	NO OF PKGS ;	DESCRIPTION OF GOODS	GROSS WEIGHT ;	MEASUREMENT ;
	2GT	INTERFIRE CAR AMPLIFIRE	1,121KGS	4.299CBM

SEA-ROAD TRANS COPR.

By 사인방 (사용인감)

※ D/O(Delivery Order)

해상운송의 화물인도지시서이며 수입자가 당해 화물을 운송해온 선사 혹은 포워더(forwarder)에게 선하증권(B/L) 원본이나 Surrendered B/L 혹은 신용장 결제방식인 경우에는 수입화물선취보증서(L/G : Letter of Guarantee)를 제출하면 선박회사는 수입자에게 D/O을 발급하여 주고 수입자는 이 D/O를 화물을 보관하고 있는 관련 당사자에게 제출하여 화물이 보관되어 있는 보세구역 혹은 CY/CFS로부터 화물을 반출 받는다.

Q8 항공운송 수입통관 절차는 어떻게 되는가요?

해상운송 B/L은 원본이 3부이고 신용장 방식의 경우 대부분 개설은행이 원본 3부를 네고(nego) 서류에 첨부하도록 하기 때문에 원본 3부 모두가 은행으로 도착하게 되고 수입상은 개설은행에 대금을 결제하게 되면 개설은행은 B/L원본 모두를 수입상에게 주게 된다. 수입상은 이 중 아무거나 하나를 해운회사에 제출하여 D.O를 발급 받게 되지만 항공의 경우는 다르다.

항공은 수출지 항공대리점이 총 3부의 original AWB를 발행하는데 original 1(for carrier)은 항공사가 보관하고 original 2(for consignee)는 물품 이동과 함께 수입국으로 보내져서 수입국 항공사 파트너가 보관하고 수입상이 신용장 개설은행에 대금결제 후 original 2(for consignee)를 찾아 이것으로 수입통관 하게 되고 original 3(for shipper)은 수출상이 nego를 통하여 개설은행에 도착하게 된다.

L/G발급은행	우리은행 면목동지점
전화번호	
FAX번호	
담 당 자	(인)

귀사에서 확인 의뢰한 본 L/G는 당행에서 발급한 L/G임을 확인함.	
확인은행	우리은행 면목동지점
확 인 자	(인)

항공화물운송장에 의한 수입화물 인도승낙(신청)서

운 송 회 사 명		
신 용 장 (계 약 서) 번 호		
운 송 장 번 호		
상 업 송 장	번 호	
	금 액	

본인은 위 내용의 수입과 관련된 항공화물인도승낙을 신청함에 있어 다음 사항에 따를 것을 확약합니다.

1. 은행이 수입화물 인도승낙서를 발급함으로써 발생하는 위험과 책임 및 비용은 모두 본인이 부담하겠습니다.
2. 본인은 위 수입물품에 대하여 은행에 소유권이 있는 것으로 확인하고 담보권 실행을 위하여 은행이 요구한 경우에는 수입물품을 지체 없이 은행 또는 은행이 지정한 자에게 인도하겠으며 수입물품의 인도가 불가능할 경우에는 수입물품에 상당하는 대금으로 상환하겠습니다.
3. 본인은 은행의 서면동의 없이는 수입물품 및 관련서류를 담보로 제공하지 않겠습니다.
4. 본인은 위 수입물품에 관한 항공화물 운송서류가 도착할 때 신용장 조건과의 불일치 등 어떠한 하자에도 불구하고 반드시 지급 또는 인수하겠습니다.

년 월 일

본 인 :
주 소 :

발급번호	

상기 신청내용과 같이 수입물품을 인도할 것을 승낙합니다.

년 월 일

승낙권자 : ____________________

*첨부서류
☐항공화물운송장 ☐상업송장 ☐포장명세서 ☐원산지증명서
☐검사증명서 ☐기타( )

수입 (4040101. 210×297) 백상지 80g/㎡ ('99 1 제정)

[수입화물인도승낙서]

항공화물운송장은 선하증권과는 달리 유가증권이 아닌 단지 화물 수령증에 불과하므로 지시식으로는 발행되지 않는다. 따라서 신용장거래시 항공화물운송장에 수하인(consignee)이 지시식(order)으로 발행되지 않고 기명식(straight)으로 발행된다. 다시 말해서 개설은행이 요구서류(documents required)에 "consigned to ×× bank or 실제 수하인"과 같이 개설해야 한다. 신용장결제방식이라 하여 해상운송처럼 "made out to order 혹은 made out to the order of ××bank"와 같이 지시식(order)으로 발행해서는 안 된다.

다만 신용장개설은행이 수하인으로 명시되어 있는 항공화물운송장을 선하증권처럼 은행에서 배서 후 수익자에게 직접 양도할 수가 없으므로 별도의 양도증을 발급하여 화물의 소유권을 양도하게 되는데, 여기에 이용되는 서류가 바로 '항공화물운송장에 의한 수입화물 인도승낙서'(약칭하여 수입화물 인도승낙서)이다.

신용장거래에서 항공기로 물품을 수입하는 경우 수입자는 반드시 '항공화물운송장에 의한 수입화물 인도승낙서'를 개설은행으로부터 발급받아 이것의 사본으로 운송사로부터 'Original-2'를 인도받고 항공화물운송장 'Original-2'와 개설은행으로부터 발급 받은 '항공화물운송장에 의한 수입화물 인도승낙서' 원본을 제시함으로써 화물을 인도받을 수 있다. 이는 해상 운송시의 해상 운송인이 발행하는 일종의 화물인도지시서(Delivery Order : D/O)와 같은 서류이다. 최근에는 일부 개설은행의 경우 세관창고와 EDI에 의해서 세관창고가 EDI로 '항공화물운송장에 의한 수입화물 인도승낙서' 발급을 확인하고 실제로 원본을 제시하지 않는다. 하지만 항공화물운송장의 consignee가 실제 수하인으로 되어있는 경우에는 실제 수하인이 운송사로 부터 Original-2(consignee용 항공화물운송장 원본) 확인과 동시에 D/O를 받아 창고에 제출하고 물건을 반출해갈 수 있다.

상기 내용을 일반적인 것으로 이해하면 되고 더욱 더 상세히 설명하면 다음과 같다.

항공운송장 및 보관창고에 따른 구분
① Master airwaybill 화물의 경우 : 수입화물 인도승낙서를 항공사에 제시하고 'Original-2'를 인도받아 'Original-2'만을 창고에 제시하여 화물을 인도 받는다.
② House airwaybill 화물이 항공사(터미널) 창고가 아닌 영업용 창고에 반입된 경우 : 수입화물인도승낙서 사본과 'Original-2'를 창고에 제시하여 화물을 인도 받는다.

③ House airwaybill 화물이 항공사(터미널) 창고에 반입된 경우 : 항공운송대리점(포워더)에 인도승낙서 사본을 제시하여 'Original-2'를 인도받아 항공사(터미널) 창고에 수입화물 인도승낙서 원본과 'Original-2'를 함께 제시하여 화물을 인도 받는다.
* 상기 ①, ②, ③의 경우 신용장 개설은행과 항공운송대리점(포워더)가 당해 서류의 원본 대신 EDI로 항공사와 창고(터미널, 영업용 창고)에 D/O를 전송한 경우 사본으로 가능하다. * 영업용 창고에서도 수입화물 인도승낙서의 원본을 요구하는 것이 원칙이나 업업상 믿고 편의를 제공하는 것으로 사본을 받은 창고는 은행에 실제 결제 여부를 조회한다.

Q9 수입통관 규정은 어떻게 되는가요?

1) 과세표준

세액결정의 기준이 되는 과세물건의 가격 또는 수량을 말한다. 가격을 과세표준으로 하는 경우에 이를 종가세라하고 물품의 수량(개수, 중량, 용적 등)을 과세표준으로 하는 경우에 이를 종량세라 한다.

- 종가세 : 가격 (CIF) × 세율 = 세액(수입물품의 대부분)
- 종량세 : 수량 × 단위당 세액 = 세액(예 : 수록된 비디오 테이프)

2) 과세가격의 결정

수입물품의 과세가격은 우리나라에 수출・판매되는 물품에 대하여 구매자가 실제로 지급하여야 할 가격에 다음 각 호의 금액을 가산하여 조정한 거래가격으로 한다.

- 구매자가 부담하는 수수료 및 중개료
- 당해 물품과 동일체로 취급되는 용기의 비용과 당해 물품의 포장에 소요되는 노무비 및 자재비로서 구매자가 부담하는 비용
- 구매자가 당해 물품의 생산 및 수출거래를 위하여 무료 또는 간접으로 대통령이 정하는 물품 및 용역을 공급하는 때에는 그 가격 또는 인하차액
- 특허권, 실용신안권, 의장권, 상표권 및 이와 유사한 권리를 사용하는 대가로 지급하는 것으로서 대통령령이 정하는 바에 따라 산출된 금액
- 수입항까지의 운임, 보험료 기타 운송에 관련되는 비용으로서 대통령령이 정하는 바에 따라 결정된 금액

3) 공제비용

금액을 명백히 구분할 수 있을 것

· 수입 후에 행하여지는 당해 수입물품의 건설, 설치, 조립, 정비, 유지 또는 당해 수입물품에 관한 기술 지원에 필요한 비용
· 수입항 도착 후에 당해 수입물품의 운송에 필요한 운임, 보험료 기타 운송에 관련되는 비용
· 우리나라에서 당해 수입물품에 부과된 관세 등의 세금 기타 공과금
· 연불조건 수입의 경우에는 당해 수입물품에 대한 연불이자

과세항목과 공제항목
▶ 과세항목 : FOB물품가격, 해상운임, 해상보험료
▶ 공제항목 : 설치비, 엔지니어 fee, 국내이동비용, 향후 software upgrade
- 상업송장에 정확하게 명시하게 되면 관세에서 많은 부분을 공제 받을 수 있다.
- Door to door의 경우라도 내륙운송비 및 국내 보험료 등은 공제 받을 수 있다.

Q 10 관세의 납부기한과 가산금은 어떻게 되는가요?

관세의 납부기한이란 관세법상의 규정에 의하여 납세의무자가 조세 채무를 이행하여야 하는 기한을 말한다. 납부기한이 경과한 경우 세관장은 체납자로부터 가산금을 부과·징수하여야 한다.

1) 일반적인 관세의 납부기한

① 납세의무자가 신고납부 규정에 의한 납세신고를 한 경우
납세의무자는 납세신고(수입신고)가 수리된 날로부터 15일 이내에 당해 세액을 납부하여야 한다. (단, 납세담보를 제공한 경우에 한한다.)
② 세관장이 부과고지 규정에 의한 납세고지를 한 경우
납세고지를 받은 자는 그 고지를 받은 날로부터 15일 이내에 당해 세액을 세관장에게 납부하여야 한다.
③ 수입신고전 즉시반출신고를 한 경우
납세의무자는 수입신고일부터 15일 이내에 당해 세액을 납부하여야 한다.
④ 세액을 정정하는 경우
납세의무자가 세액의 보정을 신청한 경우 당해 보정신청을 한 날의 다음 날까지 당해 관세를 납부하여야 하며, 수정신고를 한 경우 수정신고한 날의 다음 날까지 당해 관세를 납부하여야 한다. 다만, 납세의무자가 납세신고한 세액을 납부하기 전에 정정을 한 경우 납부기한은 당초의 납부기한으로 한다.

2) 관세 납부기한의 특례

위의 일반적인 납부기한 이외에도 분할납부, 월별납부 등의 납부기한 특례규정이 있다.

① 분할납부
세관장은 납부기한 별로 부과고지 규정에 의한 납세고지를 하여야 한다. 다만, 관세를 지정된 기한까지 납부하지 않았거나, 파산선고를 받은 경우 또는 법인이 해산한 경우 등으로 인하여 관세를 징수하는 때에는 10일 이내의 납부기한을 정하여 납세고지를 하여야 한다.

② 월별납부
세관장은 납세실적 등을 고려하여 일정요건을 갖춘 성실납세자가 신청을 하는 때에는 일반적인 납부기한 규정에 불구하고, 납부기한이 동일한 달에 속하는 세액에 대하여는 동 기한이 속하는 달의 말일까지 일괄하여 납부하게 할 수 있다.

Q11 세액의 정정과 가산세는 어떻게 되는가요?

1) 세액의 정정

납세신고한 세액이나 신고납부한 세액에 대하여 사후에 과부족이 있는 것을 발견한 경우, 납세의무자 또는 세관장이 이를 정정할 수 있다.

[세액의 정정방식]

주 체	명 칭	시 기	내 용	가산세
납세의무자	정정신고	세액 납부전	신고세액 과부족	×
	보정신청	세액납부 후 6월 이내	납부세액 과부족	×
	수정신고	보정기간 경과 후	납부세액 부족	○
	경정청구	보정기간 경과 후	납부세액 과다	×
세관장	경정	세액납부 전/후	신고/납부세액 경정청구세액 과부족	○

① 정정신고

납세의무자는 납세신고한 세액을 납부하기 전에 당해 세액에 과부족이 있는 것을 안 때에는 납세신고한 세액을 정정할 수 있다. 이 경우 납부기한은 당초 납부기한으로 한다.

② 보정신청(세액보정)

납세신고자는 신고납부한 세액에 과부족이 있거나 세액산출의 기초가 되는 과세가격 또는 품목분류 등에 오류가 있는 것을 안 때에는 신고납부한 날부터 6월 이내에 당해 세약의 보정을 세관장에게 신청할 수 있다. 한편 세관장은 신고납부한 세액에 과부족이 있거나 세액산출의 기초가 되는 과세가격 또는 품목분류 등에 오류가 있는 것을 안 때에는 보정통지서를 교부함으로써 납세의무자에게 당해 보정기간에 보정을 신청하도록 통지할 수 있다.

③ 수정신고

납세의무자는 보정신청 기간이 경과한 후 신고납부한 세액에 부족이 있는 때에는 수정신고를 할 수 있다. 이 경우 납부기한은 수정신고한 날의 다음 날이며 가산세를 징수한다.

④ 경정청구

납세의무자는 보정신청 기간이 경과한 후 신고납부한 세액이 과다한 것을 안 때에는 최초로 납세신고를 한 날로부터 2년 이내에 신고한 세액의 경정을 세관장에게 청구할 수 있다. 경정청구를 받은 세관장은 그 청구를 받은 날로부터 2월 이내에 세액을 경정하거나 경정하여야 할 이유가 없다는 뜻을 청구한 자에게 통지하여야 한다.

⑤ 경정

세관장은 납세의무자가 납세신고한 세액, 신고납부한 세액 또는 경정청구한 세액을 실사한 결과 과부족이 있는 것을 안 때에는 당해 세액을 경정하여야 한다. 또한 경정 후 그 세액에 과부족이 있는 것을 발견한 때에는 재경정할 수 있다. 세관장이 경정을 하는 경우 가산세를 징수한다.

2) 가산세

가산세란 세법에서 규정하고 있는 성실의 의무를 위반한 자에 대하여 행정벌적 성격의 경제적 제재를 가하기 위하여 징수할 세액에 가산하여 징수하는 금액을 말한다. 가산세 제도는 관세법상 제반의무의 성실한 이행을 유도하는데 그 목적이 있다.

수 입 신 고 필 증

(갑 지)

※ 처리기간 : 3일

①신고번호	②신고일	③세관.과	⑥입항일	⑦전자인보이스 제출번호
11461-12-000100U	2016/01/05	020-11	2016/01/05	

④B/L(AWB) 번호	⑤화물관리번호	⑧반입일	⑨징수형태
EX152603A	12KMTCKL001-0001-001	2016/01/05	11

⑩신 고 인	한국관세사무소	⑮통관계획 D		⑲원산지증명서	㉑총중량
⑪수 입 자	㈜ 대한무역 A	보세구역장치후		유무 N	1,000 KG
⑫납세의무자	000-00-00000	⑯신고구분 A		⑳가격신고서	㉒총포장갯수
(주소)	서울시 강남구 삼성동 000	일반 P/L신고		유무 N	10 GT
(상호)	㈜ 대한무역	⑰거래구분 11		㉓국내도착항	㉔운송형태
(성명)	김대한	일반수입형태		KR INC 인천항	10 - LC
⑬운송주선인	㈜대한 Trans Corp.	⑱종류 A		㉕적출국 HK HGKONG	
		일반외화획득용		㉖선기명 GLORIA 007V	
⑭해외거래처	CT TECHNOLOGY INC.	㉗MASTER B/L번호 KMTCHKG129688		㉘운수기관부호	
㉙검사(반입)장소	0210026-001(인천복합운송협회 보세창고)				

● 품명 ·규격 (란번호/총란수 : 001/001)

㉚품명	CCTV CAMERA	㉜상표명 BCV
㉛거래품명	CCTV CAMERA	

㉝모델 · 규격	㉞성분	㉟수량	㊱단가(USD)	㊲금액(USD)
CT 1234-F		1,000 EA	40	40,000

㊳세번부호	8525.80-1020	㊵순중량	700(KG)	㊸C/S검사	C/S검사생략	㊺사후확인기관
㊴과세과격	$40,276	㊶수량	1,000U	㊹검사변경		
(CIF)	₩46,899,898	㊷환급물량	1,000EA	㊻원산지	CN-6-G-B	㊼특수세액

㊽수입요건확인 (발급서류명)				

㊾세종	㊿세율(구분)	51감면율	52세액	53감면분납부호	감면액	내국세부호
관	8.00(A기가)	0.00	3,751,990		0	
부	10.00(A)	0.00	5,065,180		0	

54결제금액(인도조건-통화종류-금액-결제방법)	F0B-USD-40,000-T/T	56환율	1,164.45

55총과세가격							
	$40,276	57운임	221,898	59가산금액	0	64납부서번호	020-11-12-XXX
	₩46,899,898	58보험료	100,000	60공제금액	0	65총부가가치세과표	50,651,888

61세종	62세액	※신고인기재란	66세관기재란
관 세	3,751,990		
개 소 세	0	- 전화번호	
교 통 세	0	- 이메일	
주 세	0		
교 육 세	0		
농 특 세	0		
부 가 세	5,065,180		
신고지연가산세	0		
미신고가산세	0		

63총세액합계	8,817,170	67담당자	한세관 091560	68접수일시	2012/01/05 16:17	69수리일자	2016/01/05

수 입 신 고 필 증

■ 관세 및 부가세 계산 방법

- 과세가격(CIF)(㊴) = FOB(54) + 해상운임(57) + 적하보험료(58)
- FOB 외화금액(54) : U$40,000 [환율(56) : 1,164.45]
- FOB 원화금액 : 40,000 × 1,164.45 = 46,578,000
- 해상운임(57) : 221,898원
- 적하보험료(58) : 100,000원
- 과세가격(CIF) = 46,578,000 + 221,898 + 100,000 = 46,899,898
- 과세가격(CIF) 총금액(㊴) = 46,899,898
- 관세율 : 8%(㊾ 세종 : 관(관세), ㊿ 세율 : 8.00(8%)
- 관세(62) = CIF × 관세율
- 관세(62) = 46,899,898 × 0.08 = 3,751,990
- 부가세 과세표준(65) = (CIF + 관세)
- 부가세율 : 10% [㊾ 세종 : 부(부가세)] , ㊿ 세율 : 10.00(10%)
- 부가세 과세표준 = (46,899,898 + 3,751,990)
- 부가세(V.A.T)(62) = (부가세 과세표준) × 0.1
- 부가세(V.A.T)(62) = 50,651,888(65) × 0.1 = 5,065,180
- 총 세액합계(63) = 관세 + 부가세
- 총 세액합계(63) = 3,751,990 + 5,065,180 = 8,817,170

※ 부가세는 환급대상이므로 수입원가가 아니다.

[수입신고서 세부작성 요령]

항목	부호(관리번호)	작성요령
① 신고번호		○ 신고자 부호, 연도, 일련번호를 구분하여 기재
④ B/L 번호		○ House B/L 번호를 기재
⑤ 화물관리번호		○ 적하목록상의 화물관리번호를 기재하며 화물관리번호가 없는 경우에는 'NO'로 기재
⑨ 징수형태	관리번호	○ 통계부호표 상의 징수형태 부호를 기재
	00	과세보류
	11	신고, 수리전납부
	12	신고, 사후납부(개별담보)
	13	신고, 사후납부(포괄담보)
	14	신고, 사후납부(무담보)
	18	신고, 사후납부(특송포괄담보)
	21	부과, 수리전 납부
	22	부과, 사후납부(개별담보)
	23	부과, 사후납부(신용담보)
	24	부과, 사후납부(무담보)
	33	사후정산(환급특례법에 의한 일괄고시)
	43	월별납부 신용담보
⑩ 신고인		○ 신고자 상호와 대표자 성명을 기재
⑪ 수입자		○ 수입자 관련 사항 기재 - 전자상거래 물품인 경우 생략 불가 - 납북교역물품은 통관고유번호 생략 불가 ○ 수입자 구분부호를 기재 - 수입자와 납세의무자가 동일한 경우 : A - 수입자와 납세의무자가 상이한 경우 : B ※ 전자상거래물품은 수입자구분부호 생략 불가
⑫ 납세의무자		○ 납세의무자 관련 사항 기재
⑬ 운송주선인		○ 운송주선인(forwarder) 관련 사항 기재

항목	부호(관리번호)	작성요령
⑭ 해외거래처		○ 해외거래처 관련 사항 기재 - 해외거래처 국가부호(ISO) 기재 ※ 인터넷 쇼핑몰은 인터넷주소와 회사명 병행 기재
⑮ 통관계획	관리부호	○ 통관계획 부호를 기재
	A	출항전 신고
	B	입항전 신고
	C	보세구역 도착전 신고
	D	보세구역 장치후 신고
⑯ 신고구분	관리부호	○ 신고구분 부호를 기재
	A	일반 P/L 신고
	B	일반서류 신고
	C	간이 P/L 신고
	D	간이서류신고
	E	간이특송신고
	F	포괄적 즉시수리
⑰ 거래구분	관리번호	○ 통계부호표 상의 징수 형태 부호를 기재
	11	일반수입
	12	주문자 상표부착에 의한 수입물품(OEM 방식)
	15	전자상거래에 의한 수입물품
	21	국내외국인 투자업체가 수탁가공 수출을 위한 원자재 수입
	22	기타 일반업체가 수탁가공 수출을 위한 원자재 수입
	29	위탁가공(국외가공)후 수입
⑱ 종류	관리부호	○ 수입 종류 부호를 기재
	A	일반수입(외화 획득용)
	K	일반수입(내수용)
	B	보세공장에 반입(외화 획득용)

<table>
<tr><th>항목</th><th>부호(관리번호)</th><th>작성요령</th></tr>
<tr><td rowspan="4">⑱ 종류</td><td>U</td><td>보세공장에 반입(내수용)</td></tr>
<tr><td>C</td><td>보세공장으로부터 수입(보세공장 제품과세)</td></tr>
<tr><td>S</td><td>보세공장으로부터 수입(보세공장 원료과세)</td></tr>
<tr><td>P</td><td>우편물품(통관우체국 면허분)</td></tr>
<tr><td>⑲ 원산지증명서 유무</td><td></td><td>○ 관세법 및 대외무역관리규정에 의거 세관장이 원산지를 확인해야 할 물품으로써, 원산지 증명서 구비여부를 기재
- 원산지증명서를 구비한 경우 : Y
- 원산지증명서 제출면제 대상인 경우 : X
- 세관장 확인대상이 아니거나 원산지증명서를 구비하지 못한 경우 : N</td></tr>
<tr><td>⑳ 가격신고서 유무</td><td></td><td>○ 가격신고서 제출 여부를 기재
- 가격신고서 제출대상인 경우 : Y
- 가격신고서 제출대상이 아닌 경우 : N</td></tr>
<tr><td>㉔ 운송형태</td><td></td><td>○ 운송수단 및 운송용기 부호
* 10-LC : 선박, LCL</td></tr>
<tr><td>㉚ 품명</td><td></td><td>○ 당해물품을 나타내는 관세율표상의 품명을 영문으로 기재
- 관세율표상 품목번호 10단위에 당해 품명이 특게되어 있는 경우 이를 기재
- 10단위에 특게되어 있는 품명이 없는 경우에는 9단위부터 4단위까지 순차적으로 특게된 품명을 찾아서 기재</td></tr>
<tr><td>㊴ 과세가격</td><td></td><td>○ 해당품목의 과세가격
- 과세가격을 미화로 기재(CIF 기준 US$)
- 과세가격을 원화로 기재</td></tr>
<tr><td rowspan="6">㊶ 수량</td><td>관리부호</td><td>○ 관세율표에 게기된 수량단위를 기재(U외 10개)</td></tr>
<tr><td>M</td><td>Meters(미터)</td></tr>
<tr><td>L</td><td>Liters(리터)</td></tr>
<tr><td>DZ</td><td>Dozens(타)</td></tr>
<tr><td>U</td><td>Pieces/items(개, 본, 매, 두, 필, 대, 량, 척---)</td></tr>
<tr><td>TU</td><td>Thousands units(천본, 천매)</td></tr>
</table>

항목	부호(관리번호)	작성요령
㊷ 환급물량		○ HS별 표준수량과 관계없이 소요량 계산시 실제 사용하는 단위로 환급 사용 물량을 기재 - 환급물량이 없는 경우에는 '0.000'으로 기재 - 단위는 소요량 계산시 실제 사용하는 단위로 기재
㊻ 원산지 - 원산국 - 결정방법 - 표시여부 - 표시방법		○ 원산지 결정 및 표시 관련 사항 기재 - 국가부호, 결정기준, 표시 유무, 표시방법 순으로 기재 ○ 원산지 표시방법을 기재 - A : 각인 - B : 실크인쇄, 특수인쇄 - C : 직물라벨 - D : 지제라벨, 스티커 - E : 주형조각 - F : tag 부착 * CN-6-G-B - CN : China - 6 : 세번변경기준(HS 6단위) - G : (원산지표시) 현품에만 - B : 실크인쇄, 특수인쇄
㊼ 특수세액		○ 특수세액 계산 근거 - 주정인 경우 알콜도수를 기재 - 비디오 테이프 등 분당으로 계산되는 종량세인 경우 란별 총 분수 기재
㊽ 수입요건 확인		○ 타법령에 의한 수입요건확인 관련 사항
㊾ 세종		○ 관세와 각종 내국세의 종류를 순차적 기재 - 관세인 경우 '관' - 특소세인 경우 '특' - 교통세인 경우 '통' - 주세인 경우 '주' - 교육세인 경우 '육' - 농특세의 경우 '농' - 부가세의 경우 '부'
㊿ 세율(구분)		○ 세종에 해당하는 세율구분과 세율을 기재 * 기가 : 기본관세 * A : 부가가치세 과세대상

항목	부호(관리번호)	작성요령
㊹ 결제금액		○ 상업송장의 내용에 근거하여 가격조건, 통화 종류, 결제금액, 결제방법 순으로 기재
㊻ 환율		○ 관세청에서 고시한 환율을 기재 - 전주 주요 외국환은행의 전신환매도율의 평균환율을 1주일간 고시한다.
㊼ 운임		○ 운임에 대한 통화 종류 및 금액을 기재 - 운임은 실제 지급한 운임을 원화로 환산하여 기재 - 통화 종류는 'KRW'로 기재
㊽ 보험료		○ 보험료에 대한 통화 종류 및 금액을 기재 - 보험료는 실제 지급한 보험료를 원화로 환산하여 기재 - 통화 종류는 'KRW'로 기재
㊾ 가산금액		○ 품목 전체에 영향을 미치는 가산금액을 원화로 환산하여 기재(통화 종류는 'KRW'로 기재)
㊿ 공제금액		○ 품목 전체에 영향을 미치는 공제금액을 원화로 환산하여 기재(통화 종류는 'KRW'로 기재)
63 총세액합계		○ 총 세액의 합계를 기재
64 납부서번호		○ Internet banking을 이용하여 납부하는 경우 납부서 번호를 입력
65 총부가치세과표		○ 총부가세과세과표를 기재
◉ 관세사 기재란		○ 관세사가 신고서 표시사항 또는 세관에 제공하는 정보를 구분하여 기재 - 연락 가능한 전화번호를 기재 - 이메일 주소 기재
66 세관기재란		○ 세관심사담당자 성명 및 직원부호 - 심사담당자의 성명을 기재 - 심사담당자의 직원부호를 기재

※ 위에서 설명한 수입신고서 세부작성 요령은 주요한 내용만을 선별하여 설명하였음.

Q12 재수출면세란 무엇인가요?

1) 재수출면세의 개념

수출입물품의 포장용품이나 일시입국자가 본인이 사용하고 재수출할 목적으로 수입하는 신변용품, 직업용품, 취재용품, 박람회, 전시회 등 행사에 출품, 사용하기 위해 수입하는 물품 등 우리나라에 수입된 물품이 단기간 내에 다시 수출될 것으로 예정되어 있는 경우, 재수출 이행을 조건으로 당해 물품이 수입된 때에 관세를 면제할 수 있다.

수입신고수리일로부터 1년의 범위 내에서 세관장이 정하는 기간 내에 다시 수출하는 물품 다만, 세관장은 부득이한 사유가 있다고 인정되는 때에는 1년의 범위 내에서 그 기간을 연장할 수 있다.

2) 해당 물품

① 수입물품의 포장용품
② 수출물품의 포장용품
③ 박람회, 전시회 출품 물품
④ 국제적인 회의 등에서 사용하기 위한 물품
⑤ 고학기술 연구 및 교육훈련을 위한 과학장비
⑥ 시험용 물품 및 제작용 견품
⑦ 수리를 위한 물품(수리 전 물품과 수리 후 물품의 HS 10단위가 일치해야 한다.)
⑧ 컨테이너의 수리를 위한 부분품
⑨ 항공 및 해상화물운송용 파렛트
⑩ 외국으로부터 수탁받은 물품의 생산에 사용하기 위한 것으로써 무상으로 수입되는 금형

※ 수입신고수리일로부터 1년을 초과하여 수출해야 할 부득이한 사유가 있는 물품의 경우, 세관장이 정하는 기간내 다시 수출하는 물품
- 수송기기의 하자를 보수하거나 이를 유지하기 위한 부분품

3) 재수출면세의 요건

재수출면세를 받으려면 시험, 수리, 단순임가공목적으로 수입되어 1년 이내에 다시 수출되는 경우에 한하여 재수출면세 신청이 가능하다. 그리고 수입 시의 HS CODE 10단위로 수출시의 HS CODE 10단위가 동일해야 한다.

4) 재수출면세 규정 적용절차

재수출면세규정에 의해서 수리 후 재수출 될 물품을 수입하는 경우 세금을 면제받게 된다. 이때 수입절차를 진행할 때 보통 검사 진행이 이루어지게 된다. 수입신고되는 물품의 제조번호나 시리얼 번호 등을 정확히 기재하였는지 확인 및 제품 확인

후 수출할 때 그 물품이 그대로 선적되는지를 확인하기 위해서 이다. 추가적으로 재수출면세규정을 적용받고 세금을 면제 받은 물품이 기간 내에 재수출 이행이 되지 않거나 용도 외로 사용되는 경우 면제받은 세금을 추징하게 된다. 수입신고를 진행할 때 실무적인 절차가 한 가지 더 발생한다. 담보의 제공이다. 재수출면세규정에 의해서 면제받게 되는 세금에 상당하는 금액의 현금 혹은 납세보증보험증권 등의 제공이 되어야 수입통관 절차가 처리된다. 그리고 추후 재수출이 이행되면 담보에 대한 해지가 이루어진다.

Q13 재수입면세란 무엇인가요?

다음 각 호의 어느 하나에 해당하는 물품이 수입될 때에는 그 관세를 면제할 수 있다.

(1) 우리나라에서 수출(보세가공수출을 포함한다)된 물품으로서 해외에서 제조·가공·수리 또는 사용(장기간에 걸쳐 사용할 수 있는 물품으로서 임대차계약 또는 도급계약 등에 따라 해외에서 일시적으로 사용하기 위하여 수출된 물품 중 기획재정부령으로 정하는 물품이 사용된 경우와 박람회, 전시회, 품평회, 그 밖에 이에 준하는 행사에 출품 또는 사용된 경우는 제외한다)되지 아니하고 수출신고 수리일부터 2년 내에 다시 수입(이하 이 조에서 "재수입"이라 한다)되는 물품. 다만, 다음 각 목의 어느 하나에 해당하는 경우에는 관세를 면제하지 아니한다.

가. 해당 물품 또는 원자재에 대하여 관세를 감면받은 경우

나. 이 법 또는 「수출용원재료에 대한 관세 등 환급에 관한 특례법」에 따른 환급을 받은 경우

다. 이 법 또는 「수출용 원재료에 대한 관세 등 환급에 관한 특례법」에 따른 환급을 받을 수 있는 자 외의 자가 해당 물품을 재수입하는 경우. 다만, 재수입하는 물품에 대하여 환급을 받을 수 있는 자가 환급받을 권리를 포기하였음을 증명하는 서류를 재수입하는 자가 세관장에게 제출하는 경우는 제외한다.

라. 보세가공 또는 장치기간경과물품을 재수출조건으로 매각함에 따라 관세가 부과되지 아니한 경우

(2) 수출물품의 용기로서 다시 수입하는 물품

(3) 해외시험 및 연구를 목적으로 수출된 후 재수입되는 물품

◆ 수출입통관 실전사례

수 출 신 고 필 증

(갑 지)

※ 처리기간 : 즉시

①제출번호 40650-05-0202389	⑤신고번호	⑥신고일자	⑦신고구분 H	⑧C/S구분
신 고 자 구경관세사무소 하대구	040-15-12-0000100	2012/01/15	일반P/L신고	A

②수출(대행)자 ㈜ 한국상사	⑨거래구분 11 일반형태	⑩종류 A 일반수출	⑪결제방법 TT 단순송금방식
(통관고유부호) 수출자 구분 B	⑫목적국 FR FRANCE	⑬적재항 ICN 인천공항	⑭선박회사 (항공사)
수출화주 ㈜ 대영 (통관고유부호)	⑮선박명(항공편)	⑯출항예정일자	⑰적재예정보세구역
(주소) 서울시 강남구 삼성동 000 (대표자) 김무역 (소재지) 135	⑱운송형태 40 ETC	⑲검사희망일 2012/01/15	
(사업자등록번호) 000-00-00000	⑳물품소재지 400 인천광역시 중구 운서동 스카이웨이(040)		

③제 조 자	주식회사 씨씨티비	㉑L/C번호	㉒물품상태 N
(통관고유부호)	씨씨-1-70-1-01-0	㉓사전임시개청통보여부 A	㉔반송사유
제조장소	157 산업단지부호 999		
④구 매 자	XXXXXX	㉕환급신청인 2 (1 : 수출대행자/수출화주, 2 : 제조자)	
(구매자부호)	FRSOCIET 00006C	자동간이정액환급 NO	

·품명 ·규격 (란번호/총란수 : 001/001)

㉖품명	CCTV CAMERA	㉘상표명 CCK
㉗거래품명	CCTV CAMERA	

㉙모델·규격	㉚성분	㉛수량	㉜단가(USD)	㉝금액(USD)
8907-0012 CCK-15T		1,000 EA	38	38,000

㉞세번부호	8525.80-1020	㉟순중량	570(KG)	㊱수량	1,000EA	㊲신고가격 (FOB)	$38,000 43,401,700
㊳송품장번호		㊴수입신고번호		㊵원산지 KR-A-G		㊶포장갯수(종류)	10(CT)
㊷수출요건확인 (발급서류명)							

㊸총중량		㊹총포장갯수	10(CT)	㊺총신고가격 (FOB)	$38,000 43,401,700
㊻운임( )	2,084,300	㊼보험료( )	200,000	㊽결제금액	CIP-USD-40,000
㊾수입화물관리번호		㊿컨테이너번호			N

※신고인기재란	⑤①세관기재란
선적기간 : 2012-01-15 - 2012-02-14 USD 1,142.15	

⑤②운송(신고)인 ⑤③기간 부터 까지	⑤④적재의무기한	2012/02/14	⑤⑤담당자	한세관	⑤⑥신고수리일자	2012/01/15

Page : 1/1

(1) 수출신고수리일로부터 30일 이내에 적재하지 아니한 때에는 수출신고수리가 취소됨과 아울러 과태료가 부과될 수 있으므로 적재사실을 확인하시기 바랍니다.(관세법 제251조, 제277조) 또한 휴대탁송 반출시에는 반드시 출국심사(부두, 초소, 공항) 세관공무원에게 제시하여 확인을 받으시기 바랍니다.

(2) 수출신고필증의 진위여부는 관세청인터넷포탈에 조회하여 확인하시기 바랍니다.(http://portal.customs.go.kr)

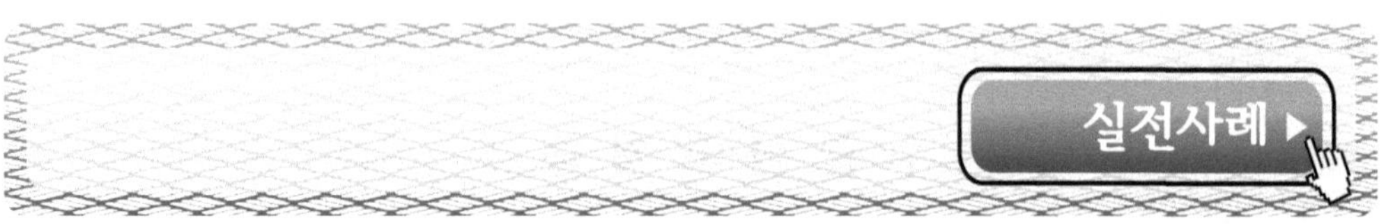

※ 앞 페이지의 수출신고필증을 보고 질문에 답하시오.

01 이 회사의 매출액은 얼마인가?

= 40,000달러 → 회계처리는 원화로

02 이 회사의 수출실적 인정금액은 얼마인가?

= 38,000달러 → 수출실적은 FOB기준이다.

03 매출액과 수출실적 인정금액은 동일한 개념인가? 아니면 다른 개념인가?

= 서로 다른 개념이다.

04 이 수출기업이 외국의 수입상과 계약한 Incoterms 조건은 무엇인가?

= CIP

05 이 회사는 타 회사에게 수출 대행을 의뢰하였는가?

= 화주인 ㈜대영은 ㈜한국상사에게 수출대행을 의뢰 하였다.

06 수출실적은 어느 회사가 인정받는가?

= 수출실적은 대행자인 ㈜한국상사가 인정받는다.

※ 수출신고필증의 공란에 신고부호를 적어보시오.

당사에서는 외국의 바이어에게 CCTV 2대를 무상 샘플로 바이어에게 발송하려고 한다.

01 거래구분 ⑨에 부호를 채우시오.309

= 92

02 FOB 조건으로 무상으로 수출한 경우, 금액(㊺, ㊽)은 어떻게 기재하여야 하는가?

= ㊺ : 실제가격, ㊽ : 운임, 보험료 없이 FOB가격과 동일한 가격

03 무상수출도 수출실적으로 인정되는가?

= 무상도 일부에 대해서는 수출실적으로 인정한다.

04 거래구분(⑨)에서 무상 수출은 4가지가 있다. 무엇인가? 거래구분의 번호로 답하시오.

= 29, 90, 92, 93

※ 다음 수출신고필증의 공란에 신고부호를 적어보시오.

당사에서는 외국의 바이어로부터 신용장을 받고 우리나라에서 제조한 원단(textile)을 수출하려고 한다.

01 거래구분 ⑨에 부호를 채우시오.

= 11(일반형태 수출)

02 CIF 조건으로 수출한 경우, 금액(㊺, ㊻, ㊼, ㊽)은 어떻게 기재하여야 하는가?

= ㊺ : FOB금액 ㊻ : 운임을 원화로 ㊼ : 적하보험료를 원화로

㊽ : ㊺ + ㊻(자동으로 원화로 환산) + ㊼(자동으로 원화로 환산)

03 일람불 신용장(sight L/C)방식에서 결제방식 ⑪번은 어떻게 기재하여야 하는가?

= 결제방식 : LS

04 계약금액 CIF U$100,000이고 FOB U$98,000, 해상운임이 U$1,800, 적하보험료가 U$200인 이 회사의 수출실적은 얼마인가?

= 수출실적은 FOB U$98,000

UNI-PASS

수 입 신 고 필 증

(갑 지)

※ 처리기간 : 3일

①신고번호	②신고일	③세관.과	⑥입항일	⑦전자인보이스 제출번호
11461-12-000100U	2012/01/05	020-11	2012/01/05	

④B/L(AWB) 번호	⑤화물관리번호	⑧반입일	⑨징수형태
EX152603A	12KMTCKL001-0001-001	2012/01/05	11

⑩신 고 인 구경관세사무소	⑮통관계획 D 보세구역장치후	⑲원산지증명서 유무 N	㉑총중량 1,000 KG
⑪수 입 자 ㈜ 대한무역 A			
⑫납세의무자 000-00-00000 (주소) 서울시 강남구 삼성동 000 (상호) ㈜ 대한무역 (성명) 김대한	⑯신고구분 A 일반 P/L신고	⑳가격신고서 유무 N	㉒총포장갯수 10 GT
	⑰거래구분 11 일반수입형태	㉓국내도착항 KR INC 인천항	㉔운송형태 10 - LC
⑬운송주선인 ㈜대한 Trans Corp.	⑱종류 A 일반외화획득용	㉕적출국 HK HGKONG ㉖선기명 GLORIA 007V	
⑭해외거래처 CT TECHNOLOGY INC.	㉗MASTER B/L번호 KMTCHKG129688		㉘운수기관부호

㉙검사(반입)장소 0210026-001(인천복합운송협회 보세창고)

● 품명 ·규격 (란번호/총란수 : 001/001)

㉚품명	CCTV CAMERA	㉜상표명 BCV
㉛거래품명	CCTV CAMERA	

㉝모델 · 규격	㉞성분	㉟수량	㊱단가(USD)	㊲금액(USD)
CT 1234-F		1,000 EA	40	40,000

㊳세번부호	8525.80-1020	㊵순중량	700(KG)	㊸C/S검사	C/S검사생략	㊺사후확인기관	
㊴과세과격	$40,276	㊶수량	1,000U	㊹검사변경			
(CIF)	₩46,899,898	㊷환급물량	1,000EA	㊻원산지	CN-6-G-B	㊼특수세액	
㊽수입요건확인 (발급서류명)							

㊾세종	㊿세율(구분)	(51)감면율	(52)세액	(53)감면분납부호	감면액	내국세부호
관	8.00(A기가)	0.00	3,751,990		0	
부	10.00(A)	0.00	5,065,133		0	

(54)결제금액(인도조건-통화종류-금액-결제방법)	FOB-USD-40,000-T/T			(56)환율	1,164.45

(55)총과세가격	$40,276	(57)운임	221,898	(59)가산금액	0	(64)납부서번호	020-11-12-XXX
	₩46,899,898	(58)보험료	100,000	(60)공제금액	0	(65)총부가가치세과표	50,651,888

(61)세종	(62)세액	※신고인기재란	(66)세관기재란
관 세	3,751,990		
특 소 세	0	- 전화번호	
교 통 세	0	- 이메일	
주 세	0		
교 육 세	0		
농 특 세	0		
부 가 세	5,065,180		
신고 지연가산세	0		
미신고가산세	0		

(63)총세액합계	8,817,170	(67)담당자	한세관 091560	(68)접수일시	2012/01/05 16:17	(69)수리일자	2012/01/05

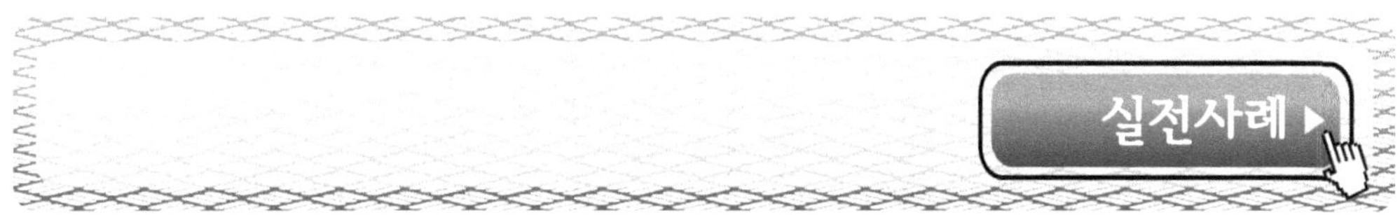

※ 앞 페이지의 수입신고필증을 보고 질문에 답하시오.

01 수입상은 해외 수출상과 어떤 가격조건으로 계약을 체결하였는가?

= FOB

02 수입상이 해외 수출상과 계약한 계약 금액은 얼마인가?

= US$ 40,000

03 본 수입신고필증에서 과세표준은 Incoterms의 어떤 조건인가?

= CIF 가격기준이다.

04 4. 본 수입신고필증에서 관세율과 부가가치세율은 어떻게 되는가?

= 관세율 : 8%, 부가세 : 10%

05 수입과세표준은 무엇이며 과세표준은 얼마인가?

= CIF 46,899,898원

06 총 과세가격 46,899,898은 어떻게 산출되었는지 직접 산출하여 보시오.

= FOB 40,000달러 × 1,164.45 + 운임(221,898) + 보험료(100,000)

07 부가가치세 산출방법은 어떻게 되며 부가가치세 과세표준은 얼마인가?

= CIF + 관세 = 46,899,898 + 3,751,990 = 50,651,888

참고문헌

김성훈, 「글로벌 무역실무」, 도서출판 두남, 2015.
김성훈, 「팔방미인 무역창업 시뮬레이션」, 도서출판 두남, 1999.
김성훈, 「신용장 네고서류 작성요령」, 도서출판 두남, 2002.
김성훈, 「신용장 종류별 분석」, 도서출판 두남, 2002.
김성훈, 「김성훈 무역창업가이드」, 도서출판 두남, 2002.
김성훈, 「글로벌 무역마케팅」, 도서출판 두남, 2002.
김성훈, 「국제협상과 계약서작성」, 도서출판 두남, 2003.
김성훈, 「신입사원무역실무」, 도서출판 두남, 2004.
오원석, 「무역계약론」, 삼영사, 1998.
양영환, 「오원석공저」, 무역영어, 삼영사, 1995.
서정일, 「국제거래법」, 도서출판 두남, 2001.
오원석, 「무역상무론」, 법문사, 1999.
대한상공회의소, 「ISBP공식번역 및 해설서」, 2007.
대한상공회의소, 「인코텀스(INCOTERMS)2010」, 2010.
대한상공회의소, 「UCP600」, 2007.
한국무역협회, 「무역실무 매뉴얼」, 1999, 2011.
한국무역협회, 「무역실무개요」, 2011.
한국무역협회, 「무역계약」, 2011.
한국무역협회, 「수출입대금결제」, 2011.
한국무역협회, 「무역운송」, 2011.
한국무역협회, 「통관・환급실무」, 2011.

저자소개

김 성 훈

■ **약력**

성균관대학교 경영대학원 졸업(무역·국제경영 전공)
조선대학교 인문대학 영어영문학과 졸업
(주)독일 스타일만상사 한국지사
(주)HJ Corporation 상품팀 과장
(주)Seine 해외영업팀장
(주)정현코리아 해외영업부장

(전) 한국무역협회 국제무역사 출제위원
(전) 한국무역협회 국제무역사 감수위원
(현) 한국무역협회 무역아카데미 교수
(현) 서울사이버대학교 글로벌무역물류학과 겸임교수
(현) 아이콤 대표(무역컨설팅)

■ **강의경력**

한국무역협회 무역아카데미, KOTRA, 한국무역보험공사, 한국수출입은행, 국세청, 대한상공회의소, 중소기업협동조합중앙회, 중소기업진흥공단, 수입업협회, 한국섬유산업연합회, 한국섬유개발연구원, 한국금융연수원, 한국국제금융연수원, 국민은행, 우리은행, 신한은행, 한국표준협회, 한국능률협회, 한국생산성본부, 여성경제인협회, 서울남부여성발전센터, 광주새일본부, 충북새일본부, 매일경제신문사, 한국경제신문사, 한국미래경영연구소, 삼성전자, 삼성물산, 삼성 SDS, 삼성 SNS, 효성그룹, 현대중공업, 현대자동차, 현대모비스, 현대종합상사, LG상사, LG화확, LG SERVEONE, LS산전, GS글로벌, SK네트웍스, 대우인터내셔널, 금호그룹, KT&G, 코오롱, POSCO, POSCO PNS, 아모레퍼시픽, 신원, 이마트, CJ오쇼핑, 롯데수퍼, 서울사이버대학교, 경희대학교, 경북대학교, 금강대학교, 아주대학교 최고경영자과정

■ **저서**

·「글로벌 무역실무」 도서출판 두남
·「알기 쉬운 무역실무」 도서출판 두남
·「글로벌 무역마케팅」 도서출판 두남
·「신입사원 무역영어」 도서출판 두남
·「수출입 시뮬레이션」 도서출판 두남
·「신용장 종류별분석」 도서출판 두남
·「환리스크 대응방안」 도서출판 두남
·「국가별 유망아이템」 도서출판 두남
·「섬유무역실무」 한국섬유산업연합회
·「무역관리사」 한국무역협회 무역아카데미
·「무역마케팅」 한국무역협회 무역아카데미
·「한권으로 끝내는 국제무역사 2급」 한국무역협회 무역아카데미
·「국제무역사기 사례와 예방책」 도서출판 두남
·「무역창업가이드」 도서출판 두남
·「신입사원 무역실무」 도서출판 두남
·「김성훈 무역창업가이드」 도서출판 두남
·「신용장 네고서류 작성요령」 도서출판 두남
·「국제협상과 계약서작성」 도서출판 두남
·「5대양 6대주 출장보고서」 도서출판 두남
·「팔방미인 무역창업 시뮬레이션」 도서출판 두남

■ **논문**

·「국제무역사기 예방에 관한 연구」

■ **방송출연**

·MBC 문화방송 「차인태의 MBC초대석」 출연(2002)

무역창업 가이드 - 개정판

초 판 1쇄 발행 —— 2016년 5월 30일
초 판 2쇄 발행 —— 2018년 2월 5일
개정판 1쇄 발행 —— 2022년 6월 10일
지은이 —— 김 성 훈
펴낸이 —— 전 두 표
펴낸곳 —— 도서출판 두남
서울시 강동구 성내로 6길 34-16 두남빌딩
신 고 : 제25100-1988-9호
TEL : 02) 478-2065~7, 2311
FAX : 02) 478-2068
E-mail : dnbooks@dunam.co.kr
http://www.dunam.co.kr

정가 22,000원

ISBN 978-89-6414-949-2 93320